张艳 著

媒介呈现、生产与文化透析
民国《申报》征婚广告镜像

商务印书馆
创于1897
The Commercial Press

图书在版编目(CIP)数据

媒介呈现、生产与文化透析:民国《申报》征婚广告镜像/张艳著.—北京:商务印书馆,2017
ISBN 978-7-100-13946-5

Ⅰ.①媒… Ⅱ.①张… Ⅲ.①广告—研究—中国—民国 Ⅳ.①F713.8-092

中国版本图书馆 CIP 数据核字(2017)第 110342 号

权利保留,侵权必究。

媒介呈现、生产与文化透析
民国《申报》征婚广告镜像
张 艳 著

商 务 印 书 馆 出 版
(北京王府井大街36号 邮政编码100710)
商 务 印 书 馆 发 行
山东临沂新华印刷物流集团
有 限 责 任 公 司 印 刷
ISBN 978-7-100-13946-5

2017年6月第1版　　开本 640×960　1/16
2017年6月第1次印刷　　印张 15.5
定价:48.00元

本书由河北大学科研创新团队培育与扶持计划
（2016年"一省一校"专项经费）资助出版

序

2016年隆冬某日,张艳博士打电话告诉我,说她的博士论文《〈申报〉征婚广告:媒介呈现、生产与文化透析研究(1912—1949)》已被商务印书馆采用(书名定为《媒介呈现、广告生产与文化透析——民国〈申报〉征婚广告镜像》),准备出版了。

听闻此讯,真是不胜欣喜。

张艳是我招收的第二位博士生。当时,我在中国传媒大学广告学院任教,主要带广告学专业"广告理论与广告史方向"的博士生。张艳读博之前,是河北大学新闻学院副教授,已经发表了不少高质量的学术论文,有很坚实的学术功底。遇到这样优秀的学生,也是我这个导师的幸运。那段时间,广告史、消费史是我主要的学术兴趣所在。所以,我也鼓励张艳在广告史方向寻找论文选题。

就博士论文选题来说,我主张博士生结合个人的学术积淀与学术兴趣进行选择。没有学术积淀,再好的题目,也不一定能够写出高价值的学术论文;没有学术兴趣,往往就易丧失刻苦钻研的心理动力,更难有苦中作乐的精神状态。在探索真理和增进人类知识的学术道路上,一帆风顺是少有的,更多的是坎坷艰辛的磨砺与披荆斩棘的开拓。张艳在论文选题过程中,是做好了去经受学术艰辛的心理准备的。

对征婚广告的研究长期以来是多面向进行着的。中外学者从社会学、心理学、历史学、语言学、传播学等多个学科方向切入,已经产生了丰硕的学术成果。以《申报》征婚广告作为研究对象探索一个时代的婚姻观念与文化意识的生产,研究的难度很大。《申报》在中国报业发展史上具有重要地位。它创办于1872年4月,1949年5月停刊,历时近80年,有着巨大的社会影响。对于《申报》征婚广告的研究,近年来国内外学者贡献了一些高质量的研究成果。我国学者陈湘涵、蔡朝晖,日本学者高岛航等人的论著,都蕴藏着灼见新知。

张艳博士的研究,在之前学者的研究基础上,进一步做了富有创见的学术探索。比如,陈湘涵的研究(《寻觅良伴:近代中国的征婚广告(1912—1949)》)基本上是历史学面向的研究,而张艳博士则融通了广告学、传播学、社会学、历史学等多学科的视角。蔡朝晖研究的《申报》征婚广告,是通过等距抽样在1911年至1946年的《申报》上获得的。张艳博士则对1912年至1949年的《申报》上的征婚广告进行了全样本研究,从而具备了更加丰富的研究材料,也具备了更加坚实的论证基础。高岛航的研究选取了1920年至1929年《申报》上476则征婚广告。张艳博士的研究,所选样本来自更长的时间跨度,因而能够更全面地探索征婚广告的发展演变过程。

读者还可以看到,张艳博士在研究过程中,锐意穷搜,掌握了大量的一手资料。这些资料,都是要通过艰辛的学术劳动才能获得的。张艳博士对这些资料爬梳整理,进而犁然有当于心。如今出现在本书中的《申报》征婚广告的影印图片,也是作者废寝辍食,"一锄一镐"地"挖掘"出来的。这些图片,使读者能够对当时的征婚广告有一具象的了解。

通过融通多学科的研究方法,张艳博士的研究勾连古今、洞烛幽隐,揭示了中国社会在一个巨变时代所表现出来的许多重要特征,揭示了在那个时代男女婚姻观念的重要变化。在那个急遽转型的时代,许多传统的束缚与禁忌被打破,新旧婚姻价值观杂糅并存,出现了家庭的"伪组织现象",《申报》征婚广告实际上成为上海都市文化的时代投影。近半个世纪的动荡、焦虑、孤寂、破裂、梦幻和希望,都可以在那些征婚广告中看到影子。

在死的故纸堆中,复活了一个时代的意识与鲜活的生活。这难道不正是这项研究的重大价值吗!

相信张艳博士的这部书,一定会给读者带来很多思考。是为序。

何 辉

2017 年 3 月 7 日

目 录

序 …………………………………………………………… 何　辉

引　言 ………………………………………………………………… 1
　一、研究缘起及意义 …………………………………………… 1
　二、研究方法及思路 …………………………………………… 10

第一章　征婚广告：一种特殊的广告形态 ……………………… 15
　第一节　概念界定及相关理论综述 …………………………… 16
　　一、征婚广告 ………………………………………………… 16
　　二、社会镜像 ………………………………………………… 19
　　三、都市与都市文化 ………………………………………… 21
　第二节　关于征婚广告的研究 ………………………………… 22
　　一、征婚广告的多面向研究 ………………………………… 22
　　二、《申报》征婚广告的研究 ………………………………… 31
　　三、近代上海史的相关研究 ………………………………… 35
　　四、近代中国社会生活与婚姻问题研究 …………………… 36

1

第二章 《申报》征婚广告的发展历程 ················ 39
第一节 1912—1918：征婚广告在争论中成长 ············ 39
一、中国近代婚姻变革及征婚广告的出现 ············ 40
二、《申报》征婚广告的曲折发展 ················ 46
三、《申报》征婚广告发展初期的阶段性特征 ········ 53

第二节 1919—1926：征婚广告的快速增长与发展 ········ 55
一、五四运动对中国婚姻变革的影响 ·············· 56
二、五四运动后《申报》征婚广告的快速增长 ········ 61
三、快速成长期《申报》征婚广告的阶段性特征 ·········· 63

第三节 1927—1937：报业发展与征婚广告的繁荣稳定 ····· 70
一、"黄金十年"市民阅报风习与《申报》的繁荣 ······ 70
二、征婚广告进入稳定繁荣期 ···················· 74
三、稳定繁荣期《申报》征婚广告的阶段性特征 ········ 75

第四节 1938—1949：硝烟中征婚广告的异常波动 ········ 81
一、战争时期《申报》的几经沉浮 ················ 81
二、征婚广告的异常增长与变动 ·················· 82
三、动荡波折期征婚广告的阶段性特征 ············ 84

第三章 媒介呈现：《申报》征婚广告的嬗变 ············ 89
第一节 广告数量与刊载分布的变化 ················ 89
一、广告数量的阶段性增长 ······················ 89
二、广告刊载分布愈发密集 ······················ 92
三、广告刊载变化的影响因素 ···················· 94

第二节 《申报》征婚广告形态的嬗变 ················ 103
一、广告表现渐趋简化 ·························· 103
二、广告篇幅的媒体规约变迁 ···················· 105

第三节 《申报》征婚广告叙事演变 …… 107
一、广告标题叙事的"个性化"到"程式化" …… 108
二、广告叙事语言的"具象化"与"现代化"转变 …… 113

第四章 广告生产：征婚者自我形塑与异性想象 …… 119
第一节 征婚者自我形塑与群像特征 …… 120
一、征婚者形塑之表述倾向 …… 120
二、征婚者身份特征群像 …… 124
第二节 异性想象：征婚诉求与择偶观念 …… 140
一、理想伴侣之诉求与期盼 …… 140
二、征婚者择偶观的时代特征 …… 143
第三节 征婚者自我表述及诉求转向 …… 148
一、传统到现代：征婚者自我表述的转向逻辑 …… 149
二、征婚者理想伴侣的诉求转变 …… 153

第五章 《申报》征婚广告镜像中的上海都市文化透析 …… 161
第一节 上海都市场域中的异质文化 …… 161
一、趋向现代化进程中异化心理的生成 …… 162
二、家庭"伪组织"：婚姻异化形态的表现 …… 165
三、入赘广告：传统男性气质的"他者"书写 …… 170
第二节 新型都市与大众媒介文化需求 …… 175
一、大众媒介对上海都市居民的社会化作用 …… 175
二、连结私人与公众：大众媒体的中介角色 …… 178
三、都市叙事：个体的媒介呈现与性别认同 …… 180
第三节 都市生活中婚姻文化的新旧融合 …… 184
一、征婚广告中的新观念与旧道德 …… 184

二、新旧婚姻形态的交叠并存 …………………………… 186
　　三、新式择偶与旧式婚俗文化的观念认同 …………… 189
第四节　民国上海都市文化的复杂与多元 ………………… 192
　　一、上海的国际化环境与本土地域认同 ……………… 192
　　二、陌生人社会中的"交相利"关系 …………………… 196
　　三、都市发展进程中的社会问题呈现 ………………… 200

结　语 …………………………………………………………… 211
　　一、《申报》征婚广告发展呈现阶段性变化 …………… 211
　　二、《申报》征婚广告演进受多种因素综合影响 ……… 212
　　三、征婚广告生产对婚姻实践特征的现实呈现 ……… 213
　　四、《申报》征婚广告是上海都市文化的时代投影 …… 214

参考文献 ………………………………………………………… 217
后　记 …………………………………………………………… 233

引　言

一、研究缘起及意义

20世纪80年代以来,中国电视媒体出现了许多相亲节目,以婚恋交友真人秀节目《非诚勿扰》为例,该节目自2010年1月开播以来,收视率接连攀升,多次创下全国卫视综艺节目收视率新纪录。[1] 这些相亲节目将婚恋这个私人话题搬到荧屏上展开公开叙事,引发了不同年龄层人们的关注与讨论,《新京报》曾评论这类电视交友节目是一场"真实的人性展览"。[2] 节目中饱受争议的"真假富二代"、"恶毒宝马女"等成为当下社会的一个缩影,这类相亲节目真实呈现了当下社会青年男女的价值取向,也是社会生活的现实反映。随着当今社会单身人口的增加,婚恋网站、集体征婚、快速约会、父母相亲会以及婚恋真人秀节目等,各种择偶方式不断翻新,每一种择偶方式的出现都在一定程度上引发人们的关注与讨论,并潜移默化地改变着男女交往方

---

[1] 李炳慧:《伯明翰文化研究视角下的〈非诚勿扰〉》,《甘肃社会科学》2012年第6期,第206页。
[2] 韩浩月:《电视交友,一场真实的人性展览》,《新京报》2010年4月1日第六版。

式,这种转变也是社会变化最感性的反映。

追根溯源,可以发现征婚广告也是近代中国男女公开自主择偶的一种形式,这种形式的出现同样引起当时人们的关注与争议,历史永远是认识现实最好的镜子,我们不难发现其中惊人的相似性。征婚广告不仅是个人的征婚话语表述,从某种程度上讲,也是当时社会的缩影,是社会价值观及思想变迁的社会镜像。而民国又是中国社会由传统向现代转型的特殊历史时期,民国时期的征婚广告呈现了更为复杂的婚姻实践与时代特征。征婚广告依托民国报刊得以发展兴盛,而《申报》是当时极具影响的大报,征婚广告数量较多,具有一定的代表性和典型性,故本研究确立以《申报》征婚广告为考察中心,对其所折射多元复杂的上海都市文化进行透析,也可以丰富广告史的研究维度。

1. 征婚广告依托民国报刊得以发展兴盛

近代中国的征婚广告有多种形式。[①] 但在公共场合演讲,在墙壁上张贴或书写的征婚广告,由于缺乏记录,无从考证,难以还原当时的真实面目,而口头流传更易走形。鉴于此,本研究主要选择报刊上的征婚广告为分析对象来重现当时历史的真实。

同时,民国时期报刊也是传播各类思想理念的重要载体。[②] 据统计,从民国初年到1949年底,全国各地编辑发行的各类报纸大约不下10000种。[③] 报纸成为人们了解社会信息的重要窗口,民国时期的报纸更是与老百姓生活息息相关,报纸上有许多关于结婚、离婚与同居的个人启事,这些属于报纸中的人事广告信息,具有一定的新闻性。

民国时期报业经营深受西方现代报业经营观的影响,广告是当时

[①] 赵良坤:《近代中国征婚广告探析——以〈大公报〉为例(1900—1937)》,四川大学硕士学位论文,2006年,第17—20页。
[②] 章平:《历史背后:民国知识分子的报刊表达——自由的理解与实践:知识分子与民国报刊学术研讨会综述》,《新闻大学》2008年第1期,第37—41页。
[③] 戈公振:《中国报学史》,商务印书馆1926年版。

· 引 言 ·

报社主要的经济来源,并且伴随报业竞争的加剧,广告经营愈发为各报社所重视,其中民营报业在发展过程中率先实行企业化经营,尤其是上海《申报》和《新闻报》的发展水平,可以说与20世纪30年代的世界报业发展水平保持同步。① 当时广告经营领先的报纸特别强调"以发行促广告"的经营策略,比如设立分类广告专栏,切合社会大众需求,就是当时增加发行、促进广告经营的一个营销理念。徐宝璜曾指出:"正当广告中之最足以推广一报之销路者,为分类广告,即将几种最普通之广告,如遗失、待访、招请、待请、招租、待租、新书出版、学校、学校招生等,各为一类,聚于一处登之。此种广告,实乃小型之新闻。每一种类,均有一部分人,急欲取而读之。故如取价甚廉,使其发达,则足以推广一报之销路,毫无疑义。"②可见,分类广告可以向读者传播许多实用信息,非常受读者欢迎。虽然分类广告价格低廉,对报馆来说收益并不高,但是分类广告可以增强读者的阅读黏性,促进报纸发行,也间接提升了商业广告的刊登效果,故当时许多报纸都非常重视分类广告的经营与推广。

以当时广告经营收益较高的《申报》和《新闻报》为例,《申报》分类广告在当时可谓独具特色。1925年9月10日,《申报》本埠增刊开辟分类广告专栏,约占1/4版,面积875cm^2,③其中包括拍卖、出租、出售、征求、聘请等类别,整个分类广告板块用线条框出,并标注"申报本埠增刊分类广告"标题,在报纸整个版面中非常突出醒目,其中各个小类别进行分类编排,并以曲线装饰小类别标题,方便读者快速找到所需要的类别广告(见图0.1)。

---

① 张立勤:《1927—1937年民营报业经营研究——以〈申报〉〈新闻报〉为考察中心》,杭州:浙江工商大学出版社2014年版,第3页。
② 徐宝璜:《新闻学纲要》,上海:上海联合书店1930年版,第126—127页。
③ 林升栋:《中国近现代经典广告创意评析:〈申报〉七十七年》,南京:东南大学出版社2005年版,第115页。

《申报》开设本埠增刊分类广告专栏后,特别注重分类广告市场的开拓,同步推出分类广告推广文章,先后刊登有《分类广告与人生》《分类广告与真义》《分类广告之优点》《分类广告与谋生》《分类广告与人生需要》《分类广告与结婚》《分类广告与教育》等文章。① 这些文章在内容上从各个角度对分类广告的社会作用进行阐述,意在培育读者的广告意识,同时合理设计媒体排期投放,增强读者印象。第一轮分类广告推广持续两个月的时间②,连续刊载七篇不同文章,每篇文章持续刊登一周左右,加深读者对分类广告功用的认识;第二轮推广持续一个月③,重新循环刊登七篇推广文章,每篇刊登 1 到 2 天。其中《分类广告与结婚》多次重复刊登,意在倡导读者刊登征婚广告以扩大征婚范围(见图 0.2),说明当时《申报》将征婚广告算作分类广告的范畴。

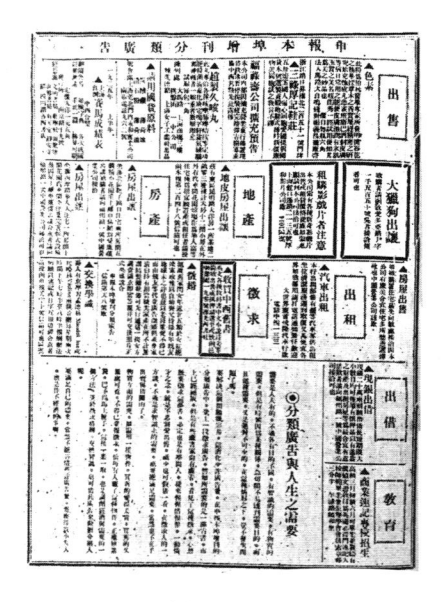

图 0.1　《申报(本埠增刊)》1925 年 10 月 16 日第一版。

　　《申报》分类广告另辟位置,通过有效的编排设计,使读者能够按图索骥,各取所需,大大节省读者检索信息的时间,也培养了读者阅读

---

① 《分类广告与人生》,《申报(本埠增刊)》1925 年 9 月 10 日第一版;《分类广告与真义》,《申报(本埠增刊)》1925 年 9 月 20 日第一版;《分类广告之优点》,《申报(本埠增刊)》1925 年 10 月 4 日第一版;《分类广告与谋生》,《申报(本埠增刊)》1925 年 10 月 9 日第一版;《分类广告与人生需要》,《申报(本埠增刊)》1925 年 10 月 16 日第一版;《分类广告与结婚》,《申报(本埠增刊)》1925 年 10 月 30 日第一版;《分类广告与教育》,《申报(本埠增刊)》1925 年 11 月 7 日第一版。

② 《申报》第一轮软文刊载自 1925 年 9 月 10 日持续至 1925 年 11 月 9 日。

③ 《申报》第二轮软文刊载自 1925 年 11 月 10 日持续至 1925 年 12 月 14 日。

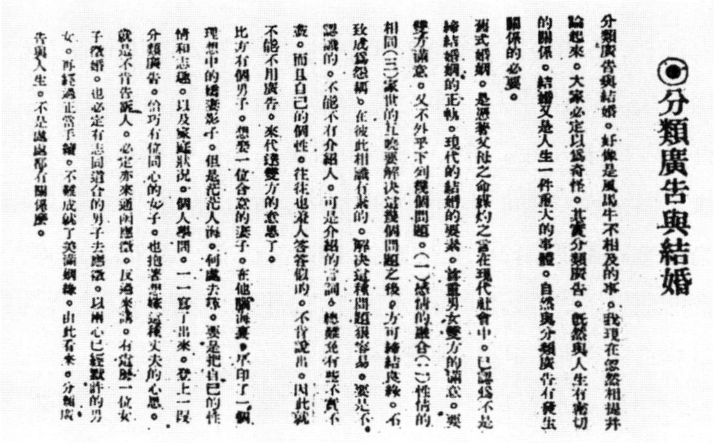

◉分類廣告與結婚

分類廣告與結婚。好像是風馬牛不相及的事。我現在忽然相提并論起來。大家必定以爲奇怪。其實分類廣告。既然與人生有密切的關係。結婚又是人生一件重大的事體。自然與分類廣告有發生關係的必要。

舊式婚姻。是憑著父母之命媒妁之言。在現代社會中。已認爲不是締結婚姻的正軌。現代的結婚的要素。首重男女雙方的滿意。要雙方滿意。又不外乎下列幾個問題。(一)感情的融合(二)性情的相同(三)家世的互映。要解决這幾個問題之後。方可締結良緣。否致成爲怨耦。在彼此相識有素的。解决這種問題很容易。要是不認識的。不能不有介紹人。可是介紹的言詞。總難免有些不實不盡。而且自己的個性。往往也羞人答答似的。不肯說出。因此就不能不用廣告。來代達雙方的意思了。

比方有個男子。想娶一位合意的妻子。在他腦海裏。早印了一個理想中的嬌妻影子。但是茫茫人海。何處去尋。要是把自己的性情和志趣。以及家庭狀況。個人學問。一一寫了出來。登上一段分類廣告。恰巧有位同心的女子。也抱著想嫁這種丈夫的心思。就是不肯告訴人。必定亦來通函應徵。反過來說。有這麼一位女子徵婚。也必定有志同道合的男子去應徵。以兩心已經默許的男女。再經過正當手續。不難成就了美滿姻緣。由此看來。分類廣告與人生。不是處處都有關係麼。

图 0.2　《分类广告与结婚》,《申报(本埠增刊)》1925 年 10 月 30 日第一版。

广告的兴趣,一定程度上推进了分类广告的发展。《申报》这种重视零散客户和小型广告的策略,在赢得市场的同时,促使《新闻报》等竞争对手纷纷效仿,也开设分类广告栏,以赢得市场份额。据陶菊隐回忆,到 20 世纪 20 年代,《新闻报》的封面巨幅广告和报尾分类栏小广告,更加受人欢迎。① 至 30 年代,分类广告数量更是可以占到《新闻报》总广告量的百分之四十左右。② 可见当时报界非常重视分类广告的经营,分类广告包罗万象,极富生活意味,其所含有的新闻价值几等于消息,民国时期分类广告的发展无形中也促进了广告业的发展。③ 征婚广告正是借助民国时期报业分类广告的兴盛而得到快速发展,同时报纸拓展了征婚广告的传播范围与空间,也使其信息表现更加丰富而具体。

2.《申报》征婚广告承载极为丰富的历史信息

在民国众多报刊中,《申报》是当时登载广告较多,持续时间较长,

① 陶菊隐:《记者生活三十年——亲历民国重大事件》,北京:中华书局 2005 年版,第 182—183 页。

② 赵君豪:《中国近代之报业》,上海:申报馆 1938 年版,第 228—229 页。

③ 张立勤:《1927—1937 年民营报业经营研究——以〈申报〉〈新闻报〉为考察中心》,第 158—159 页。

在市民中享有较高信任度的报纸之一。《申报》自1872年4月30日在上海创刊,于1949年5月27日停刊,首尾78年,共出版25600号,是中国近代出版时间最长,也是晚清以来社会影响最大的报纸。中国近代许多江南士人将新闻纸叫做"申报纸",出生于浙江浦江的民国文人曹聚仁回忆说:"我们乡间,凡是报纸,都叫做'申报纸',一个专有名词当做普通名词用,可见这家报纸的权威。"① 不仅如此,即使在信息闭塞的地区,妇孺及不识字的下层民众提及报纸都会统称为"申报纸",这样的殊荣唯《申报》独有。②

《申报》像一部百科全书,不仅记录了世纪的风云、中国政治经济文化的发展,也记录了城市居民的日常生活,一切大事、要事、趣事、怪事、细大不拘,无所不载。《申报》在中国近代史上的地位已得到学术界公认,近年来我国学者对《申报》的研究成果呈现上升趋势。③ 这些研究主要集中在以下几个方面:一是对《申报》自身发展的研究,主要涉及《申报》的经营管理、发展历程、新闻报道、舆论影响、报人思想、副刊与广告等;④ 二是通过《申报》内容审视某一群体形象,如通过社会新闻或广告等内容探究中国近代都市女性形象、妓女形象、徽商形象等;⑤ 三是从《申报》透视某种社会问题及地域文化的深层次探讨,如

---

① 曹聚仁:《上海春秋》,上海:上海人民出版社1996年版,第109页。
② 苏智良:《申报与近代中国——纪念〈申报〉创刊140周年》,傅德华等主编:《史量才与〈申报〉的发展》,上海:复旦大学出版社2013年版,第1—2页。
③ 陈靓:《2001—2010年国内〈申报〉研究综述》,《新闻世界》2011年第8期,第230页。
④ 上海图书馆编:《近代中文第一报〈申报〉》,上海:上海科学技术文献出版社2013年版;张立勤:《1927—1937年民营报业经营研究——以〈申报〉〈新闻报〉为考察中心》;傅德华、庞荣棣、杨继光:《史量才与〈申报〉的发展》;王儒年:《欲望的想象:1920—1930年代〈申报〉广告的文化史研究》,上海:上海人民出版社2007年版。
⑤ 李文瑾、都凌霄:《五四时期报纸广告中的女性形象研究——以〈申报〉为例》,《新闻界》2010年第3期;李蓉、骞福阁:《从报纸广告看20世纪二三十年代沪渝都市女性形象的变迁》,《重庆邮电大学学报》2001年第4期;王楠:《从〈申报〉商业广告中的女性形象透视编辑的女性意识》,《编辑之友》2013年第10期;杨璐玮:《晚清媒体中妓女形象探析——以〈申报〉及画报为中心予以考察》,《经济研究导刊》2009年第26期;梁诸英:《〈申报〉中近代徽州商人负面形象及解读》,《东北师大学报(哲学社会科学版)》2015年第2期。

·引 言·

《申报》报道所折射的科举制度功能的异化、民初的法律文化、上海城市娱乐业的发展等。①

当前我国关于《申报》的研究领域已相当开阔,研究视角逐步细化,研究内容亦逐层深入。翻阅《申报》可以发现其中征婚广告承载了极为丰富的历史信息,从中不仅可以看到普通百姓的求婚告白、征婚诉求,还可以看到城市居民婚姻观念的态度嬗变、都市女性婚姻家庭角色的性别认同以及上海都市生活的复杂与多元,见证中国近代社会文明的艰难进程。

并且相较于天津《大公报》和北平《世界日报》,《申报》征婚广告在当时较为发达。中国报纸上第一则征婚广告虽刊登在《大公报》,但《大公报》除了1902年刊载一则征婚广告后,直到1928年才再次刊载征婚广告,之后的征婚广告数量也较少。《世界日报》征婚广告数量虽然较多,但多为重复刊载的情况,因为《世界日报》小广告栏的收费以三天为刊登单位,连续刊登半个月有8折优惠,故《世界日报》上的征婚广告多是连续刊载。② 对比同时期《世界日报》与《申报》刊登征婚广告的人数,可以发现两者相去不远。③ 但《世界日报》创刊于1925年,当时征婚广告已进入快速增长期,难以呈现其发展轨迹的全貌,并且在1920年代至1930年代,上海文化的三大特色便是商业化、多元化与大众化。④ 相较之下,北平刚从北洋政府的保守统治下解脱,又同

---

① 赖晨、史善庆:《从社会问题的视角看科举制度功能的异化——以〈申报〉刊文为例》,《内蒙古农业大学学报》2008年第4期;董陆璐:《民初的法律广告与法律文化(1912—1926)——以〈申报〉为中心的考察》,《学术研究》2011年第4期;黄益军:《从〈申报〉看晚清上海城市娱乐业的发展(1872—1911)》,苏州大学硕士学位论文,2007年。
② 《广告价目》,《世界时报(北平)》1943年9月8日第一版。
③ 陈湘涵:《寻觅良伴——近代中国的征婚广告(1912—1949)》,台北"国史馆",2011年,第142页。
④ 忻平:《从上海发现历史:现代化进程中的上海人及其社会生活(1927—1937)》,上海:上海人民出版社1996年版,第431—467页。

时失去了政治首都的光环,整体社会仍然显得保守,完全不同于上海的开放与摩登。①《申报》地处上海,虽是全国发行,但处处彰显着上海文化气质。综合以上原因,本书选定《申报》征婚广告为主要研究对象,其所呈现的多元复杂样态,为我们映射了一个时代更为丰富的社会缩影。

3. 社会文化史的参照丰富广告史研究维度

以往关于《申报》征婚广告的研究多是从历史学角度切入,将征婚广告当做一种历史现象来看待,而借鉴社会文化史的研究视角,透过《申报》征婚广告发展的表征,探究其广告镜像中的都市文化,尚属比较新的视角,前人很少涉及。

社会文化史是一门社会史和文化史相结合的新兴交叉学科,"社会文化史以大众文化、生活方式和社会风尚的变迁为研究对象"②。其与传统史学的最大区别在于,传统史学以宏观治史居多,注重的是对上层精英文化的研究,传统史学研究多见"骨架",少见"血肉",在大事件、大人物的背后,缺少平实的社会生活内容。而社会文化史更注重对普通民众的考察,认为个人也是历史的主体,研究视角下移到平民百姓、社会群体、地域文化等微观问题,主张从小入手寻找大主题,甚至捕获到地域性、国家性乃至世界性的问题。"实际上是自下而上看历史,站在下层民众的立场观察整个社会。"③以社会文化史作为广告研究的切入点,可以透过广告与社会生活的表征,透彻了解人们价值取向与生活观念等方面的变迁。

征婚广告是一种特殊的广告形态,它的刊载者主要是个人,这种

---

① 许慧琦:《固都新貌:迁都后到抗战前的北平城市消费(1928—1937)》,台北:台湾学生书局2008年版,第31—180页。
② 刘志琴:《近代中国社会文化变迁录》,杭州:浙江人民出版社1998年版。
③ 左日非:《"近代中国社会生活与观念变迁"学术研讨会综述》,《近代史研究》2002年第2期,第304—313页。

广告形态本身就承载了更为丰富的社会信息。本书在观照征婚广告的媒介呈现、广告生产等本体研究基础之上,更透过广告文本看当时复杂的社会生活与人生百态。它就像一面镜子,映射出民国时期普通百姓的情感走向和婚恋诉求,以及转型期历史时空的一群人,甚至是一个人的生活情感素描,给予广告史与社会史以有血有肉的阐释,呈现广告史料背后的一幅近代中国民众的情感心路图。也丰富了广告史的研究维度。

4. 发掘《申报》征婚广告所蕴含的史料价值

从史料挖掘上讲,征婚广告资料比较零散,收集起来耗时耗力,有一定的难度,故近代征婚广告研究至今仍是学者研究的薄弱环节。以往虽有学者进行过探讨,但只是选取了十年或某一时段展开研究,这就难免存在时间断层的情况,难以展示全貌,还有些是在样本搜集中进行抽样或者不完全统计,难免存在样本不甚完整的情况,可能会造成一些特殊样本的缺失。

本书对1912年至1949年间《申报》上的征婚广告进行完全统计,共发现2624则征婚广告。传统广告史研究中较少运用此类别史料,原因在于对其史料价值缺乏认识,事实上,这些征婚广告记录了社会发展的诸多信息,蕴含丰富的史料价值。

民国时期《申报》征婚广告与当时的政治、经济、社会生活以及婚姻观念等方面都存在密切关联。首先,征婚广告反映政治时局的变化。征婚者或因战事家庭遭变,重新征求伴侣;或因故乡沦陷,父母交失,欲求义父母或为养婿者;或为父母鉴于时局,亟欲物色佳偶为子女完姻等。这些征婚广告话语再现了战乱给人们带来的情感创伤以及择偶动机的历史表现,另外其中还有关于家国政治以及社会潮流思想的反映,从一个侧面再现了时局动荡对人们生活的影响。

同时,征婚广告对经济形势也有着鲜明反映,从38年间征婚者工资收入的表述,可以看到物价上涨、通货膨胀的变动,特别是40年代初,征婚广告数量增长异常,困于生活而征婚,征求配偶囊助事业进行,以及寻求入赘者激增,这些正映射了战乱所导致的经济萧条以及上海经济的"孤岛繁荣"。

并且,征婚广告反映社会生活的变化,征婚广告文本中出现的征婚者职业、技能爱好、现生活状态以及对配偶家世背景、经济状况与品性的诉求,比如要求征求对象不慕浮华、不求摩登等,记录了当时社会生活状态,尤其是对上海都市生活的呈现。

征婚广告还反映婚姻观念的时代特征,在征求对象诉求中,男女征婚者对征求对象诉求各变量提及率的差异,可以反映人们择偶观及审美标准的时代特征。其中不乏关于家庭关系、性别角色认同的话语表述,是人们婚姻观念的现实反映。

从政治、经济、社会生活以及婚姻观念等方面,可以看出征婚广告与社会变化之间的密切关系,不难发现征婚广告包含了十分丰富的社会生活信息,是中国近代社会文明进步之话语记录,也是动荡年代人们生活与情感的社会镜像。

二、研究方法及思路

本书以1912年至1949年《申报》上所刊载的征婚广告为史料,在对征婚广告进行定量与定性分析的基础上,力图透过征婚广告媒介呈现及其背后的广告生产,发现其所隐含的婚姻观念、都市文化等社会问题,并结合广告学、传播学、心理学、社会学与历史学等理论视角进行研究。具体涉及研究方法主要有内容分析法、文献研究法、个案分析和比较研究法以及多学科理论的交叉运用。

· 引 言 ·

1. 内容分析法

本书对1912年至1949年间《申报》征婚广告进行全样本统计,《申报》在这38年间的影印本共计291本,通过全面查找共发现2624则征婚广告,剔除重复刊登的样本,共计1391则不重复样本。将这些样本输入数据库进行统计与分析,可以发现《申报》征婚广告发展的阶段性特征,并看到其广告数量、刊载分布、广告形态以及广告叙事等方面的嬗变,还可以进一步透析广告背后的生产者,勾勒出征婚者的身份特征群像及其自我表述与择偶观念的时代特征,以确保从纷繁复杂的现象中,厘清征婚广告的历史演变及根源。

2. 文献研究法

本书集中分析了《申报》上的征婚广告,在翻阅《申报》过程中也对其中分类广告的编排与推广,以及《自由谈》等板块中时人对征婚广告与婚姻的看法等相关内容作了分析。另外,还通过"大成老旧刊全文数据库"、"瀚堂近代报刊数据库"、"晚清、民国期刊全文数据库(1833—1949)"等对征婚广告进行关键词检索,发现一些时人对征婚广告评价的文章,这些一手资料也从侧面透视出征婚广告更深的社会意义。

本书试图以史论结合的双重维度,在深度挖掘大量史料的基础上,以史带论,把征婚广告的信息承载与当时中国社会思潮变革、地域文化、经济发展等人类生存的整体社会历史环境相结合,在人类文明进程的大背景中探究征婚广告演进的深层次原因。其中涉及社会镜像理论、性别认同、陌生人社会理论、上海文化研究等社会学与文化史论的相关文献研究。

3. 个案分析与比较研究的结合

本书对《申报》中一些特殊的征婚广告样本进行个案解读,这些特殊样本呈现出社会转型期上海都市的新旧交杂与多元复合,既成为旧式婚姻观的载体,也传递着新式的婚姻理念,并反映着旧有的婚姻实践。同时,本书还将《申报》征婚广告与《大公报》《世界日报》等报刊进行一定的横向比较,通过以点带面,横纵交错的对比研究,更全面地透析《申报》征婚广告及其镜像中的上海都市文化。

4. 多学科理论的交叉运用

当今社会科学越来越强调多学科的交叉研究。本书将征婚广告置于民国这一特定的社会思潮变革期与社会转型期的背景下进行考察,而不是孤立地看待这一历史现象。并借鉴广告学、传播学、社会文化史与性别认同等多学科理论,对研究对象进行多方面、多角度的审视。在研究过程中尽量发挥不同学科优长,以长短互补,在一定程度上避免不同学科自说自话。力图透过征婚广告的微观叙事挖掘其更大的"社会透视"作用。

本课题研究思路如下:

征婚广告是一种特殊的广告文本,也是近代中国出现的一种历史现象,这一历史现象所表达的社会意义是什么?征婚广告产生与发展的外在环境对其有什么样的影响?动荡年代下的征婚广告呈现怎样的发展轨迹与特征?《申报》征婚广告的生产者是谁?他们是如何进行自我表述的?在那个特定的年代征婚者对配偶有哪些诉求?征婚广告又呈现了怎样的社会性别角色认同?这些是以社会文化史的视角探究传统社会生活、婚姻观念变迁与社会角色转变的一个重要切入口。

带着以上问题,本书对《申报》征婚广告进行考察,总结《申报》征婚广告发展阶段,分析征婚广告在广告数量、刊载分布、广告形态以及广告叙事等方面的媒介呈现,并纵向梳理其演变特征及影响因素。进而深入探究征婚广告背后的生产者,即征婚者,从征婚者自我表述、征婚者群体身份特征以及征婚诉求几个层面探究征婚广告的生产与时代特征,以深刻理解《申报》征婚广告的历史演进与社会意义,最终透析《申报》征婚广告镜像中的上海都市文化。

本书按照以下章节对《申报》征婚广告进行由微观到宏观、由表层到深层的研究。

引言部分主要介绍研究缘起、研究方法与研究意义等基本内容。

第一章对征婚广告的基本概念进行厘定,并对与本论题相关理论及研究成果进行综述。

第二章依据发展变化特征以及历史时间脉络将《申报》征婚广告发展划分为四个阶段,分析各阶段征婚广告特征,并陈述历史及社会环境与征婚广告发展之间的内在关联。

第三、四、五章是本研究的核心部分。第三章从广告数量、刊载分布、广告形态与广告叙事几个层面探究《申报》征婚广告的媒介呈现,并纵向梳理其嬗变特征及影响因素。第四章主要采用内容分析法,透过对征婚者自我表述与征婚诉求的量化分析,试图勾勒出征婚者的身份特征群像及其择偶观念,并梳理其随时代变迁而发生的微妙转变。第五章结合社会历史语境以及上海区域文化等背景因素,对《申报》征婚广告镜像中复杂与多元的上海都市文化进行透析。

最后结语部分对全书进行概括性总结。

第一章

征婚广告：一种特殊的广告形态

征婚广告是一种特殊的广告形态，虽寥寥数语却蕴含了丰富的个人与社会信息，它连接了私人与公众，彰显了传媒在私领域所扮演的中介角色，既表达私人叙事又建构了公众认同。① 通过征婚广告这个小窗能够看到的是社会文化的变迁，甚至国家和整个社会的缩影。

五四运动前后，家庭改革与妇女解放成为社会革命思潮的一个组成部分。一方面西方文化主张的婚姻自由、一夫一妻、男女平等、婚礼节俭等理念传入中国，另一方面旧的社会习俗与婚姻观念还没有完全消除，仍然存在父母作主、纳妾与贞洁烈女等现象。

《申报》征婚广告发展与民国时期社会历史语境密切关联。征婚者中既有官家闺秀、富商之女、洋行总经理、留学归国知识分子以及高级官员，也有弃妾、寻求入赘的男子以及主人为使女的征婚，其征婚动机复杂多样。征婚广告文本既有鲜明的时代特征又体现着明显的性别差异，其中既有追求婚姻自由、新式婚礼、男女平等的社会思潮体现，又有征妾与婚姻买卖的公开交易存在；征婚者既要求女性接受新

---

① 张伯存:《征婚广告：从私人话语到公共叙事》，《当代作家评论》2004 年第 4 期，第 149 页。

式教育和社会思想,又要求其遵守传统从夫美德;既有征求结婚对象的,也有征求同居伴侣的,呈现出新旧交融的复杂景况,这也正体现出民国时期复杂的婚姻实践特征。

《申报》对于上海来说,又是一部极其翔实的城市日志,处处彰显着上海城市文化气质,"在古今中外城市史上,没有一个城市像近代上海那么内蕴丰富,情况复杂"①。《申报》征婚广告蕴含着丰富多样的征婚诉求、新旧交杂的婚姻观念,从一个侧面展现了近代上海都市文化的复杂与多元,这种复杂与多元甚至达到了当今社会难以想象的程度,有着更为深刻的社会透视意义。

第一节 概念界定及相关理论综述

本书主要借鉴广告的社会镜像理论、社会文化史以及近代上海文化史研究的相关理论对民国时期《申报》征婚广告进行解读。

一、征婚广告

早在1695年,英国就出现刊登在杂志上的征婚广告。② 在中国,征婚广告经历了漫长的发展历程,早在隋唐时期就有窦毅公开为女选婿和王绩写诗征婚,③后有通过诗文、民歌、绣球招婚以及比武招亲等形式的征婚。④ 这些征婚的共同特征就是以公开方式选择配偶,可以算作是征婚广告的雏形,但由于这些征婚方式受众单一,媒介无偿,传

---

① 熊月之:《异质文化交织下的上海都市生活》,上海:上海辞书出版社2008年版,序1。
② 《世界上第一则征婚广告》,《新闻与写作》1997年第3期,第45页。
③ "窦毅为女选婿"参见刘昫:《旧唐书·后妃列传》,杭州:浙江古籍出版社1998年版,第142页;"王绩征婚诗"参见王国安:《王绩诗注》,上海:上海古籍出版社1981年版,第13页。
④ 赵良坤:《近代中国征婚广告探析——以〈大公报〉为例(1900—1937)》,第9—12页。

播方式限于小众化传播,并不属于严格意义上的征婚广告。①

孙会认为征婚广告是指"征婚者将自己和对所征配偶的信息发布在诸如报刊、电台等公共媒介或公园、市场等公共场所上的广告方式"②。赵良坤认为征婚广告指征婚者一方介绍自己的择偶标准与本人情况及其相关信息,使之在社会上广泛传播,以求达到选择理想配偶目的的一种宣传方式。其通常的宣传形式是通过报刊、广播等载体发布广告,或在公园、广场、街头等社会公共场所张贴海报、演讲等。③并提出征婚广告的两个基本特点必须同时存在,缺一不可:一是广告目的必须是选择配偶;二是选择配偶的宣传方式必须是公开的。

乐国安认为征婚广告属于"个人广告"的范畴,主要包括征婚启事、约会征友启事以及同性恋征友启事等,其中明确宣称自己是寻求"严肃异性关系"或"承诺性异性关系"的个人广告,即为征婚广告。④

高伶俐将征婚广告算作婚事广告的范畴,婚事广告即个人或团体借助报纸媒介发布的涉及婚姻问题的启事、声明与通告,其中包括结婚、订婚、征婚、同居与离婚等类别,并指出在中国近代报刊中,《申报》和《大公报》对婚事广告的刊载最为丰富。⑤

刘晓静等认为征婚广告是以刊登广告的形式寻找伴侣,是欲婚男女之间择偶求爱的一种形式。⑥ 征婚广告应算作广告的范畴内,是一类独特的劝说性个体语篇,也是在社会驱动下产生的一种新型婚介方

---

① 高建香、丁凯、张丽萍:《大众传媒与征婚广告——以80年代以来国内征婚广告为例》,《台州学院学报》2003年第5期,第93页。
② 孙会:《〈大公报〉的征婚广告与近代社会变迁》,《社会科学论坛(学术研究卷)》2008年第8期,第157页。
③ 赵良坤:《近代中国征婚广告探析——以〈大公报〉为例(1900—1937)》,第6—7页。
④ 乐国安、陈浩、张彦彦:《进化心理学择偶心理机制假设的跨文化检验——以天津、Boston两地征婚启事的内容分析为例》,《心理学报》2005年第4期,第561—562页。
⑤ 高伶俐:《〈中央日报〉婚事广告与南京城市婚姻文化的建构(1928—1937)》,南京师范大学硕士学位论文,2014年,第12—13页。
⑥ 刘晓静等:《征婚广告的语言特色与社会意义分析》,《长沙大学学报》2014年第4期,第93页。

式。并指出征婚广告需要通过大众媒介向受众进行自我推销,征婚广告与商业广告存在的明显区别在于目的性差异,征婚广告的根本目的是为寻找理想伴侣并建立婚姻关系。陈伟也认为征婚广告应被包括在广告的范畴之内,提出征婚广告就是征婚者通过传媒进行自我推销以寻求配偶的广告形式。①

陈湘涵分析1912年至1949年的征婚广告,并非单纯以"征婚""求友"为名,还包括"征良伴""招赘""入赘""征求岳父母""征求义父母"等题名的广告。② 认为这些刊登广告者以异性交往或婚姻为目的而发出征求讯息,其中不乏以征求女性助理、办事员等招聘之名,暗地进行男女友谊,主张确定双方合意之后,再行缔结婚姻者。陈湘涵认为征婚广告属于分类广告的范畴,但是在其书中多次出现"征婚广告"与"婚友广告"的概念,两者进行交叠使用,又并未对其进行概念界定与区分,存在概念模糊与研究对象不明确的问题。

综合以上概念界定,并结合中国近代的征婚广告呈现,本书作者认为"征婚广告"是指征婚广告发布者将征婚者及其择偶对象等相关信息,通过各种传播媒介在社会上广泛传播,以期达到选择理想配偶目的的一种信息传播方式。

征婚广告具有以下特征:第一,征婚广告是一种信息传播活动,包括信息传播的几大要素,其中传播者主要指征婚广告的信息发布者,包括征婚者本人、征婚者亲友以及代为发布征婚信息的婚姻介绍机构等;传播信息涉及征婚者自我表述、征婚诉求、交往办法与联络方式等内容;传播媒介主要指通过社会公共传媒实现的传播,包括报纸、广播、电视、互联网以及其他社会公共空间等。第二,按照美国营销协会

---

① 陈伟:《从征婚广告窥探中西社会文化框架差异》,《海外英语》2011年第10期,第246页。
② 陈湘涵:《寻觅良伴——近代中国的征婚广告(1912—1949)》,第108—109页。

定义委员会(The committee on Definitions of the American Marketing Association)对广告的定义:"广告是由可确认的广告主,以任何方式付款,对其观念、商品或服务所作的非人员性的陈述和推广。"① 这个定义强调了广告是付费的和"非人员性"(non-personal)的特征。② 如前图0.1所示,近代中国征婚广告属于分类广告的范畴,也具有广告的基本特征,征婚广告应该是通过一定的媒介付费刊登,而非人员性的信息传播。第三,征婚广告的目的是为选择合适的配偶。

按照如上界定,1912年至1949年《申报》上的征婚广告主要涉及"征婚""征男友""征女友""择婿""入赘""征求义父母或入赘"以及"征求伴侣"等标题的广告,因为按照当时人的观点,征求广告中虽然写明是"征男友"、"征女友",但实际上是在征求终身伴侣。③ 五四时期中国旧式包办婚姻受到猛烈揭批,先进知识分子强调恋爱是婚姻的中心要素,主张男女双方先进行友谊交往,待建立感情后再缔结婚姻,《申报》许多"征女友"或"征男友"的广告中都表明愿意按照新思想"先友后婚",故也是以选择配偶为目的的征婚广告。但广告内容表明只是"征文友"等不涉及择偶及异性交往的广告,本书并未将其纳入征婚广告的范畴。④

二、社会镜像

镜像是法国学者雅克·拉康(Jacques Lacan)提出的概念,"镜像

---

① Report of the Definition Committee. *Journal of Marketing*, 1948, 10(2) : 202.
② 何辉:《广告学概论》,北京:中国人民大学出版社2011年版,第15页。
③ 丁漱:《"征求女友"的荒谬》,《女子月刊》1933年第4期,第31页;笑鸿:《关于"征女友"》,《世界日报》1932年5月23日第十版。
④ 《征文友》,《申报》1941年10月15日第九版。其内容如下:"诚征爱好文艺,善写作之友一位,不限性别,函《申报》信箱251与古君洽。"

是将认同对象置于镜子之中、在幻觉中完成自主性主体建构的一种认同方式,镜像中的自我认同和社会认同都是在幻象中完成的。"①

广告犹如社会的镜子,其中呈现出现实的镜像,这些镜像慢慢交织出一幅幅生动鲜活的图景,将中国社会文化变迁奇迹般的重现于我们眼前。② 莫里斯·B.霍尔布鲁克(Morris B. Holbrook)认为广告是一面嵌在墙上"忠实的镜子",将现实中的形象、人物关系与社会价值观念呈现出来,是对现有社会生活和观念的反映与描绘。③ 英属哥伦比亚大学的理查德·W.波莱(Richard W. Pollay)则认为广告是一面"扭曲的镜子",它会有选择性的挑选一些形象,有可能夸大社会的一部分生活和观念,而贬抑另一部分。④

征婚广告是一种特殊的广告形态,其生产者主要是个人,征婚广告中呈现的征婚者自我表述、征婚诉求、征婚动机以及婚姻缔结办法说明等都极其浓缩地体现着一个时代的特征。其"镜像功能"主要是通过文字和图像符号来实现,这些符号具有时空记忆的功能,几乎每一条征婚广告都在讲述一个价值观的故事,一定程度上呈现出民国那个特殊时期人们对婚姻的态度、家庭关系模式的认同以及异性想象。基于记录和叙事目的的广告,正在成为追踪社会变迁以及他们传出的种种信息的工具,是一面可以反映时代发展和社会变迁的绝好的"镜子"。⑤

---

① 李曦珍、徐明明:《女性在电视广告中的镜像迷恋与符号异化》,《新闻与传播》2009年第二期,第77页。
② 何辉:《"镜像"与现实——广告与中国社会消费文化的变迁以及有关现象与讨论》,《现代传播》2001年第3期,第108—113页。
③ Holbrook, MB. Mirror Mirror, On The Wall, Whats Unfair In The Reflections On Advertising. *Journal of Marketing*, 1987, 51(3): 95–103.
④ Richard W. Pollay. The Distorted Mirror: Reflections on the Unintended Consequences of Advertising. *Journal of Marketing*, 1986, 50(2): 18–36.
⑤ 刘英华:《镜像与流变:社会文化史视域下的当代中国广告与消费生活(1979—2009)》,北京:中国广播电视出版社2011年版,第144—154页。

三、都市与都市文化

都市这一概念由城市发展而来,都市和城市两个概念既有联系又存在差别,许多西方城市史和都市文化的研究论著中,并未特别区分都市和城市这两个概念。从城市社会学的历史角度看,都市是人类城市历史发展的高级空间形态。① 都市是城市各种要素进一步扩张和整合的结果,是城市发展的一个高级形态。②

毫无疑问,近代上海是一个都市,在人口增长、产业转变、经济、文化与生活方式变革等方面都尽显都市文明的发展进程。尤其是20世纪二三十年代的上海,已是一个国际大都市,《良友》画报曾发表一篇文章,讨论中国文化,将其由高到低分为四个等级:即租界、都市、乡村、部落。文章将上海等有租界的城市从中国都市中分离出来,认为上海与其他城市不在一个等级上,不能相提并论。某种意义上说,上海之在中国,就是乡村里的都市。③

在都市的意涵下,都市文化直接表现为一种与城镇或中小城市完全不同的文化模式。④都市文化可以被广泛理解为由都市人群集体生产的文化形态,这种文化涵盖了一切构成都市的物质的和精神的、有形的和无形的要素。⑤ 民国时期上海都市文化的三个主要特征可以概括为:商业化、多元化与大众化。⑥

---

①④ 刘士林:《都市与都市文化的界定及其人文研究路向》,《江海学刊》2007年第1期,第16—24页。
② 李文健:《记忆与想象:近代媒体的都市叙事——以民国天津"四大报纸"副刊为中心(1928—1937)》,南开大学博士学位论文,2012年,第6页。
③ 熊月之:《异质文化交织下的上海都市生活》,第464页。
⑤ 李文健:《记忆与想象:近代媒体的都市叙事——以民国天津"四大报纸"副刊为中心(1928—1937)》,第8页。
⑥ 忻平:《从上海发现历史:现代化进程中的上海人及其社会生活(1927—1937)》,第344—345页。

第二节　关于征婚广告的研究

一、征婚广告的多面向研究

目前关于征婚广告的研究已形成社会学、心理学、历史学、语言学、文化学与传播学等多面向的研究成果。

（一）社会学面向以征婚广告为文本的研究成果颇丰

英国学者伊丽莎白·贾格尔（Elizabeth Jagger）对1094则征婚广告进行内容分析，论述在后现代消费社会的背景下，男性与女性在征婚广告中所呈现的自我认同，认为受消费文化影响，传统性别意识认同（traditional gendered stereotypes）正在发生改变。[1] 在另外一篇文献中，贾格尔通过对100则征婚广告的内容分析，发现男性和女性在进行身份建构的过程中所获取的文化资源是不平等的，这也影响到了男性的身份建构与女性的自我塑造。[2] 美国学者罗丝玛丽·伯利格（Rosemary Bolig）等人选取杂志上个人刊登的征婚广告进行内容分析，认为男性在征婚广告中更强调自己的职业地位和吸引力，这与女性所关注的内容是吻合的。[3] 加拿大学者西蒙·戴维斯（Simon Davis）将性别角色差异与征婚广告研究关联，通过从一份加拿大报纸上

---

[1] Elizabeth Jagger. Marketing the Self, Buying an Other: Dating in a Postmodern, Consumer Society. *Sociology*, 1998, 32(4): 795–814.
[2] Elizabeth Jagger. Marketing Molly and Melville: Dating in a Postmodern, Consumer Society. *Sociology*, 2001, 35(1): 39.
[3] Rosemary Bolig, Pater J. Stein and Patrick C. McKenry. The Self-Advertisement Approach to Dating: Male-Female Differences. *Family Relations*, 1984, 33(4): 587.

选取的 328 则个人征婚广告样本,发现征婚者对所需伴侣的性别差异与传统的性别角色刻板印象是一致的。[1]

另外一些西方社会学者在 20 世纪 90 年代以来,纷纷将研究视角扩大到同性恋,甚至是双性恋的征婚广告中。美国学者潘(Phua V. C.)等人以美国 2400 则网络征婚广告为研究对象,发现男同性恋比男异性恋更关注身体健康问题,[2]这与美国学者戴维森(Davidson A. G.),哈默斯(Hamers F. F.)等人的研究结果类似。[3] 还有学者陆续将研究群体细化到大学生及女性群体。[4]

在我国,学者张艳霞抽取婚恋网站上 620 则征婚广告研究,认为在婚姻市场上,女性较男性更遵从传统的婚配模式,"男强女弱"的婚姻模式仍然占据主流。[5] 董金权等对《现代家庭》杂志 2000 年至 2010 年刊登的 1225 则征婚广告进行内容分析,并与 1990 年的统计结果进行比较,认为征婚广告是征婚者择偶标准的外在呈现,并揭示了当代青年择偶标准的变化以及男女择偶标准的性别差异。[6] 并在其另外一篇论文中详细论述了择偶标准随时代演进而展现的趋势

---

[1] Simon Davis. Men as Success Objects and Women as Sex Objects: A Study of Personal Advertisements. *Sex Roles*, 1990, 23(1-2): 43-50.
[2] Phua V. C., Hoppe J., Vazquez O.. Men's concerns with sex and health in personal advertisement. *Culture, Health and Sexuality*, 2002, 4(3): 355-363.
[3] Davidson A. G.. Looking for Love in the Age of AIDS: The Language of Gay Personals, 1978-1988. *The Journal of Sex Research*, 1991, 28(1): 125-138; Hamers F. F., Bueller H. A, Peterman T. A.. Communication of HIV Serostatus Between Potential Sex Partners in Personal ads. *AIDS Education and Prevention*, 1997, 9(1): 42-48.
[4] Hatala, Mark Nicholas; Milewski, Katherine; Baack, Daniel W.. Downloading Love: a Content Analysis of Internet Personal Advertisements Placed by College Students. *College Student Journal*, 1999, 33(1): 124; Strassberg D. S.; Holty S.. An Experimental Study of Women's Internet Personal Ads. *Archives of Sexual Behavior*, 2003, 32(3): 253-260.
[5] 张艳霞:《"80 后"青年择偶中的条件匹配——对 620 则征婚广告的分析》,《中国青年研究》2013 年第 5 期,第 79—83 页。
[6] 董金权、姚成等:《当代青年的择偶标准及其性别差异——对 1255 则征婚广告的内容分析》,《山西青年管理干部学院学报》2011 年第 2 期,第 5—8 页。

性变化。① 许多澍以概率随机抽样的方式,选取《深圳青年》杂志 15 年间 117 则征婚广告为样本,发现征婚者呈现大龄化、复杂化的变化趋向,其择偶标准也趋于多元化,这种变化也映射出社会政治、经济、文化的剧烈变迁。② 另有舒秋劲《从征婚广告看青年婚恋观的变化》、杨宏源《征婚广告视角下择偶标准性别分层研究》等研究。③

可以看出,国内外关于社会学面向的征婚广告研究较多,这些研究主要采用内容分析法,依据征婚广告文本探究择偶标准、婚姻家庭、性别意识等社会问题。这些文献对于征婚广告的社会透视与建构功能研究具有参考价值,但这些文献都是以单篇论文的形式呈现,未见有著作形式的深入研究。

(二) 心理学基于征婚广告展开对择偶标准的探究

在心理学领域,进化心理学家发现,人类的择偶偏好具有进化基础。有代表性的一项研究是美国密歇根大学心理学系教授大卫·布斯(David M. Buss)完成的,他针对六大洲、五个岛,涉及 33 个国家,共计 10047 个样本进行调查,发现尽管他们在文化、种族和宗教信仰等方面存在巨大差异,但是所有男性比女性都更强调配偶的身体吸引力,男性倾向选择比自己年龄小的女性,女性倾向选择比自己年长的男性,用进化论的角度来解释,男性是在寻找健康、能生育的女性。④ 布斯依此提出了性策略理论(Sexual Strategies Theory,SST)。美国博

---

① 董金权、姚成:《择偶标准:二十五年的嬗变(1986—2010)——对 6612 则征婚广告的内容分析》,《中国青年研究》2011 年第 2 期,第 73—78 页。
② 许多澍:《十五年间征婚主体及其择偶标准的变迁——以征婚广告为分析切入点》,《长白学刊》2005 年第 5 期,第 78—81 页。
③ 舒秋劲:《从征婚广告看青年婚恋观的变化》,《青少年研究》1993 年第 3 期,第 40—41 页;杨宏源:《征婚广告视角下择偶标准性别分层研究》,《学理论》2013 年第 8 期,第 61—62 页。
④ David M. BUSS. Sex-Differences in Human Mate Preferences-Evolutionary Hypotheses tested in 37 Cultures. *Behavioral and Brain Sciences*, 1991,14(3):1-49.

林格林州立大学心理学教授米歇尔·维德曼(Michael W. Wiederman)通过对 1111 则征婚广告的研究,得出与 Buss 调查类似的结论,并进一步讨论了在进化心理机制中假设的性别差异所产生的影响。[1]

另外,加拿大学者西蒙·戴维斯(Simon Davis),美国迈阿密大学格林利斯(Greenlees I. A.)与英国学者麦格鲁(McGrew W. C.)、蒂森(Thiessen D.)、扬(Young R. K.)、伯勒斯(Burroughs R.)、西赛雷洛(Cicerello A.)、希思(Sheehan E. P.)、兰斯(Lance L. M.)以及克斯特纳(Koestner R.)、惠勒(Wheeler L.)以征婚广告为文本,对择偶标准的研究得出相似的结论:女性在征婚广告中对自身描述多提供生理吸引方面的信息,更倾向寻找具有经济保障并提供承诺的男性;而男性在征婚广告中,更愿意呈现自身社会经济实力并寻求有生理吸引力(年轻、苗条等)的女性。[2]

在我国,南开大学社会心理学系乐国安教授将天津 404 则征婚广告与波士顿 432 则征婚广告进行比较分析,得出与西方心理学界的经验性结论相似的结果,认为进化心理学所强调的"普适人性"在择偶标准的性别差异方面具有较大的解释力,但是对于心理机制的文化差异尚缺乏足够的说服力,还需要社会学习理论加以解释。[3] 中国科学院

---

[1] Michael W. Wiederman. Evolved Gender Differences In Mate Preferences-Evidence from Personal Advertisements. *Ethllogy and Sociobiology*, 1993,14(5):331-351.

[2] Greenlees I. A., McGrew W. C.. Sex and Age Differences in Preferences and Tactics of Mate Attraction: Analysis of published advertisements. *Ethology and Sociobiology*, 1994, 15(2): 59-72; Thiessen D., Young R. K., Burroughs R.. Lonely Hears Advertisements Reflect Sexually Dimorphic Mating Strategies. *Ethllogy and Sociobiology*, 1993, (14):209-229; Cicerello A., Sheehan E. P.. Personal Advertisements: A Content Analysis. *Journal of Social Behavior and Personality*, 1995, (10):751-756; Lance L. M.. Gender Differences in Heterosexual Dating: A Content Analysis of Personal Ads. *The Journal of Men's Studies*, 1998,6(3):297-305; Koestner R., Wheeler L.. Self-presention in Personal Advertisement: The Influence of Implicit Notions of Attration and Role Expections. *Journal of Social and Personal Relationships*, 1998,(5):149-160.

[3] 乐国安、陈浩、张彦彦:《进化心理学择偶心理机制假设的跨文化检验——以天津、Boston 两地征婚启事的内容分析为例》,《心理学报》2005 年第 4 期,第 561—568 页。

心理所刘烯琴在中国交友网站与美国交友网站各选择50则征婚广告进行文本分析,认为网络征婚广告上丰富的内容更能反映择偶者的心理特点,并从进化心理学角度解释了择偶标准的性别差异和文化差异。[①] 洪艳萍用进化心理学理论,解释了近30年中国征婚广告历史演变所反映的择偶观变迁,认为30年来,征婚广告的具体内容虽然发生巨大变化,但是从进化角度看影响男女择偶的心理机制并没有发生改变。[②]

综上,国内外心理学领域对征婚广告的研究主要是立足于进化心理学的视角,重在分析征婚广告中各种变量对人们择偶标准与择偶策略等方面的影响,研究目的主要是为探究征婚广告这种择偶方式的心理特点与机制,并揭示其"普适人性"的规律,认为这种规律才是揭示人类心理与行为的真正因果性解释。这种观点势必容易忽视文化差异对于人类心理的深刻影响及意义,并且这种解释尚缺乏有关东方文化背景以及在历史变迁下的相关数据支持,尚有待于进一步验证。

(三)历史学关注18世纪至20世纪上半叶征婚广告所反映的社会意识

在历史学方面,俄罗斯学者克里斯提纳·皮特劳斯基(Kristina Petrauskė)分析了两次世界大战期间立陶宛的征婚广告,提出这种广告在17世纪中叶就已出现,至19世纪,征婚广告已出现在所有欧洲文化的国家,并考证了立陶宛的第一则征婚广告。[③] 法国学者詹妮弗·琼斯(Jennifer M. Jones)讨论了法国大革命后 *Le courier de l'hymen* 期刊上

[①] Xinqin Liu, Xiaopeng Ren. Romantic Relationship and Self —The Sino-USA Differences of Online Dating Advertisements. *Advances in Psychology*, 2013, 3(5): 246 – 255.

[②] 洪艳萍:《基于进化心理学视野从征婚启事的历史演变看中国人择偶观的变迁》,《校园心理》2013年第1期,第53~54页。

[③] Kristina Petrauskė. Every Agnieška Searches for a Husband in a Newspaper: Lithuanian Dating and Marriage Advertisements between World Wars. *Kaunas History Annals*, 2014, (14): 213 – 227.

所刊载征婚广告的历史,认为征婚广告展现了当时新式的共和价值观,男性征婚者更期待与女公民结婚,而不期望贵族式的婚姻交换。[①]英国安德里亚·布兰得利(Andrea Bradley)的博士论文讨论了17世纪至18世纪英国的征婚广告,认为征婚广告像其他商业广告一样具有商业性,只是征婚广告展示的商品是人,女人在征婚广告上成了可供贩售的商品。[②] 印度学者罗切那·巴宗达(Rochona Majumdar)讨论了包办婚姻、征婚广告等择偶方式在加尔各答的出现与发展历史,认为征婚广告这种新的择偶方式虽在谋求保护新中产阶级的利益,并形成新的婚姻文化批评,但是其作用范围也只能是有限的。[③]

在我国,逸茗梳理了改革开放后三十年间征婚广告的变迁,认为征婚广告的嬗变可以折射历史变迁和社会发展。[④] 林山从世界上第一则征婚广告谈起,论述了世界各国征婚广告的出现与演变,认为各种媒体上征婚广告的首次出现都受到社会变迁以及人们思想观念变化的影响。[⑤] 张文青探究中国历史上征婚广告的出现,认为1902年6月26日天津《大公报》上"南清志士某君"征婚为中国刊登在报刊上的第一则征婚广告,并查证该广告为留日学生王建善刊登,最后论述了这则广告的社会反响。[⑥] 丁守伟考证近代中国知识分子章太炎征婚广告的真实性,并依此剖析章太炎迥异于时流的婚姻观。[⑦] 马世瑞在《中国的征婚》中有少许关于章太炎、冯玉祥等社会名人刊登征婚广告的论述。[⑧]

[①] Jennifer M. Jones. Personals and Politics: Courting la "citoyenne" in "Le courier de l'hymen". *Yale French Studies*, 2001, (101): 178 - 181.
[②] Andrea Bradley. *Wanted: Advertising in British literature, 1700 - 1830*. Vanderbilt University, 2005.
[③] Rochona Majumdar. Looking for Brides and Grooms: Ghataks, Matrimonials, and the Marriage Market in Colonial Calcutta, circa 1875 - 1940. *Journal of Asian Studies*, 2004, 63(4): 911 - 935.
[④] 逸茗:《征婚广告30年变迁》,《跨世纪(时文博览)》2008年第21期,第52—53页。
[⑤] 林山:《征婚广告的历史变迁》,《北京日报》2013年3月6日第24版。
[⑥] 张文青:《中国最早的征婚广告》,《湖南文史》2003年第2期,第47—48页。
[⑦] 丁守伟:《章太炎"征婚"考》,《民国档案》2014年第3期,第139—143页。
[⑧] 马世瑞:《中国的征婚》,长春:北方妇女儿童出版社1995年版,第34页。

另外,有关中国近代征婚广告的相关研究将在下文详细论述。

纵观国内外历史学领域有关征婚广告的研究,重在以大量史料考证征婚广告的出现及其发展历程,并力图呈现征婚广告所反映的历史变迁,前人历史学面向的研究成果在本书的撰写过程中具有重要的史料参考价值,但是对于征婚广告所折射的社会问题讨论还有进一步深挖的空间。

(四)语言和文化学侧重以征婚广告为语料进行文化差异的比较

在语言学方面,刘晓静选取《女友》、《知音》、世纪佳缘、百合网上的征婚广告为语料,对征婚广告的语言特色及其背后所隐藏的社会文化内涵进行分析,认为征婚广告的语言特色背后展现的是男女经济与社会地位的差异,以及趋向世俗化与功利化的婚姻价值取向。[1] 刘晟从社会语言学的性别角度入手,分析了征婚广告因性别差异而产生的独特语言特色,认为当代征婚广告语言中存在言语使用不当与性别歧视等问题,需要规范化与文明化管理。[2] 张宜民比较不同国家征婚广告的语用动机,发现征婚广告犹如推销商品,不论男女都有意识地展现自身优势以吸引更多关注,但中西方的行文风格与择偶标准存在差异,并认为征婚广告语言中所体现的意识动机是文化干涉与智力干涉的反映。[3] 谭华从语言评价意义体系的视角,对英汉征婚广告语言进行比较,发现两者语言特点差异较大,进而探究其产生差异的根源,提出在英汉征婚广告互译时,需根据各自评价性意义语言的特点,做适

---

[1] 刘晓静等:《征婚广告的语言特色与社会意义分析》,《长沙大学学报》2014年第4期,第93—95页。
[2] 刘晟:《征婚广告中的性别语用分析与规范》,《科技信息(学术研究)》2008年第12期,第448—449页。
[3] 张宜民:《语用视角下的征婚广告》,《安徽农业大学学报(社会科学版)》2006年第2期,第134—137页。

当调整。① 另有葛瑞红、零宏惠等人主要从语言学的角度,对比中西征婚广告的语言差异,管窥中国社会和英语国家社会在文化、思维、生活及世界观等方面的异同。②

文化学方面,斯蒂芬·洛弗尔(Stephen Lovell)分析沙皇俄国晚期报纸上的征婚广告,考察在社会和经济快速变化的时代,婚姻以及社会身份的历史变化,认为看似微不足道的征婚广告文本,提供了一个难得的机会让人们看到社会在文化实践的话语,看到阶层、财产、职业、地位等标签在人们的日常生活中意味着什么。③ 我国张伯存教授认为征婚广告虽然寥寥数语,却蕴含了丰富的个人与社会信息,从特定年代大量的征婚广告中,可以寻绎出特定历史时期的政治、经济与感情生活的印痕,征婚广告是折射社会及其变迁的一面镜子。④ 计琦选取中美报纸杂志刊登的征婚广告进行对比,认为中美两国人择偶标准差异的根源主要在于文化价值观念的差异。⑤ 徐莉娜通过征婚广告分析了整个社会不断变化的文化目标。⑥ 陈伟基于框架理论,探究征婚广告所隐含的中西社会文化框架差异。⑦ 史莹与徐丽丽通过中西征婚广告比较,也对比了文化差异问题。⑧

---

① 谭华:《英汉征婚广告语篇语言文化比较及翻译——语言评价意义分析》,《华中师范大学研究生学报》2014年第4期,第25—29页。
② 葛瑞红:《从中英文征婚广告浅谈中西方语言与文化》,《中国校外教育(理论)》2008年第9期,第58—60页;零宏惠:《中英征婚广告语体特征对比分析》,《广西民族学院学报》2005年第1期,第176—179页。
③ Stephen Lovell. Finding a Mate in Late Tsarist Russia: The Evidence From Marriage Advertisements. *Cultural and Social History*, 2007, 4(1): 51-72.
④ 张伯存:《从征婚广告看社会变迁》,《书摘》2008年第5期,第52页。
⑤ 计琦:《透视中美两国征婚广告中择偶标准的文化价值观念》,《长春师范学院学报(人文社会科学版)》2007年第2期,第94—96页。
⑥ 徐莉娜:《从征婚广告谈社会文化目标的变化》,《经济视角(下旬刊)》2013年第8期,第166—168页。
⑦ 陈伟:《从征婚广告窥探中西社会文化框架差异》,《海外英语》2011年第10期,第246—269页。
⑧ 史莹:《中美征婚广告体现的文化价值观对比研究》,吉林大学硕士学位论文,2008,第4—25页;徐丽丽:《中英征婚广告内隐文化差异分析》,《黑龙江生态工程职业学院学报》2011年第2期,第156—157页。

语言学与文化学研究有共通的地方,重在通过征婚广告文本及语言特色,探究其内隐的社会意义,并以探究中西方文化差异的比较研究居多。这些文献为本研究探析《申报》征婚广告镜像中的都市文化现象有重要启示意义,但是这类研究囿于学科观念限制,过多强调社会文化的作用结果,而忽视了其他影响因素,这也给本论文留下深入思考的空间。

(五)传播学与广告学领域重在探讨征婚广告的媒体嬗变

高建香等对20世纪80年代以来《女友》《中国妇女》等杂志上的征婚广告进行实证研究,从广告学的角度,按照广告主、广告信息、广告媒介、广告受众与广告效果五大构成要素的考察,分析1980年以来中国征婚广告的历时性变迁,认为广告媒介的历时性特点影响了广告信息诉求方式的转变,依托于大众传播媒介的征婚广告效果要逊于人际传播。[1] 丁凯、任文杰梳理了1980年以后20年间中国征婚广告的媒体演变。[2] 辛桂娟以话语分析的研究方法,考察征婚广告话语所具有的社会建构功能,认为征婚广告中所建构的文明模式更为自然,双方自我话语陈述在建构自身形象的同时,也表达了对另一方的建构愿景。[3] 薛剑以电影《非诚勿扰》为个案,分析其中征婚广告的独特性。[4] 朱媛媛从传播学角度对报纸、电视和婚恋交友网站进行对比,认为三种媒介因属性不同具有差异化的征婚信息内容呈现与征婚效果。[5] 颜浩以电视相亲节目《非诚勿扰》引发的价值观讨论为切入点,对比中国

---

[1] 高建香、丁凯、张丽萍:《大众传媒与征婚广告——以80年代以来国内征婚广告为例》,《台州学院学报》2003年第5期,第93—96页。
[2] 丁凯、任文杰:《近20年征婚广告的媒体梳理》,《社会》2001年第9期,第33—34页。
[3] 辛桂娟:《从征婚广告透视广告话语的社会建构功能》,暨南大学硕士学位论文,2008,第10—27页。
[4] 薛剑:《〈非诚勿扰〉中的征婚广告浅析》,《魅力中国》2010年第5期,第100—101页。
[5] 朱媛媛:《媒介化相亲的传播学解读》,华南理工大学硕士学位论文,2011年,第24—25页。

近代征婚广告,反思了当今媒体的社会责任与价值观引导等问题。①

传播学与广告学面向关于征婚广告的研究,倾向于以媒介形态演变为线索,探究征婚广告形态因媒介演变所产生的变化。对比其他领域,传播学与广告学面向关于征婚广告的研究在数量上较少,主要以单篇论文或硕士论文的形式呈现,可见征婚广告不论对于传播学还是广告学领域都是一个比较新颖独特的研究视角,这也为本研究留下许多可深入探讨的空间。

以上多学科、多角度的研究开拓了征婚广告研究的视野。以上各学科固有自己的研究视角与方法,但未来有关征婚广告的研究,更应是突破学科思维限制,实现多种理论与观点的相互借鉴与整合,以求更加全面而深入地认识征婚广告这种社会现象。

二、《申报》征婚广告的研究

当前涉及《申报》征婚广告的研究主要集中在我国。

其中最有代表性的研究是台湾清华大学历史研究所毕业的陈湘涵所著《寻觅良伴——近代中国的征婚广告(1912—1949)》。作者以1912年至1949年间上海《申报》和北平《世界日报》为主要史料,探究征婚广告、婚姻介绍所、通信求婚等择偶方法在近代中国的出现、发展与变化,并从中得出婚姻选择的社会脉络与历史特色。同时用一章篇幅将民国时期的社会调查、婚恋调查与征婚广告做比照,发现征婚广告中展现的择偶观与社会调查有所差异,呈现现实与理想的不同取向条件。② 最后作者结合电影戏剧、文学作品等材料,分析征婚广告的社

---

① 颜浩:《娱乐时代的文化乱象与价值本真——"〈非诚勿扰〉现象"解析》,《理论与创作》2010年第6期,第41—63页。
② 陈湘涵:《寻觅良伴——近代中国的征婚广告(1912—1949)》,第189—256页。

会效应及其在时人心中的意象。

此研究是目前对民国时期征婚广告问题探讨较为深入的成果,不足在于书中试图透过征婚广告折射城市居民自我形象的公开表述,但对这一问题却缺乏明显的表述与论证;①作者虽选择了大量的一手资料进行统计分析,但却缺乏对研究方法的论述,文中多项数据都没有交代样本数量、样本的选取、统计方法等基本问题;书中有关征婚广告南北差异的比较多停留在表层,缺乏社会文化差异的深层观照,这也为本书留下探索空间;另外该书属于典型的历史学面向研究,对《申报》征婚广告本体及其所折射的社会镜像等内容缺乏讨论,这也正是本书想要弥补之处。故本书尝试综合广告学、传播学、社会学与历史学的视角,透析《申报》征婚广告媒介呈现、广告生产及其所折射的上海都市文化等深刻社会问题。

日本学者高岛航选取 1920 年至 1929 年《申报》上的 476 则征婚广告,去除其中的重复刊登与商业广告,对剩下的 161 则征婚广告的择偶条件各变量进行详细统计与分析,最后提出征婚广告的出现与社交公开言论没有直接关系,征婚广告既能体现新的婚姻观,又能促进旧式婚姻的完成。② 台湾陈湘涵认为该研究对征婚广告的分析只停留在文本层面,并未进一步探讨征婚广告所反映的社会问题。③ 另外,该论文只选取《申报》十年间的征婚广告为分析样本,正如作者所述,由于材料不多,难以探求十年间的变化,只能进行静态的共时性分析。故本书选取 1912 年至 1949 年《申报》征婚广告做长时间跨度的分析,以期更全面地呈现征婚广告的发展演变。

---

① 陈娜娜:《见微知著:从征婚广告中发现历史——评〈寻觅良伴——近代中国的征婚广告(1912—1949)〉》,《科教导刊》2012 年第 7 期,第 131—173 页。
② [日]高岛航:《1920 年代的征婚广告》,《近代中国社会与民间文化——首届中国近代社会史国际学术研讨会论文集》,北京:社会科学文献出版社 2005 年版,第 301—318 页。
③ 陈湘涵:《寻觅良伴——近代中国的征婚广告(1912—1949)》,第 18 页。

·第一章 征婚广告:一种特殊的广告形态·

蔡朝晖的博士论文中有一小部分内容以1911年至1946年《申报》征婚广告为样本,讨论民国都市女性的择偶问题。① 该研究对样本统计的时间跨度虽然比较长,但采用等距抽样的方法,从1911年开始,每隔5年选取一年,每一年再选取每个月中的5、10、15、20、25、30六天作为统计样本,样本总量只有58则。采用这样的统计方法,一是样本总量过少,二是征婚广告不是每天都有,等距抽样必然会导致在选定日期抽不到样本的情况出现,三是难以观照到一些特殊的征婚广告文本,得出结论也只能反映一个大体上的粗略变化,难以进行全面而深入的探讨。故本书对1912年至1949年《申报》征婚广告进行全样本统计,以弥补样本不全的缺陷,确保研究方法的科学性。

何达分析20世纪80年代初期成都市征婚广告,探讨征婚广告在中国的发展历程,其中只是对1927年至1937年间《申报》征婚广告做简单的数量统计,并与《大公报》进行比对。

另外,林升栋将《申报》分类广告分为营业分类广告与人事分类广告,征婚广告属于其中的人事分类广告。② 张立勤也提出与商业广告相比,当时的分类广告所含新闻价值更高,更能迎合大众的社会需求。③ 赵君豪分析了当时报界对分类广告价值的认可,"营业广告系希望于登出后发生若干作用,而分类广告则先有作用而后始行登载,故论报纸之价值者,恒以分类广告之多寡为断。"④陈雨和谷虹梳理我国报纸分类广告的历史沿革,提出20世纪初叶到30年代末我国分类广告处于繁荣期,并总结了《申报》分类广告特点,认为《申报》代表当时中国分类广告经营的最高水平。⑤ 屈慧君也对《申报》分类广告特

---

① 蔡朝晖:《〈申报〉广告与民国都市婚礼》,中国社会科学院博士学位论文,2005年。
② 林升栋:《〈申报〉分类广告研究》,《新闻大学》1998年第3期,第73—75页。
③ 张立勤:《1927—1937年民营报业经营研究——以〈申报〉〈新闻报〉为考察中心》,第159页。
④ 赵君豪:《中国近代之报业》,第228—229页。
⑤ 陈雨、谷虹:《报纸分类广告经营管理》,广州:南方日报出版社2006年版,第86—87页。

点及发展原因进行了探讨。① 征婚广告属于分类广告的类别,这些关于《申报》分类广告的文献为本书分析征婚广告的媒介呈现提供了参考。

同时,有关中国近代其他报纸征婚广告的研究,也为本书提供了比较参照的视角。孙会在其著作《〈大公报〉广告与近代社会(1902—1936)》中以简短篇幅论及征婚广告对当时社会产生的现实影响,认为征婚广告当时不仅引起社会关注,还形成与小说、电影、戏剧等多种宣传形式的互动,产生更深远和普遍的社会影响。② 并在其另外一篇论文中对1902年至1936年《大公报》出现的72则征婚广告进行分析,探究中国征婚广告的出现、发展与变迁,认为征婚广告文本体现出新旧杂糅、中西交汇的时代特色,可以映射出近代中国社会变迁的艰难足迹。③

高伶俐对1928年至1937年《中央日报》的婚事广告进行爬梳,其中包括征婚广告、订婚启事、解除婚约与同居启事等,从其表现形式和内容等方面分析婚事广告蕴含的内在意义,进而透视南京城市婚姻文化的建构问题。④ 赵良坤对1900年至1937年《大公报》上征婚广告采用完全统计的方法,共发现81则征婚广告,并考证征婚广告在中国的发展历程以及社会各界对征婚广告的态度。⑤ 但《大公报》自1902年出现一则征婚广告后,直至1928年才再次出现,这之间便出现样本在时间与区域上的断层,作者也并未解释其中缘由。并且其中着重征婚

---

① 屈慧君:《〈申报〉分类广告的启示》,《中国商界》2010年第7期,第397—398页。
② 孙会:《〈大公报〉广告与近代社会(1902—1936)》,北京:中国传媒大学出版社2011年版,第259—260页。
③ 孙会:《〈大公报〉的征婚广告与近代社会变迁》,《社会科学论坛(学术研究卷)》2008年第8期,第157—160页。
④ 高伶俐:《〈中央日报〉婚事广告与南京城市婚姻文化的建构(1928—1937)》,第11—29页。
⑤ 赵良坤:《近代中国征婚广告探析——以〈大公报〉为例(1900—1937)》,四川大学硕士学位论文,2006年。

广告的文本分析,缺乏社会面向的细致讨论。[1] 另外,单从样本量来看,《申报》征婚广告数量要远远多于《大公报》[2],因而也更具代表性,故本书选取民国时期《申报》上的征婚广告进行完全统计。

这些文献为本书更全面考察《申报》征婚广告提供了横向比较的参照,具有一定参考价值。

另外,张立勤的《1927—1937年民营报业经营研究——以〈申报〉〈新闻报〉为考察中心》,王儒年的《欲望的想象:1920—1930年代〈申报〉广告的文化史研究》,上海图书馆编《近代中文第一报〈申报〉》等著作,为本书探析征婚广告与《申报》广告经营及报纸发展的关联有重要启示意义。

总体来看,目前有关民国时期《申报》征婚广告的研究主要集中在历史学领域,重在通过报刊等一手资料挖掘,考证征婚广告与其他择偶方式的历史沿革。这些文献对本书进行征婚广告的史料挖掘有重要参照价值,但大多数研究都将征婚广告作为一种历史现象来看待,缺乏对征婚广告本体及其所刊载媒体的关联分析。本书欲在前人基础上,从广告学与传播学的视角,在爬梳民国时期《申报》征婚广告史料基础上,进行更多征婚广告本体研究,同时结合广告的社会镜像理论,进一步透析其背后所呈现的都市文化。

三、近代上海史的相关研究

本书涉及对近代上海快速发展进程中社会关系以及都市文化的探析。剑桥中国史系列中《剑桥中国民国史1912—1949年》、张仲礼

---

[1] 陈湘涵:《寻觅良伴——近代中国的征婚广告(1912—1949)》,第17页。
[2] 何达:《二十世纪八十年代初期成都市征婚广告研究》,西南民族大学硕士学位论文,2013年,第18页。

主编的《近代上海城市研究(1980—1949年)》以及熊月之的《上海通史》,这些成果为本书厘清《申报》征婚广告刊载时的上海都市文化、经济状况起到重要作用,并为本书提供了宏观的历史视野。

华裔历史学家叶文心的《上海繁华——都市经济伦理与近代中国》回顾了1848年至1949年上海社会文化史,生动描绘了一个大城市与其中无数小老百姓的平常生活,认为小市民的辛勤造就了上海的繁华,上海繁华是平常人的城市史,这部城市史改写了近代中国无数平常人的命运。① 熊月之的《异质文化交织下的上海都市生活》以异质文化交织的视角研究近代上海社会生活,尤其是书中对异质文化交织的特别现象,如近代上海的跨种族婚姻、学习外语热、西洋人对华人的歧视等这些问题的探究,使本书作者得以更深刻地理解上海都市文化所呈现的两极并存特征:"世界性与地方性并存,摩登性与传统性并存,贫富悬殊,高度分层,有中有西,有土有洋,中西混杂。"②罗苏文的《近代上海——都市社会与生活》从社会史的角度剖析了近代上海市民的都市生活。还有忻平的《从上海发现历史:现代化进程中的上海人及其社会生活(1927—1937)》、乐正的《近代上海人社会心态(1860—1910)》、李欧梵的《上海摩登——一种新都市文化在中国(1930—1945)》以及楼嘉军的《上海城市娱乐研究(1930—1939)》等,这些著作对本书深入探讨上海都市生活有着重要启示意义。

四、近代中国社会生活与婚姻问题研究

刘志琴主编《近代中国社会文化变迁录》细致刻画了近代中国人

---

① 叶文心:《上海繁华——都市经济伦理与近代中国》,台北:时代出版公司2010年版,第8—9页。
② 熊月之:《异质文化交织下的上海都市生活》,第129—172页。

们社会生活与文化形态的变迁。李长莉等著《中国近代社会生活史》(1840—1949)从社会文化史视角,论述伴随各个时期社会变动,城市居民在物质生活、社会交往、风俗习尚以及文化生活等方面发生的巨大变化,认为社会生活是社会制度变革的基础和土壤,也与国家社会变革和进步紧密相连。严昌洪的《20世纪中国社会生活变迁史》通过周而复始的生活琐事展现20世纪中国社会的生活变迁与文化演进,其中对婚姻礼俗与两性关系的时代变迁有较为细致的讨论。吴健熙、田一平主编的《上海生活(1937—1941)》对上海普通市民的日常生活有较为形象的记录。这些著作对于本书作者了解中国近代社会生活样态及变迁有一定参考价值。

另外,余华林的《女性的"重塑"——民国城市妇女婚姻问题研究》以女性视角切入,对民国时期城市婚姻生活与家庭文化的复杂问题进行论述,认为婚姻观念和婚姻生活的变化,不仅反映特定时代整个社会的变迁,还成为当时道德观念与价值标准变化的集中体现,民国时期婚姻问题可以成为透视当时整个中国社会转型的一扇窗口。另外还有郑全红《中国传统婚姻制度向近代的嬗变》、王歌雅《中国婚姻伦理嬗变研究》、邓伟志《近代中国家庭的变革》等著作。这些著作对本书透析民国时期征婚广告所折射的婚姻问题有重要参考意义。

第二章

《申报》征婚广告的发展历程

综合《申报》征婚广告发展特征的变化以及历史时间脉络,1912年至1949年《申报》征婚广告可以划分为四个发展阶段,1912年至1918年为征婚广告发展的初始阶段,1919年至1926年为征婚广告的快速发展期,1927年至1937年为征婚广告的稳定繁荣期,1938年至1949年为征婚广告的动荡波折期。关于《申报》征婚广告的阶段性划分主要有以下考虑:一是依据《申报》征婚广告发展变化特征进行划分。从对《申报》2624则征婚广告的统计分析中,我们可以看到其广告数量、刊载分布、广告形态、广告叙事与广告内容等方面在这四个阶段呈现不同的变化特征;二是结合历史时间脉络的考量,1912年至1949年间《申报》征婚广告的媒介呈现与五四时期的思想解放运动,"黄金十年"间的经济发展,以及战事变动等历史因素密切关联。基于此,本书对《申报》征婚广告进行这四个阶段性的划分,并考察其四个阶段的演变历程。

第一节 1912—1918:征婚广告在争论中成长

1912年1月1日,孙中山在南京宣誓就职临时大总统,改国号为中华民国,定1912年为民国元年,并成立中华民国临时政府。本书主要考察民国这段历史时期《申报》征婚广告的发展演变,故以民国元年1912年为研究起点。

一、中国近代婚姻变革及征婚广告的出现

探讨《申报》征婚广告的初期发展首先要观照中国征婚广告的产生及其时代背景。

晚清以来,各种婚姻变革言论不断提出,主要包括婚姻自主、一夫一妻制、禁纳妾、妇女再嫁、婚姻礼俗的删繁趋简等,婚姻革命成为革新社会制度的一个组成部分。许多知识分子开始透过婚姻议题表达革新思想,晚清以后,一些知识分子以自身行为作表率,将自己的婚姻作为改革试验,希望借此改良旧的社会风俗,其中蔡元培与章太炎可谓是较早的实践者。

(一)蔡元培与章太炎的征婚

1899年,教育家蔡元培的夫人王昭去世,为其做媒续弦者甚多。蔡元培开列五项征婚条件,借此革新传统婚姻,他提出女子须不缠足,须识字,男子不娶妾,男死后女可再嫁,夫妇不相合可离婚。[1] 这五项条件的提出引起社会轰动。1900年,蔡元培与黄世振结为夫妻。黄世振天足,识文字,工书画,思想进步。蔡元培对他们的婚礼也有所改革,以演说代替闹洞房习俗,其在演说辞上说:"就学行言,固有先后,就人格言,总是平等。"[2]通过自身婚姻改革,蔡元培提倡男女平等思想,这在当时保守的社会可谓惊世骇俗。

---

[1] 陶英惠:《蔡元培年谱》,台北:"中央研究院"近代史研究所1976年版(上册),第72—73页。
[2] 同上,第80页。

第二章 《申报》征婚广告的发展历程

1902年,章太炎夫人染病而亡,章太炎刊登征婚广告:"鄙人近感鳏况沉寂,欲获得一白头伴侣,助我家室,然必具以下三者,方为合适:须文理通顺,能做短篇文字者;系出名家闺秀,举止大方者;有服从性质,不染习气者。"①对于章太炎征婚学界争议比较大,有人认为这是确有之事,但其征婚内容目前有三个版本,也有人认为这是无中生有,有学者经考证发现1912年12月17日《时报》第2版刊登的章太炎拟登报征婚"北京专电"是其征婚广告传闻的源头。② 本书受到资料限制,难以判断其"征婚广告"的真伪,不过可以肯定的是章太炎征婚在当时无异于石破天惊,引来极大关注。1912年《申报·自由谈》出现两篇有关章太炎征婚的戏谑文章。

图2.1 《质问章太炎先生求婚广告书》,《申报》1912年12月20日第十版。

《质问章太炎先生求婚广告书》中提到:"吾知先生自命不凡,当不若是之卑且鄙也……至于第三项之服从云云,则尤毫无人道主义,更非先生所当出。大凡服从二字,强国与弱国,奴隶与主人,相为对待之名称、事理之最不平等者也,至于夫妇之道,既无强弱之异,更无主奴之分,夫亦何必界定奴隶之资格,以好逑天下之淑女耶。"③可见章太炎征婚引起时人关注和讨论,择偶方式虽然具有革新意义,但是其要求女子是大家闺秀,既要文理通顺,有新女子特质,又要具有服从男

---

① 黄升民、丁俊杰、刘英华:《中国广告图史》,广州:南方日报出版社2006年版,第152页。
② 丁守伟:《章太炎"征婚"考》,《民国档案》2014年第3期,第139—143页。
③ 《质问章太炎先生求婚广告书》,《申报》1912年12月20日第十版。

子的旧道德，体现出一种新旧杂糅的婚姻意识，并未完全摆脱旧式婚姻观念对他的影响，被指为是不文明，不近人情的征婚条件。

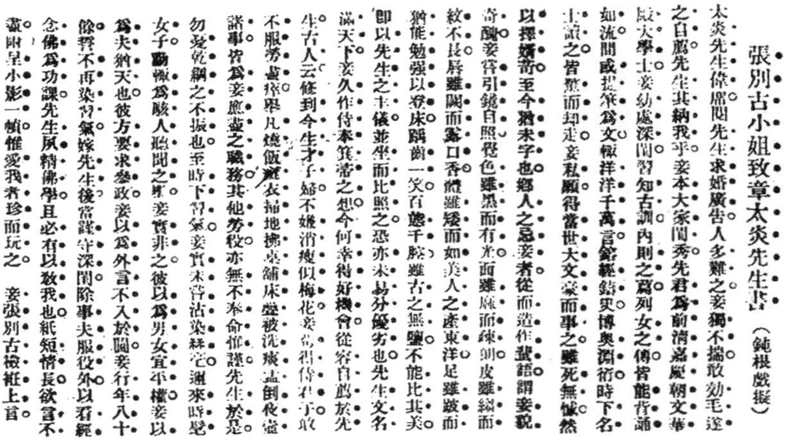
張別古小姐致章太炎先生書（鈍根戲擬）

太炎先生偉鑒。閱先生求婚廣告。人多難之。妾獨不揣。敢効毛遂之自薦。先生其納我乎。妾本大家閨秀。先君爲前清嘉慶朝文華殿大學士。妾幼處深閨。習知古訓。內則之篇。列女之傳。皆能背誦如流。間或握筆爲文。洋洋千萬言。鎔經鑄史。博奧淵衍。時下名士讀之。皆驚而卻走。妾私願得當世大文豪而事之。雖死無憾。然以擇婿苛。至今猶未字也。鄉人之忌妾者。從而造作蜚語。謂妾貌奇醜。妾嘗引鏡自照。覺色雖黑而有光。面雖麻而疏朗。皮雖縐而紋不長。唇雖闕而露口香。體雖矮而如美人之產東洋。足雖跛而猶能勉強以登床。踽齒一笑。百態千腔。雖古之無鹽。不能比其美。即以先生之丰儀。並坐而比照之。恐亦未易分優劣也。先生文名滿天下。妾久作侍奉箕帚之想。今何幸得好機會。從容自薦於先生。古人云。修到今生才子婦。不嫌消瘦似梅花。妾爲得侍君子。敢不服勞。盡瘁畢凡燒飯浣衣。掃地拂桌。舖床疊被。洗痰盂。倒夜壺諸事。皆爲妾應盡之職務。其他勞役。亦無不奉命惟謹。先生於是勿疑乾綱之不振也。至時下習氣。妾實未嘗沾染絲毫。邇來時髦女子。動輒爲駭人聽聞之事。妾實非之。彼以爲男女宜平權。妾以爲夫納天也。彼方要求參政。妾以爲外言不入於閫。妾行年八十。餘決不再染習氣。嫁先生後。當謹守深閨。除事夫服役外。以看經念佛爲功課。先生夙精佛學。且必有以教我也。紙短情長。欲言不盡。附呈小影一幀。惟愛我者珍而玩之。妾張別古斂衽上言。

图 2.2 《张别古小姐致章太炎先生书》，《申报》1912 年 12 月 20 日第十版。

另一篇文章《张别古小姐致章太炎先生书》更是以戏谑的口吻讽刺此事：“阅先生求婚广告，人多难之，妾独不揣，敢效毛遂之自荐……妾私愿，得当世大文豪而事之，虽死无憾。然以择婿苛，至今犹未字也，乡人之忌妾者，从而造作蜚语，谓妾貌奇丑。妾尝引镜自照，觉色虽黑而有光，面虽麻而疏朗，皮虽绉而纹不长，唇虽阙而露口香，体虽矮而如美人之产东洋，足虽跛而犹能勉强以登床，踽齿一笑，百态千腔，虽古之无盐，不能比其美。即以先生之丰仪，并坐而比照之，恐亦未易分优劣也。先生文名满天下，妾久作侍奉箕帚之想，今何幸得好机会，从容自荐于先生。”

从《申报 · 自由谈》这两篇文章可以看出章太炎征婚受到了社会的种种责难，《申报》征婚广告中有一则曾提到：“夫登报求偶，迹近下流，但不获已。太炎章氏，一代大师，已先我为之。”①可见，在当时登

① 《婚姻》，《申报》1939 年 2 月 15 日第十七版。

报征婚还是饱受争议的。

（二）中国近代较早的征婚广告

中国媒体上较早的征婚广告刊登在1902年6月26日天津《大公报》上,这则广告连续刊登了两天,之后又在1902年7月27日上海《中外日报》上出现,并附加标题《世界最文明之求婚广告》,其内容如下:

> 今有南清志士某君,北来游学,此君尚未娶妇,意欲访求天下有志女子聘定为室。其主义如下:一是天足;二是通晓中西门径;三聘娶仪节悉照文明通例,尽除中国旧有之陋俗。如有能合以上诸格及自愿出嫁,又有完全自主权者,毋论满汉新旧,贫富贵贱,长幼妍媸,均可。请即邮寄亲笔复函,若在外埠,能附寄大著或玉照更妙,信面写'AAA'托天津大公报馆或青年会二处代收。[①]

这则征婚广告选择南北两份影响力大的日报刊登,其中提出的三条择偶标准,即天足,以提倡破除缠足,体现人体自然美;通晓中西门径,以倡导女学,提高妇女文化修养;简化婚礼仪式,摒弃传统婚礼的繁文缛节。这三条可谓当时关于妇女问题的最新观念,这则征婚广告的出现,在形式上反映出中国择偶方式的变化,同时也反映出中国先进男士们的择偶趋向。

但是,这则广告刊出后,也产生了社会争议,中国著名女权运动领袖林宗素女士曾给《中外日报》写信,猛烈抨击这则广告。

> 读贵报告白,载有世界最文明之求婚一则,不禁骇然。南清

---

① 《求偶》,《大公报》1902年6月26日第七版。

志士某君者,伊何人耶?胡为并姓氏而隐之耶?其果为支那之伟人耶?吾不得而知之,抑亦不过口谈维新之庸人耶?吾亦不得而知之。伏波有言,当今之世,不特君择臣,臣亦择君。南清志士,既悬高格而求文明者为之妻,吾二万万女人若果无一足副南清之求,则亦已矣。设有其人,则亦必慎重其身,不轻许人。南清即果有才,亦将详叩其生平,不为冒昧之许可知也。西俗男女定婚,多由订交有年,彼此契合,品行无玷,乃行议婚,而后爱情浓,终身无反目之事。今南清志士之悬此格,可谓知择人矣,而彼之姓氏不详,学业无考,世有择南清者,将奈何矣。然则南清此举,但就主观而思,未曾为客观设一想也。嘻!夫其求婚也,果文明耶?抑野蛮耶?方今女权大衰,彼南清者,既以志士自命,必当思所以扶植之,乃不特不扶植,而且抑压之,视文明女人若奴隶然,谓吾一呼彼当即至矣。乌夫!此以待上海之雉妓可耳,若以之待中国女人,则吾恐世苟足以合南清之格者又将不愿为南清妻矣。不才寄寓沪滨,行将与二三同志研究女学,为将来恢复女权基础,痛我同辈横遭奇辱,故不能不声南清志士之罪,而为我二万万女子吐气也。即祈大报登入来函们为祷。此请撰安。侯官林宗素白。①

林宗素女士指责刊登征婚广告的南清志士并没有介绍自身状况,而是单向择偶,只一味陈述对女方的要求,并非文明征婚,而是压抑女权的野蛮表现。闵杰在《近代中国文化变迁录》中提到:"南清志士未自报家门,固有大男子主义思想作祟,同时又因首创征婚之举,惧于社会压力,亲友指责,故而自匿家门,不敢公开真名,又如何介绍个人

---

① 上海图书馆编:《汪康年师友书札(第2册)》,上海:上海古籍出版社1986年版,第1157—1158页。

情况?"①

三年后,这种登征婚广告自匿家门的情况得到改善。1905年,留日学生王建善在《女子世界》杂志刊登一则《敬告女同志》的广告,其内容如下:

> 西人言,中国人婚配如牛马任人牵弄,此言殊酷,近人所以有自由结婚之说也。然吾国教化幼稚,骤令男女会合,或反乱纲纪,识者又忧之。余以为宜由男女互通信,先各抒衷曲,质疑问难,徐议订婚,既可免嫌疑,又不致妍媸误配,诚一夫一妻偕老同穴之善法也。创法请自我始,敢告女同志。如欲与余通信,可照下开地址邮寄,信到,誓不示他人,并望亦示地址,令可寄回信。藉通信以讲学,亦文明风俗所许,正不必拘于婚字也。若欲就医学上之质疑问难,而除去婚姻思想者,余亦愿与为友也。
>
> 寓日本金泽长町三番丁三十番地鹤来方。上海王建善立才敬白。
>
> 再者,余因留学于日本医学校,故居日本,并不欲急娶;因人材难得,故欲早早物色正。以下所开住址,日本邮局必能递到,若有迁居,当再登报声明。至婚姻进化之理,言之甚长,旁观有疑我者,或俟他日更著一书就正,今姑勿暇赘述,识者谅之。②

之后他又修改此文刊登于1905年7月5日的《时报》,在当时引起较大关注,日本东京与金泽的报纸也发表过评论。"1906年2月,北

---

① 闵杰:《近代中国文化变迁录》(二),杭州:浙江人民出版社1998年版,第241—242页。
② 王建善:《敬告女同志》,《女子世界》1905年第1期。此广告于第2期继续刊登,唯邮寄地址有变化。这则广告也刊登于1905年7月5日的上海《时报》,名为《通信结婚法·敬告女同志》,文字略有变化。

京《顺天时报》的编者又将其演作白话,希望一般大众也能了解这个'简便可行'的'文明妙法',以促进婚姻改良。"①

这则征婚广告主旨在于倡导通信订婚法,之后王建善又将通信订婚法编撰成册,并出版发行,《通信订婚法》再版广告中提到:"此书印刷不多,出版后立即售罄,爰速再版,以应诸君之求,减取代价。"②说明当时人们还是非常关注新的择偶方式,旧有的"父母之命,媒妁之言"饱受诟病,新的择偶方式迎合了当时人们的心理需求,这则征婚广告重在倡导新的择偶方式,也在一定程度上推进了中国征婚广告的发展进程。

从南清志士某君到留日学生王建善的征婚广告,征婚者更多是在倡导新的婚姻观念以及推进新的择偶方式,以此推进中国传统婚姻制度的变革。可见,中国近代早期的征婚广告主要在于这种形式本身的推介。

综上,从蔡元培与章太炎的征婚,到南清志士某君与王建善的征婚广告,可以看出中国近代征婚广告是在婚姻制度变革的背景下诞生的,许多知识分子试图通过自身征婚的形式表达社会新思潮,以倡导婚姻变革,革新旧有的社会制度。征婚广告作为近代的新鲜事物,又是在饱受质疑声中缓慢成长,旧有传统观念的固有思维仍在束缚着征婚广告的发展。《申报》早期的征婚广告就是在这样的背景下诞生并曲折前行。

二、《申报》征婚广告的曲折发展

依据《申报》征婚广告发展变化及历史时间脉络,本书将五四运动前,即 1912 年至 1918 年作为《申报》征婚广告发展的第一阶段。经过完全查找,1912 年至 1918 年共有 33 则征婚广告,其年度数量分布如

---

① 夏晓虹:《晚清社会与文化》,武汉:湖北教育出版社 2001 年版,第 303 页。
② 《通信订婚法说明》,《时报》1905 年 11 月 1 日。

·第二章 《申报》征婚广告的发展历程·

图2.3所示。此阶段1912年、1914年与1916年均无征婚广告刊载,1913年出现7则征婚广告,但这7则征婚广告均为1人重复刊登,1915年的7则征婚广告也是1人重复刊登,1917年出现13则征婚广告,涉及征婚者2人,1918年的6则征婚广告也是2人刊载,1912年至1918年间的33则征婚广告共涉及征婚者7人。

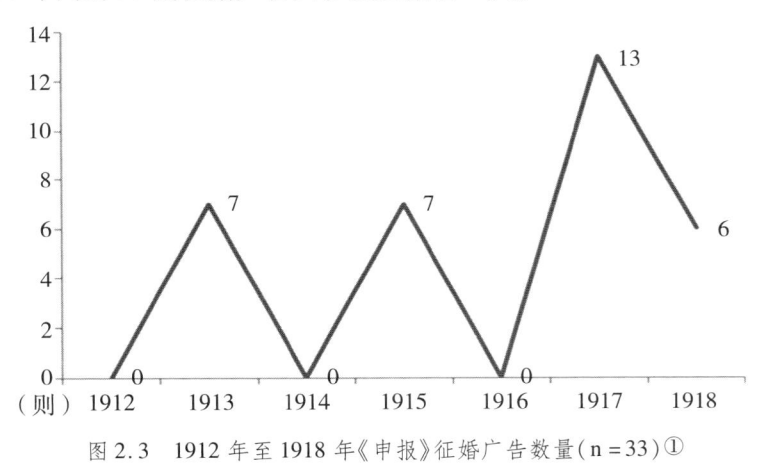

图2.3 1912年至1918年《申报》征婚广告数量(n=33)①

(一)民国时期《申报》上的第一则征婚广告

日本高岛航认为《申报》上最早的征婚广告刊登于1920年5月24日②,台湾陈湘涵提出《申报》上较早的征婚广告出现在1915年。③ 本书以1912年1月1日为起点,经过查找发现民国时期《申报》上第一则征婚广告出现在1913年11月19日,标题为《红叶作良媒》(见图2.4)。

在此之前,《申报》上并无真正意义上的征婚广告,1912年只是出现一些倡导征婚广告以及对此回应的游戏文章,如1912年5月1日

---

① 本书出现的所有图表如无明确标注出处,均为依据1912年至1949年《申报》征婚广告样本整理制作。
② [日]高岛航:《1920年代的征婚广告》,《近代中国社会与民间文化——首届中国近代社会史国际学术研讨会论文集》,第304页。
③ 陈湘涵:《寻觅良伴——近代中国的征婚广告(1912—1949)》,第109页。

47

图 2.4　民国时期《申报》上第一则征婚广告《红叶作良媒》

《申报》第 9 版刊登的《求婚告白》中提到："当此国民进化之际,男女宜得结婚自由,然如西俗之借交际以物色人才,颇费时日,不如直截爽快,征求夫婿或悬访美妇。"并且建议各报馆增设"求婚告白"栏目,为全年订阅报纸者免费刊登广告,以解决怨女旷夫的问题,而国家前途亦得享人才辈出之盛也。

这种择偶新法的倡导引起了社会关注,同时舆论的批评声也如影随形,从随后《自由谈》刊登的游戏文章可以看出社会对于刊登征婚广告的反对态度。1912 年 5 月 3 日,化名苏小红的读者寄来《征夫告白》的文章,刊登在《自由谈》。文中以戏谑的口吻提到："自扬州小杜倡议求婚告白后,即有苏小红女士寄来告白稿一纸,其文曰:快做共和国之新郎,小红今年才九十六岁,豆蔻初胎,香闺待字……小红身长二尺五寸,玉立亭亭,腰围六尺,丰若有余,面上略备大麻一百三十五缺,如蒙绅商学界赐愿,须年在百岁左右,英俊风流,而面上适有凸痣一百三十五粒者为合格。"①随后,即有人发表《至苏小红女士求婚书》予以回应,文中同样以戏谑的方式提到:"小子臂长九尺,以之围抱卿腰,适相吻合……今卿竟备大圈百三十有五,其为国色无疑。小子贱容,本无凸痣,幸今春陡发怪症,面上忽生红疙瘩若干,杨梅其形,樱桃其色,第未知具数几何……盖以小子之疙瘩,加入芳卿之麻缺,适成一正一负,一盈一亏,一阴一阳,一杵一臼,天造地设,配合自然,是殆与卿有夙缘耶,如蒙不弃,请于三日内将卿之小影刊登报纸。"②

1912年的这些文章也反映出登报征婚在当时受人注目的事实,其态度不论是提倡还是反对,都在一定程度上促进了社会对征婚广告的关注,1913年《申报》上第一则征婚广告就在这样的讨论下出现。

这则征婚广告自1913年10月19日至1913年11月6日间,共刊登7次,如表2.1所示。当时的广告刊登位置可谓相当醒目,与其他各类广告并列,位于1913年10月19日广告页第11版的最上方位置;广告采用图文并茂的形式,标题上方加入"红叶"的图形元素,与标题《红叶作良媒》形成较好的图文呼应;从内容上看,这是一则女士的征婚广告,其内容如下:

> 今有女士,凌降仙,年十七,梨花娇嫩面,柳叶淡眉峰。毕业坤慧大学,诗词歌赋件件佳精。祖前清内阁学士,父洋商。当此世界文明,群贤辈出,沪上贵客云集,必有巨富之家,年纪无论,继室平大均可,只求情性温和,家资巨富方为宗旨,倘宗旨不合,务求原谅。佳偶注意者请通信英界梅白格路元昌里六弄八百七十二号陈宅,通信时写明姓名、年籍、住处以及职业,一切详细开列,

---

① 《征夫告白》,《申报》1912年5月3日第九版。
② 《至苏小红女士求婚书》,《申报》1912年5月5日第九版。

使可投函。经理陈瑶华启。①

这则广告将征婚者情况、征婚对象诉求,通信地址等信息都表述得非常清晰。从广告中文本可以看出,该女士年轻貌美,家境殷实,并有一定学识,据相关研究,到1922年中国女大学生人数仅占大学生总数的2.1%。② 可见该女士的征婚条件在当时应该算是较好的,但是该女士的征婚诉求却出现了一种不均衡,过多强调对方经济条件,只要是"巨富之家,年纪无论,继室平大均可,只求情性温和,家资巨富方为宗旨"。由此可以看出该女士要求经济条件胜于一切,只要是巨富之家,年龄差距大也不介意,作为继室亦可,表现出对男性经济层面较强的依附性。

(二) 1912年至1918年《申报》征婚广告的不重复样本

1912年至1918年《申报》征婚广告共计33则,去除重复刊登情况,不重复征婚广告样本共计7则(见表2.1)。

表2.1 1912年至1918年《申报》征婚广告一览表

序号	性别	内容	出处
1	女	今有女士,凌降仙,年十七,梨花娇嫩面,柳叶淡眉峰。毕业坤慧大学,诗词歌赋件件佳精。祖前清内阁学士,父洋商。当此世界文明,群贤辈出,沪上贵客云集,必有巨富之家,年纪无论,继室平大均可,只求情性温和,家资巨富方为宗旨,倘宗旨不合,务求原谅。佳偶注意者请通信英界梅白格路元昌里六弄八百七十二号陈宅,通信时写明姓名、年籍、住处以及职业,一切详细开列,使可投函。经理陈瑶华启。	红叶作良媒. 申报, 1913-10-19(11); 1913-10-21(11); 1913-10-29(11); 1913-10-31(5); 1913-11-2(11); 1913-11-4(9); 1913-11-6(12).

---

① 《红叶作良媒》,《申报》1913年10月19日第十一版。
② 刘宁元:《中国女性史类编》,北京:北京师范大学出版社1999年版,第269页。

(续表)

序 号	性 别	内　　容	出　　处
2	女	兹有女士,年十九岁,高小毕业,欲求佳偶,其资格须年在二十五左右,已有一定职业,所入之款能成家室,无父母兄弟之牵累。如有合式之士,意愿订婚,可请开示详细状况及地址,投函申报馆第六号信箱,如其相合,即由女士之保护人复函,约期面谈接洽,谨此广告。	求婚者鉴.申报, 1915-8-11(4); 1915-8-12(4); 1915-8-13(4); 1915-8-17(4); 1915-8-18(4); 1915-8-20(4); 1915-8-21(4).
3	女	今有早失父母之女子,年十九岁,欲谋择人,须商界中略有家产且有职业者。如有人愿意求婚,请开明详细之状况及住址,投函本馆第二十号信箱,以登报之十天内为限,彼此近情,即函订谈判,否则恕不作复。	婚姻介绍.申报, 1917-7-29(4); 1917-7-31(4); 1917-8-2(4).
4	男	寒士,浙西秀水人也,上无父母,下无子女,年二十有四,中馈犹虚,意兴萧索。不论大江南北东西,如愿承乏者,请移玉至盛家浜成都路四百零九号,梁姓接洽可也。	寒士觅偶.申报, 1917-9-12(9); 1917-9-14(15); 1917-9-16(14); 1917-9-17(9).
5	男	仆江苏人,年二一,曾任高等学堂英文教授职,现任商业英文学校校长及夜学教务主任,性甚笃实,除读书外毫无嗜好,尚乏偶。如各界士女精通中文,体质健全,年岁相若,愿配偶者,请即投愿书至上海新闻路第一三廿号张信佛转交,并附最近照片一张。	夏兰求婚启事.申报, 1917-12-3(4). 1917-12-4(4); 1917-12-5(4); 1917-12-6(4); 1917-12-7(4); 1917-12-8(13).
6	女	爱女琼瑶,现年廿一岁,曾留学美京布克兰司大学,于民国六年毕业回沪。爱醉心欧化,欲求美满良缘,如有学识优长,丰神英俊,性格温和,家资饶富之未婚少年,欲结丝萝者,请通函至上海北京路邮政总局念三号信箱转交,并附四寸半身照片一纸,以便订期接洽。徐夫人启。	择偶.申报, 1918-3-18(16); 1918-3-20(16); 1918-3-22(12).

（续表）

序号	性别	内　容	出　处
7	女	现有某女士，产自宦家，毕业于某学校，才调不恶，须得佳偶。如有相当之士，愿谐凤卜，请将凡婚议，所应知之事项（财产、职业、学识、年龄、籍贯以及父母、昆仲、姊妹等详细状况）一一见示，当即答复。来函请寄申报馆五十一号信箱交鄗人收不误。戚虞韶代白。	择婿.申报，1918-4-12(4)；1918-4-13(3)；1918-4-14(3)；

1912年至1918年，《申报》这7则样本均为重复刊登，刊登频次为3到7次不等；从刊登位置上看，除了1917年《寒士觅偶》广告位于报纸版面中下方位置外，其余几则多位于报纸广告页的中上方位置，其中1915年《求婚者鉴》与1917年《婚姻介绍》两则征婚广告多次刊登于报纸版面最顶端位置，广告位置非常醒目；从广告标题来看，《申报》早期征婚广告没有固定的表述模式，广告标题丰富多样；在广告形式上，这7则广告均以文字符号为主，其中1913年《红叶作良媒》在标题上方辅之以图形元素，丰富了广告表现，1918年《择偶》这则征婚广告的标题更是采用书法手写体的形式，将标题放大，在整个报纸版面中显得十分突出，并且整个广告加外边框，边框外有一定留白，也起到了与其他广告相区分、加以凸显的作用（见图2.5）。

图2.5 《择偶》，《申报》1918年3月18日第十六版。

从征婚者特征看，这7则征婚广告中有2则为男士征婚，其余5则为女士刊登，5名女士中有4位均受过一定教育，她们或大学毕业，或海外留学，或来自宦家，多为家境良好、条件优越的女子。征婚广告中的两名男士,一名为知识分子,一名为经济贫困的寒士。因1912年至1918年不重复征婚广告样本过少,难以具有代表性,有关征婚者的整体分析在第四章再进行详细论述。

三、《申报》征婚广告发展初期的阶段性特征

(一)征婚广告的间歇性刊载

《申报》征婚广告初期发展与清末民初社会整体社交环境和革命思潮发展是息息相关的。清末民初婚姻变革是社会革新思潮的一个重要组成部分,有关婚姻观念变革的讨论成为众所瞩目的焦点,在热烈讨论的同时,新的社会践行也随之出现,这种或质疑或赞同的舆论环境,使得民国初期《申报》征婚广告经历了缓慢的曲折成长,如前图2.3所示。1912年至1918年,《申报》上征婚广告并不是连续出现,而是在1913年出现后,1914年不见踪影,1915年再次出现,1916年又消失于报端,于1917年再次出现。

这种情况不只见于《申报》,赵良坤对1900年至1937年《大公报》上征婚广告进行完全统计,发现《大公报》自1902年出现第一则征婚广告后,1903年至1927年间并无征婚广告再次出现,直到1928年才打破25年来征婚广告数量的空白,并且1928年至1937年这10年间也只有80则征婚广告。① 《世界日报》也出现类似的情形,《世界日报》自1925年创立后,1926年即有15则征婚广告刊登,1927年却无一则征婚广告,1928年征婚广告又再次出现。② 可见,民国初期征婚

---

① 赵良坤:《近代中国征婚广告探析——以〈大公报〉为例(1900—1937)》,第42页。
② 陈湘涵:《寻觅良伴——近代中国的征婚广告(1912—1949)》,第104—105页。

广告的发展并不稳定,经历了缓慢而曲折的发展过程。

(二) 广告形式备受重视

1912年至1918年,中国征婚广告数量整体偏少,征婚广告在这一时期属新鲜事物,从征婚广告的表现形式、标题撰写以及刊载位置均可看出征婚者对之的高度重视与用心程度。这一时期征婚广告虽然主要以文字符号进行传播,但在广告设计上特别添加图形、边框以及手写体标题等视觉元素,一定程度上丰富了征婚广告的表现形式。在标题撰写上更是不拘一格,并没有程式化的表述方式,征婚者只是按照自身征婚需求和个性特征完成标题撰写。在刊登位置上,大多数征婚广告都排在报纸版面中较为显眼的中上方广告位,也可以看出征婚者对征婚广告的重视程度。

(三) 少数特定群体的选择

1912年至1918年的7则不重复样本中,女性征婚者有5名,占比71%,男性征婚者只有2名,占比29%。从征婚者自我表述看,这5名女性征婚者均属于家境较好的女子,她们希望通过报纸媒体的广泛传播,扩大配偶征求范围,以期找到更称心如意的人选。而仅有的两名男性征婚者均为知识分子。可见,这一时期只有少数特定群体选择刊登征婚广告择偶,这些征婚者特征与《申报》读者群体是高度关联的。《申报》创刊后主要以官绅阶层为读者对象,随着社会发展和时代变动,《申报》的市场定位才逐步调整,从官绅阶层转而扩大到知识阶层以及普通市民。① 故《申报》早期征婚广告刊载者主要是知识分子及

---

① 张立勤:《1927—1937年民营报业经营研究——以〈申报〉〈新闻报〉为考察中心》,第200—201页。

富裕家庭出身的女子。

  总体来看,从蔡元培征婚轶事,清末南清志士求偶广告,到章太炎征婚传闻,以及《申报》早期的征婚广告,显示出征婚广告在清末民初社会变革期的出现与曲折发展。那么,随着五四运动的开展,征婚广告发展经历了怎样的变化?又呈现出怎样的阶段性特征?征婚者以及征婚广告形态是否有所变化?第二节重点观照五四运动后至国民政府前这段时期《申报》征婚广告的发展。

第二节　1919—1926:征婚广告的快速增长与发展

  近代中国婚姻变革思潮在 19 世纪末 20 世纪初已经兴起,在 20 世纪初期得到发展,辛亥革命时期知识界引介西方婚姻文化,对传统婚姻制度加以批判,到五四运动前后,知识分子对社交自由、恋爱自由、婚姻自由、家庭革命等中国家庭问题的讨论达到高潮。当时许多发表意见的人,都把家庭改革与妇女解放问题当作政治问题,李大钊、胡适、罗家伦等有意通过妇女解放和家庭改革来推动民主政治;张松年、向警予等有意通过妇女解放和家庭革命来实现社会主义;胡汉民、戴传贤等强调家庭形式由经济制度决定,同样以国家的目的为出发点来要求妇女解放与家庭改革。[①] 相较辛亥革命时期,五四运动对家庭问题的讨论更为深入,更为自觉,并提出了具体的主张,也产生更为广泛而深远的社会影响。

---

① 张玉法:《新文化运动时期对中国家庭问题的讨论,1915—1923》,台北:近世家族与政治比较历史论文集 1992 年版,第 919 页。

一、五四运动对中国婚姻变革的影响

五四运动时期,受到西方新思潮影响,新式知识分子群体对中国旧式婚姻的缺陷展开深入批判,提出一系列新的婚姻变革思想。

(一)对旧式婚姻的批判

五四时期,对中国旧式婚姻习俗的批判以及对新式婚姻的主张是当时婚姻变革思想的主要内容。其中对旧式婚姻的揭批主要包括以下几个方面。

1. 婚姻包办与买卖

中国传统封建婚姻强调"上以事宗庙,而下以继后世",婚姻是为家庭和传宗接代的需要而存在,因此,婚姻带有一定的宗族主义色彩,完全由家长包办,青年男女没有自己的婚姻决定权。五四时期,对于"父母之命,媒妁之言"这种旧式婚姻斥责的言论不绝于书,有论者提出由父母选择的婚姻就是一种买卖婚姻,交换条件议定,买卖即达成,这种婚姻没有恋爱做基础,就相当于"把男女当作阴阳螺旋,硬性要用机械的手段去凑合"[①],完全抹杀了当事人的个性和自由,是野蛮而强迫的婚姻。

2. "夫为妻纲"的婚姻观念

中国传统礼教三纲认为:"父为子纲、君为臣纲、夫为妻纲。"其中"夫为妻纲,则妻于夫为附属品,而无独立自主之人格矣"[②]。女子在婚姻家庭中的地位是极其低下的。为此,陈独秀曾深刻指出:"儒者三纲之说,为一切道德、政治之大原……曰忠、曰孝、曰节,皆非推己及人

---

① 李汉俊:《女子怎样才能得到经济独立》,《民国日报》副刊《妇女评论》1921年8月17日。
② 陈独秀:《一九一六年》,《新青年》1916年第1卷第5号。

之主人道德,而为以己属人之奴隶道德也。"并号召一切青年男女"各奋斗以此脱离此附属品之地位,以恢复独立自主之人格"①。李大钊也指出传统伦理道德于夫妻关系方面"使妻的一方完全牺牲于夫,女子的一方完全牺牲于男子"。② 高素素对"男尊女卑"的观念大加挞伐,痛斥其"视女子如物质,不认其人格;视女子为附属品,不认其完全资格"。③ 这些论述可谓分析透彻、切中要害。

3. 大家庭制度

五四知识分子从家与国的关系批判了传统家庭制度,在中国传统社会,家庭制度与封建专制主义制度是紧密关联的,因此,五四知识分子对封建大家庭制度进行了猛烈抨击。吴虞提出"欲推翻专制政治就必须进行家庭革命"④,五四知识分子们从发展经济的角度、民主与科学的角度、妇女解放的角度、个性解放以及家国关系等多个角度揭批了传统大家庭制度的弊端,对传统家庭的婚姻专制、男尊女卑、指腹为婚、童养媳、蓄妾蓄婢等陋习进行了有力抨击。这些批判对于加速社会文明进程、开通社会风气、推动妇女解放与婚姻自由,起到重要推动作用。

(二) 新式婚姻思想主要观点

1. 男女平等与人格独立

陈独秀在《欧洲七女杰》中提出女性并非生来比男性低劣,男女在人格上应是彼此平等的。蔡元培、鲁迅、李达、叶绍钧等也纷纷撰文,积极提倡女子独立人格,在提倡女性独立人格与男女平等的讨论中,胡适更为引人注目。胡适在《新青年》的"易卜生专号"上发表与罗家

---

① 陈独秀:《陈独秀文章选编(中册)》,北京:生活·读书·新知三联书店1984年版,第103页。
② 罗家伦:《妇女解放》,梅生主编:《中国妇女问题讨论集》第一册,上海新文化书社1923年版,第1页。
③ 高素素:《女子问题之大解决》,《新青年》1917年第3卷第3号。
④ 吴虞:《家族制度为专制主义之根据论》,《新青年》1917年第2卷第6号。

伦合译的易卜生名剧《娜拉》，将女性人格解放这一问题具体化、形象化。该剧主人公娜拉被丈夫当作"玩意儿"，最终选择离家出走，并向丈夫宣告："我是一个人，一个同你一样的人，无论如何，我务必努力做一个人。"这实际上是新女性形象反抗封建家庭的强烈呼吁，随着《娜拉》的不断上演后，在妇女界产生巨大影响，"当时到处上演《娜拉》，高叫'要自由''要人格'的呼声"[①]。张爱玲也曾指出："中国人从《娜拉》一剧中学会了出走，无疑地，这潇洒苍凉的手势给予一般中国青年极深的印象。"[②]许多人后来开始通过逃婚、抗婚，以个人行动表达对旧礼教的坚决反抗，以争得婚姻自由与男女平等，并且提倡男女教育平等、就业平等等思想。

2. 社交公开与恋爱自由

中国传统礼教强调"男女授受不亲"、"男女有别"、"男女七岁不同席"，这已成为传统成年男女相处的基本原则。到民国初年，有关男女社交公开，经由自然交往建立友谊或以恋爱为基础的婚姻关系，已经被广泛提及和讨论，但在现实社会中男女交往仍然受限，传统礼教观念根深蒂固。为此，五四先进知识分子公开喊出"社交公开"的口号，从男女平等、人格完善、婚姻改良、社会进化等角度讨论男女社交公开的必要性以及重要性，并分析了男女社交公开的具体途径。可见，男女社交公开并不局限在择偶一个方面的意义，但它确实可以为男女自然正当交往、自由恋爱创造良好的社会条件，这种认识在当时具有反封建的启蒙意义，代表着社会的进步潮流，不少进步青年也由此迈出社交自由的第一步。

---

① 陈素：《五四与妇女解放运动.五四运动回忆录（下册）》，北京：中国社会科学出版社1973年版，第1020页。
② 张爱玲：《走，走到楼上去.张爱玲散文集》，杭州：浙江文艺出版社1982年版，第88页。

3. 婚姻自主与婚姻自由

五四时期,新式知识分子已普遍认可婚姻自由的观念,认为没有爱情的婚姻是不道德的。李大钊提出婚姻必须以爱情为基础,其唯一途径是自由恋爱;茅盾、李达、炳文、陈望道等均强调只有自由恋爱的结合才算有意义的婚姻,才算婚姻自由。[1] 他们同时强调婚姻自由又是严肃专注的,是一妻一夫制下的自由,是已成年子女对于婚姻拥有完全的自由抉择权。他们还告诫天下父母者,不能再"代居子女之地位而为之缔婚",以保障婚姻的神圣和自主。[2] 同时,婚姻自由不仅包括结婚自由,还包括离婚自由与再嫁自由。这些无疑切中了传统封建贞操观的要害,是对传统婚姻观的有力抨击,充分体现出向传统挑战的力度。

4. 家庭改制与婚姻革命

五四知识分子对封建大家庭制度进行猛烈抨击的同时,还提出对新式家庭的重构设想,比如组建小家庭制度,在改造社会的过程中改造家庭等。其中建立小家庭制主要是仿照欧美方式,建立以夫妻双方为主的小家庭制,改变中国旧式"五世同堂"、"十代同居"的家庭制度。同时倡导废弃传统家庭盛行的一妻多妾制,实行一夫一妻制,认为"一夫一妻制,衡诸天理人道,最称允当,不可渝犯"[3]。建议以独立自主的、夫妻双方为主的小家庭制取代"四世同堂"、男尊女卑的旧式大家庭制,这一观念及其实践对于开启民智、启蒙思想、变革中国婚姻家庭制度、推进中国社会生活近代化历程均有积极作用。[4]

---

[1] 陈东原:《中国妇女生活史》,上海:商务印书馆1937年版,第399页;李大钊:《不自由之悲剧》,《李大钊文集(上册)》,北京:人民出版社1984年版,第455页;炳文:《婚姻自由》,《妇女杂志》1920年第6卷第2号。
[2] 陆秋心:《第四种自由》,《新妇女》1920年第1卷第1号。
[3] 李大钊:《矛盾生活与二重负担》,《李大钊文集(上册)》1984年版,第252页。
[4] 陈文联:《五四时期妇女解放思潮研究》,湖南师范大学博士学位论文,2002年,第138页。

（三）择偶新法的社会化与公开化

在传统婚姻缔结过程中，"媒妁之言"是被长期遵循的传统，也是不可或缺的必要程序。五四时期，伴随婚姻自由、男女平等、社交公开、家庭改制等婚姻变革思想的深入讨论，各类择偶新法也逐渐被提出，并趋向于社会化与公开化，如征婚广告、通信订婚、婚姻介绍所等。

1905年，通信订婚法由日本留学生王建善提出，并刊登于《女子世界》。① 1906年，北京《顺天时报》又以白话文介绍此法。之后王建善将通信订婚法编纂成册，出版发行，向国人推荐这一文明新法。但通信订婚法后来发展及通行范围却十分有限。正如当时论者师竹所言，读书识字是通信订婚法的基本条件，所以要靠此方法解决婚姻问题，势必先提升大众的教育程度，以当时女学初兴的状况来看，以通信订婚法改良婚姻，自然不免空欢喜一场。② 因而，就现实环境而言，通信订婚法的影响力十分有限，并未得到完整的发展。

设立婚姻介绍所的建议在五四运动后不断被提出，1930年代，报纸上不断报道各国的婚姻介绍所③，使得拟设立婚姻介绍所的消息不断，但当时的论者认为，婚姻介绍所不过是变相的旧式媒妁④，设立婚姻介绍所简直是大开历史倒车，所谓婚姻介绍，无非是变相的媒妁之言。⑤ 因此，婚姻介绍所虽然有一定的市场需求，却因社会风俗考量，在当时备受争议，仅能在夹缝中生存。

五四以来，社交公开与恋爱自由虽被大力倡导，但多限于知识界、

---

① 王建善：《敬告女同志》，《女子世界》1905年第1期。
② 师竹：《论女学之关系》，《云南》1909年第18号。
③ 炽：《欧洲的婚姻介绍》，《申报》1934年4月8日第十五版；燕：《日本东京市立婚姻介绍所》，《申报》1934年6月10日第十七版；《男女婚姻介绍所》，《妇女共鸣》1933年第2卷第6期，第9页；《法国婚姻介绍所》，《盛京时报》1934年8月18日第6版。
④ 山女：《婚姻问题检讨》，《大公报》1930年3月13日第十三版。
⑤ 倪天：《婚姻介绍云乎哉》，《福尔摩斯》1934年7月40日第二版。

学生群。即便学校有男女交往的机会,但据一名清华大学的学生坦言,男女之间壁垒分明,偶有交往相谈便会引起流言蜚语。① 女生对待社交的态度仍很保守,有些女同学收到情书后,好比收到恐吓信一样,吓得不知如何是好,或是开始鄙视写情书的男同学,心生厌恶。② 学校之外,男女在社会上进行社交的机会更是大幅减少,因为当时进入职场的女性实在是为数不多。除学校、职场之外,虽有娱乐场所等社交场合,但对于娱乐场中的男子,女子又总是担心受骗。故有论者指出"社交公开的口号,从战前喊到战后,却一直无法解决社交与择偶的问题"③。正因为这种现实的社交环境,致使民国时期人们难以通过自然交往实现恋爱自由,征婚广告才作为一种过渡时期的择偶方式兴盛起来。相较传统媒妁之言,征婚广告由征婚者主动开列条件,寻找自己理想的婚姻伴侣,不经父母专断决定,也规避了传统媒妁左右隐瞒、居间索财等各种弊端,使婚姻更加开放、自由与进步。

五四运动是伟大的反帝爱国运动,也是一场反封建的思想启蒙运动,这一时期,对于婚姻变革问题的讨论被推向历史最高峰,它有力冲击了传统婚姻家庭的陈腐观念,提出异彩纷呈的婚姻观,尽管其中一些婚姻变革思想也存在一定局限性,但其对于近代中国的妇女解放、现代婚姻观的形成以及中国社会生活近代化进程所产生的积极影响,是不可抹煞的。

二、五四运动后《申报》征婚广告的快速增长

1919年至1926年,《申报》征婚广告较前一阶段有了快速增长,

---

① 何仁:《清华男女同学的社交问题》,《世界日报》1936年2月16日第九版。
② 洽波:《当我们接到情书后》,《世界日报》1936年3月3日第八版。
③ 萧林:《社交圈外——妇女生活漫谈》,《中央日报》,1948年7月15日第六版;淑士:《公开的社交》,《中央日报》1947年8月26日第六版。

此间《申报》征婚广告共计152则(见图2.6)。

从图2.6可以看出,1919年至1926年《申报》征婚广告数量呈折线上升的状态,去除重复刊登情况,不重复样本共计57则,也较上一阶段有较大增长。这些不重复样本中共涉及征婚者59人,其中男性43人,占本阶段征婚者总数的73.0%,女性16人,占27.0%(见图2.7)。因《申报》1925年5月23日第8版所刊登《兄妹征婚》与1923年4月2日第5版的《征婚》广告中,分别涉及同时为两人征婚的情况,故统计出的征婚者人数要多于不重复样本数。

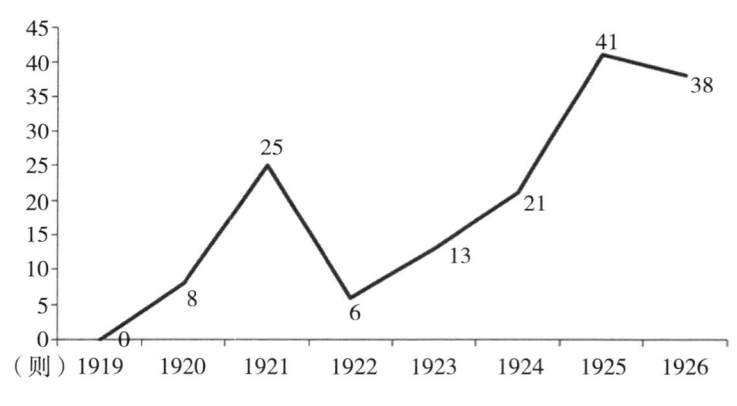

图2.6　1919年至1926年《申报》征婚广告数量(n=152)

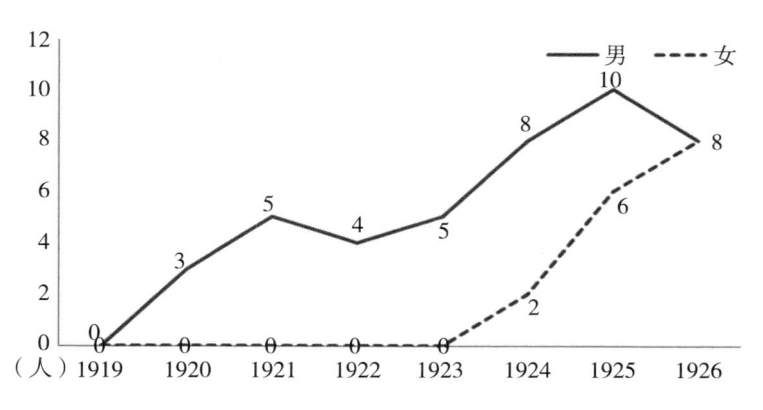

图2.7　1919年至1926年《申报》征婚广告男女人数(n=59)

图 2.7 显示,1919 年至 1926 年,《申报》刊登征婚广告的男性人数一直多于女性,男性征婚者人数大体呈现逐年上升的增长状态,与前一阶段相比不同的是,女性刊登征婚广告的人数要少于男性,并且在 1919 年至 1923 年这五年间,无一名女性刊登征婚广告。结合 1912 年至 1918 年征婚广告的刊登情况,前两个阶段女性刊登征婚广告的年份分别出现在 1913 年、1915 年、1917 年、1918 年、1924 年、1925 年与 1926 年,说明在前两个阶段女性刊登征婚广告的情况并不稳定。

三、快速成长期《申报》征婚广告的阶段性特征

(一) 广告编排位置的变化

从广告刊登的版面位置看,此阶段征婚广告伴随《申报》广告版面的改革与规划出现较大变动。1925 年《申报》设立"本埠增刊分类广告专栏"之前,征婚广告多刊登于当天报纸版面中较为靠前的广告版位,在所登版面中也多位于中上方较为显眼的位置。这一时期的《申报》处于繁荣发展期,总体版面内容较多,一天的报纸分 16 至 34 个版不等,广告数量可以达到 13 到 20 个版,并且在报纸第 1 版即有广告出现。[①] 而征婚广告多出现在报纸中第 4 版或第 5 版等较为靠前的版位(见表 2.2)。其中,1924 年 12 月 17 日至 18 日所刊载的《征求婚姻》广告更是出现在第 1 版(见图 2.8)。

---

① 王儒年:《欲望的想象:1920—1930 年代〈申报〉广告的文化史研究》,第 130 页。

表2.2　1919年至1924年《申报》征婚广告刊登时间及版位

广告标题	刊登时间	版面位置
谨告希望文明结婚的女士	1920年5月24日	第4版
求婚	1920年8月2日	第4版
男子求偶	1920年8月4—6日	第4版
男子求偶	1920年8月7—9日	第4版
求婚	1921年1月15—17日	第4版
征婚	1921年1月22日	第4版
征婚	1921年1月24日	第9版
求婚	1921年4月29日	第4版
求婚	1921年4月30日	第9版
求婚	1921年5月1—5日	第4版
求凰启事	1921年6月16日	第4版
求凰启事	1921年6月17—21日	第9版
征婚	1921年12月22—28日	第5版
求婚	1922年4月30日—5月1日	第5版
征求	1922年5月6日	第5版
征婚	1922年10月7—8日	第5版
征婚	1922年12月25日	第4版
征婚	1923年1月1日	第5版
征婚	1923年1月22日	第5版
征婚	1923年1月29日	第5版
征婚	1923年2月6日	第5版
征婚	1923年3月5日	第5版
征婚	1923年3月12日	第5版
征婚	1923年3月19日	第5版
征婚	1923年1月9日	第5版
征婚	1923年1月10日	第4版
征婚	1923年1月11日	第5版

· 第二章 《申报》征婚广告的发展历程 ·

（续表）

广告标题	刊登时间	版面位置
征婚	1923 年 4 月 2 日	第 5 版
	1923 年 4 月 9 日	第 5 版
征婚	1923 年 10 月 26 日	第 5 版
征婚	1924 年 2 月 17 日	第 9 版
	1924 年 2 月 18 日	第 8 版
	1924 年 2 月 19 日	第 5 版
征婚	1924 年 4 月 5 日	第 11 版
配婚	1924 年 4 月 7 日	第 5 版
征缘	1924 年 5 月 18 日	第 5 版
求婚	1924 年 5 月 24—26 日	第 5 版
征求女友	1924 年 8 月 9—10 日	第 5 版
征求	1924 年 8 月 10—11 日	第 5 版
求婚	1924 年 11 月 13—14 日	第 8 版
	1924 年 11 月 15 日	第 5 版
征求婚姻	1924 年 12 月 17—18 日	第 1 版
征婚	1924 年 12 月 23 日	第 5 版
	1924 年 12 月 25 日	第 5 版
	1924 年 12 月 27 日	第 5 版

直到1925年《申报》本埠增刊开辟分类广告专栏后，征婚广告才开始陆续出现在其中的"征求"版块下，如图 2.9 所示。但是刊登位置并不固定，因"本埠增刊分类广告专栏"设立之初，仅占整个报纸版面的 1/4，所能刊载各类广告数量十分有限，故 1925 年至 1926 年间征婚广告或是出现在本埠增刊第 1 版的分类广告专栏中，或是出现在《申报》第 8 版至第 12 版的广告版位中，呈现一种过渡状态。

· 媒介呈现、生产与文化透析 ·

图 2.9 《征婚》,《申报》(本埠增刊)
1926 年 10 月 23 日第一版。

(二)注重广告传播形式的创新

虽然征婚广告的传播形式主要以文字符号为主,但使用大标题或用花边等图形元素装饰广告的情况也明显增多。图 2.10 和图 2.11 的两则征婚广告在标题中通过使用

图 2.8 《征求婚姻》,《申报》
1924 年 12 月 17 日第一版。

图 2.10 《求婚》,《申报》
1921 年 1 月 16 日第四版。

特大字号或独特字体以凸显广告，使读者在极短时间内可以迅速注意到该则广告。

图 2.12 和图 2.13 中两则征婚广告则通过花边、折线等图形元素使广告在整个版面中更为突出，达到醒目的目的。因征婚广告的刊载环境较为特殊，多与招租、启事等文字形式为主的分类广告置于同一版面中，故像标题字号加大，变换特殊字体、对整个广告的花边装饰等形式，这些都可以使征

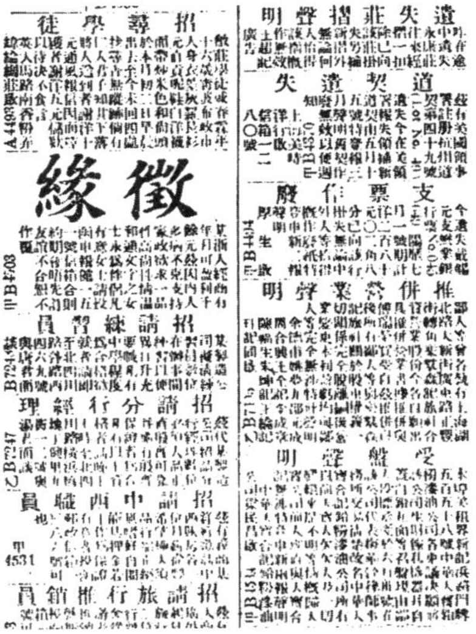
徵緣

图 2.11 《征缘》，《申报》1925 年 7 月 6 日第八版。

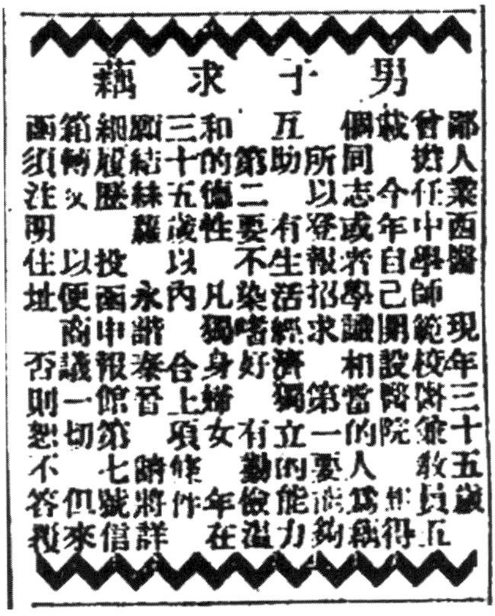
男子求偶

图 2.12 《男子求偶》，《申报》1920 年 8 月 7 日第四版。

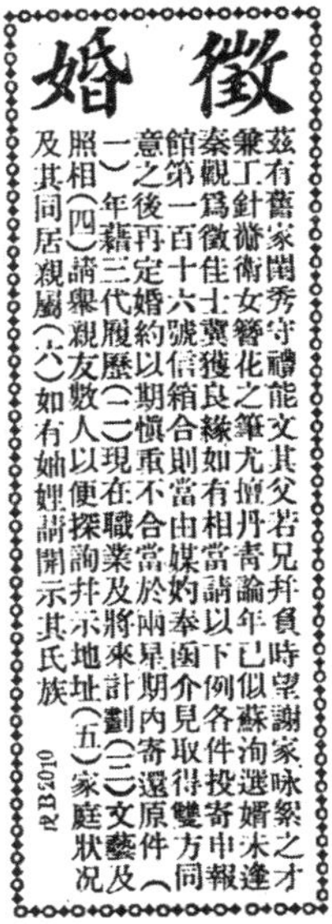
徵婚

茲有舊家閨秀守禮能文其父若兄幷負時望謝家咏絮之才秉工針黹衛女簪花之筆尤擅丹青論年已似蘇洵選婿未逢秦觀爲徵佳士冀獲良緣如有相當請以下例各件投寄申報館第一百十六號信箱合則當由媒妁奉函介見取得雙方同意之後再定婚約以期慎重不合當於兩星期內寄還原件（一）年藉三代履歷（二）現在職業及將來計劃（三）文藝及照相（四）請舉親友數人以便探詢并示地址（五）家庭狀况及其同居親屬（六）如有妯娌請開示其氏族

戊B2010

图 2.13 《征婚》，《申报》1926 年 7 月 2 日第八版。

婚广告在整版广告页中醒目突出,一定程度上增强了传播效果。

(三) 广告内容对五四婚姻变革思想的呈现

五四时期的婚姻变革表现出敢于否定、敢于追求的革新精神和勇气,具有积极的启蒙意义,但同时我们也应该看到,国人对于封建婚姻家庭所产生的极端否定和与现实彻底决裂的偏激情绪,其中"独身主义"的偏激主张最为典型。1919年至1926年间的征婚广告也反应出"独身主义"对人们婚姻观的现实影响,如下面两则征婚广告:

> 鄙人在杭,向业绸茶出口生意,现年二十六岁。本抱独身主义,经家庭之敦促,意欲征求女同志一人。惟年龄相当,品格高尚,不务浮华,肯在社会服务者,不论何省人氏均可。若有同志请投函杭州裹堂巷黄尘梦收可也。如蒙加赐相片更佳,双方若未征得同意之前,绝不宣布君之姓名。①
>
> 某君杭人,年二十四,家世清白,品学俱优,大学毕业,有志出洋,素抱独身主义,颇感种种不便。亟愿征求同志结为夫妻,凡有女子待字闺中,或年轻妇女有意再嫁者,不论贫富资格,请详述姓名、年岁、个人历史、家庭状况及一切先决条件。务求详确可靠,投函本埠江湾路持志大学郑亚桐君转交可也。②

"独身主义"当时被认为是一种极端的偏激情绪体现。鲁迅曾对"独身主义"者进行批判,他提到:"独身者生活既不和自然,心状也就

---

① 《征婚》,《申报》1921年1月22日第四版。
② 《征婚》,《申报》1925年9月29日第八版。

大变,觉得世事都无味,人物都可憎,看见有些天真欢乐的人,便生恨恶。尤其是因为压抑性欲之故,所以与别人的性事件就敏感,多疑,欣羡,因而嫉妒。"①还有人甚至直接斥责"独身"类于"卖淫",认为"独身和卖淫,一样是糟蹋性欲的东西"。② 征婚广告中的独身主义者放弃独身,选择征求配偶,即为当时婚姻变革思想的现实体现,并反映出五四时期婚姻变革的局限与复杂。

此阶段还首次出现再嫁征婚广告。③ 五四时期提出婚姻自由还包括允许再嫁自由,认为寡妇再嫁"不容有外部干涉"④。寡妇不必管他人的禁阻和看法,万不能"为了褒奖条例,为了贞节牌坊",而断了再嫁的念头,干涉寡妇再嫁是"侵犯他人自由"的,是"专制"的。⑤ 1926年再嫁征婚广告也是五四时期婚姻变革思想的现实体现。另外,1920年一则题为《谨告希望文明结婚的女士》中更特别指出"此种办法实合现代文明之举,谅国人亦不以为怪也"⑥。这一时期征婚广告文本对五四时期社会变革思潮的影响有较为明显的反映,具有鲜明的时代历史时代特征。

总体而言,1919年至1926年,《申报》征婚广告发展特征主要有:广告数量较前一阶段增长迅速;广告形式上更加注重标题字体、字号、装饰线等多种元素的运用,广告表现更加丰富;刊登版位在1925年《申报》设立"本埠增刊分类广告专栏"之前,大多居于较为靠前的广告版位中,

---

① 鲁迅:《鲁迅全集》(第1卷),北京:人民文学出版社1991年版,第264—265页。
② 君静:《独身——卖淫》,《妇女周报》1924年第43期。
③ 《征婚》,《申报(本埠增刊)》1926年10月23日第一版。其内容如下:"某女士,粤籍,廿三岁,通国文,善家政,于去秋失偶,兹因为维持其将来生活幸福计,愿作文君再出,如有年在廿六至卅岁之粤籍殷实君子,能自立谋生而欲求膏续者,诗书明详细履历、住址及最近肖影,于七日内投函《申报》天字第三百廿八号信箱,合则覆函,双方考察再约晤,商由家长主婚,不合原信奉璧,永守秘密。"
④ 胡适:《贞操问题》,《新青年》1918年第5卷第1号。
⑤ 陆秋心:《婚姻问题的三个时期》,《新妇女》1920年第2卷第2号。
⑥ 《谨告希望文明结婚的女士》,《申报》1920年5月24日第四版。

1925年后逐步调整至《申报》本埠增刊分类广告专栏中;广告内容亦具有鲜明的时代烙印,受到五四时期婚姻变革一定程度的影响。

第三节 1927—1937:报业发展与征婚广告的繁荣稳定

1927年至1937年是南京国民政府统治的最初十年。这一时期国民政府经济建设上取得一定成就,政治上相对稳定,文化事业一度繁荣,史称"黄金十年"。在此背景下,"对于报业来说,暂时取得了没有战争侵扰的环境条件,民族资本主义工商业短期内获得了稳定发展。军阀混战,政治上受到的威胁相对解除,而执政的国民党暂时又控制不严"[1]。这客观上为民营报业的发展带来相对宽松的办报环境,也为报业经营提供了充足的物质与文化环境。可以说,"黄金十年"也是民营报业发展史上的"黄金时代"。[2]《申报》征婚广告也随之进入相对的稳定繁荣期。

一、"黄金十年"市民阅报风习与《申报》的繁荣

1927年至1937年,也是民国时期上海发展的"黄金十年",上海商业化、工业化和现代化水平都达到鼎盛时期,由此也推动着上海现代意义上的都市化浪潮达到历史的顶峰。[3] 民营报业也进入发展繁荣期。

(一)教育发展与市民阅报风习

中国近代以来,国民教育问题受到有识之士的高度关注,国语运

---

[1] 秦绍德:《上海资产阶级商业报纸的发展道路》,《新闻研究资料》1991年第2期。
[2] 张立勤:《1927—1937年民营报业经营研究——以〈申报〉〈新闻报〉为考察中心》,第21页。
[3] 李今:《海派小说与现代都市文化》,合肥:安徽教育出版社2000年版,第14页。

动、民众识字运动、白话文运动等各种国民教育活动不断开展,民众的受教育程度和文化素质得到提升。蔡元培就任教育总长时,国语运动被提到相当的高度,进入 20 世纪 30 年代,全国不少省市都在开展民众识字运动。在南京国民政府成立的最初几年里,中国教育事业也得到比较明显的发展,不少高等学校都在这时初具规模,中等学校也有所发展。1928 年,中等学校共 1339 所,学生达到 234811 人,1931 年增加到 3026 所,学生达到 536848 人。①

各类教育活动的开展、教育投入的增加、教育规模的扩大,使民众的受教育水平显著提升。形成"凡具文字之知识者,几无不阅报。偶有谈论,辄为报纸上之纪载"的情景。② 上海当时还设有观书阅报所,可供读者免费阅读各省及本埠之日报、旬报与月报,也为人们增加读报兴趣提供充裕外在条件。戈公振曾评论国民读新闻热之现象:"国民近年比较的识字者渐多,故报纸杂志之阅读能力,增加甚速。加以时处过渡,事物之变动急而夥,故无论何人,凡稍识字者,皆知有读报纸杂志之必要。今试以上海一埠论:中等以上之商店无不具备有报纸;至学生间购买报纸与杂志之能力,则更可观。今后教育发达,则上海一市之报纸销数与人口比例,必渐与东西洋相平行也。"③进入 20 世纪 30 年代,阅报、评报成为上海市民日常生活和社会交往中必不可少的组成部分。

(二)《申报》的繁荣发展与影响

《申报》创刊于 1872 年 4 月 30 日,于 1949 年终刊,是中国近代存在时间最长、最具影响力的民营报纸。有学者认为《申报》的经营发展可分为四个阶段:1872 年至 1889 年美查时期,《申报》经历了最初的

---

① 蒋永敬:《第三编导言》,台湾"教育部"主编,《中华民国建国史》1989 年版,第 44 页。
② 戈公振:《中国报学史:插图整理本》,上海:上海古籍出版社 2003 年版,第 237 页。
③ 戈公振:《中国新闻事业之将来》,《东方杂志》1923 年第 20 卷第 15 号。

资本积累期;1889 年至 1912 年,完成"外人掌权,华人主笔"到"华人主权"的转换;1912 年至 1934 年为史量才经营期,《申报》企业化管理模式日渐成熟,并进入发展鼎盛期;之后,《申报》曾被日本人和国民党控制,几经沉浮,于 1949 年上海解放后终刊。①

其中在史量才经营时期,《申报》经过企业化经营的探索,发行量由接手时的不到 7000 份,上升到 1935 年的 155900 份。其中,江浙沪一带是核心发行区,上海 56050 份,江苏 34950 份,浙江 14300 份。同时远销云南、甘肃、西藏等偏远地区,在国外也有 320 份,影响力已由国内拓展至欧美。② 并且从单纯一份报纸发展到拥有四家报馆的"报团"雏形。③ 这一时期堪称《申报》发展史上的"黄金时期"。

《申报》的权威性、可信性及其传播对象的定位,也是《申报》上征婚广告数量相对较多的一个重要原因。当时中国许多江南士人将"申报纸"作为报纸的统称,也足以见《申报》在民众中的影响与权威,刊登在《申报》上的信息自然也具有更高的可信性。另外,从传播对象上看,《申报》自创刊后素以官绅和知识分子为主要读者对象。为应对社会的发展和时代的变动,史量才接手后,《申报》在读者定位上进行相应的调整,从官绅阶层扩大到知识阶层和普通市民阶层,在内容编排上除了注重时政新闻报道外,还增辟教育、汽车、艺术及常识等多种专栏和专刊,以满足各方面读者的需求。

(三)报纸成为传递个人信息的主要渠道

清末民初社会对婚姻问题的讨论,使得本身具有个人私密性的婚

---

① 张立勤:《1927—1937 年民营报业经营研究——以〈申报〉〈新闻报〉为考察中心》,第 54 页。
② 胡太春:《中国报业经营管理史》,太原:山西教育出版社 1999 年版,第 63 页。
③ 庞荣棣:《申报魂:中国报业泰斗史量才图文珍集》,上海:上海远东出版社 2008 年版,第 135—136 页。

姻实践具有了更多的公共性特征。这一时期报纸上出现许多个人信息广告,如各种结婚启事、订婚宣告、同居声明、脱离同居关系启事、解除婚约关系声明、解除夫妾关系声明、离婚声明以及退婚声明等。

在报纸上刊登个人信息广告的方式在当时十分流行。1926年8月23日,《民国日报》刊载《怎样结婚最经济？登广告》的文章,其中提到:"看到近日登载的结婚广告,署名是何益善、姜桂清夫妇。这一对新婚夫妇,既不用种种旧式的结婚方法,也没采用如今流行的文明方法,只登一段广告,便正式结合了,这真是简单方便,别开生面……我国的婚姻传统,所谓'日月以告君,斋戒以告鬼神,为酒食以召乡党僚友',不过是为了大家都能看到听到。说到要让大家都看到听到,哪有超过现在登广告的效应的呢？"

在南京国民政府时期法律规定婚姻的成立只需两人以上证人作证即可。另外,在五四婚姻变革思想的影响下,当时有不少青年抵触传统婚姻的繁文缛节,认为在报纸上刊登同居启事就算结婚了;①一些青年反对婚姻包办,纷纷在报纸上刊登解除婚约启事,以实际行动支持新的婚姻思想,并且认为"自由结婚与自由离婚一样重要,自由结婚是两性青年对于父母专制的反抗,自由离婚却是对于社会专制的反抗"②。高伶俐统计1928年至1937年《中央日报》上的婚事广告,发现这一时期婚姻关系解除类广告与婚姻缔结类广告所占比例相当。③而且大部分同居启事都会标明同居时间与地点,离婚声明多会公开夫妻双方姓名与详细的离婚原由,成为个人化信息盛行于大众媒介的时期,报纸作为当时主要的大众媒介,在近代中国社会转型中扮演了传

---

① 孙本文:《现代中国社会问题》(第1册),上海:商务印书馆1946年版,第122页。
② 陈望道:《〈妇女评论〉创刊宣言》,《陈望道文集》(第1卷),上海:上海人民出版社1979年版,第73页。
③ 高伶俐:《〈中央日报〉婚事广告与南京城市婚姻文化的建构(1928—1937)》,第15页。

递个人信息的角色与功能,体现出报纸在当时人们生活中的重要作用,具有鲜明的时代特征与烙印。

二、征婚广告进入稳定繁荣期

在1927年至1937年这一"黄金十年"时期,《申报》征婚广告也进入相对的稳定繁荣发展期。1927年至1937年,《申报》上刊载的征婚广告共计968则,其分布状况如图2.14所示。

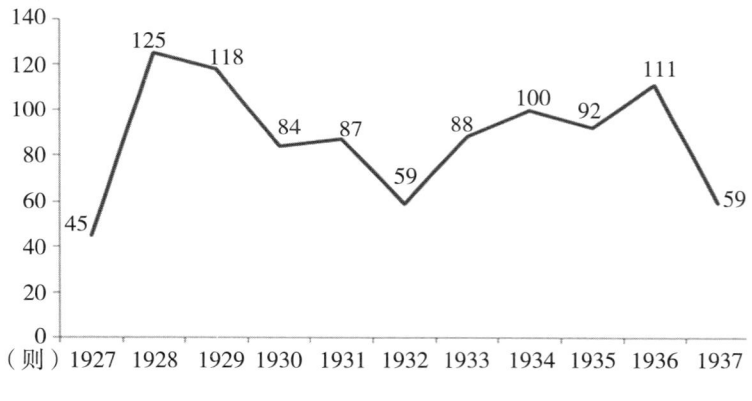

图2.14 1927年至1937年《申报》征婚广告数量(n=968)

从图2.14征婚广告的分布情况看,这一时期征婚广告数量明显增多,并且较前两阶段相比呈现相对稳定的发展态势,只是在1931年至1932年进入本阶段相对低谷时期。1931年,"九一八"事变爆发后,征婚广告刊载数量开始逐步降低,1932年,"一·二八"事变爆发,时局的动荡直接影响到征婚广告的刊载。除此之外,从数量上看,1927年至1937年征婚广告呈现相对平稳的发展状态。

此阶段去除重复刊登的情况,不重复样本共计412则,涉及征婚者412人,其中男性征婚者319人,占这一时期征婚者总数的77.4%;女性征婚者93人,占本阶段征婚者总数的22.6%,征婚者中男性人数明显多于女性(见图2.15)。

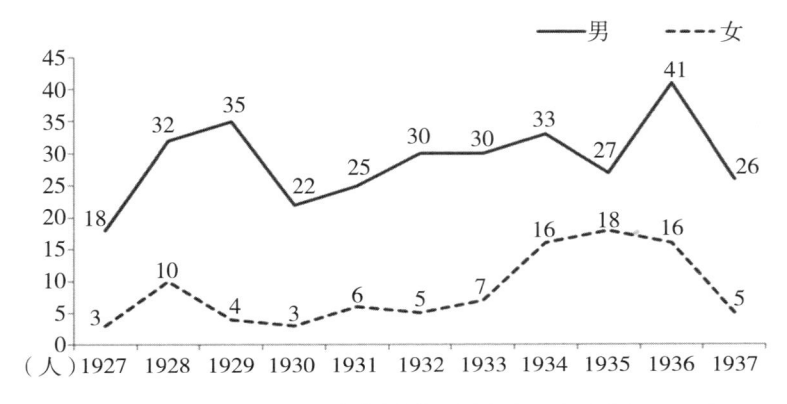

图2.15　1927年至1937年《申报》征婚广告男女人数(n = 412)

此阶段征婚广告呈现相对均衡的发展态势,无论是男性还是女性刊载的征婚广告都没有间断过,并且这一阶段征婚广告刊载分布也更为密集,有时同一天即有两到三则征婚广告同时刊载。① 并且刊载位置也较为集中,便于读者查阅。此阶段征婚广告样本量较大,也呈现出更为丰富的阶段性特性。

三、稳定繁荣期《申报》征婚广告的阶段性特征

(一)广告刊载位置依内容的调整与选择

1927年至1937年,《申报》征婚广告开始有了比较固定的刊载位

---

① 《觅女友》,《申报(本埠增刊)》1931年2月20日第一版;《征婚》,《申报(本埠增刊)》1931年2月20日第一版;《征婚》,《申报(本埠增刊)》1932年4月13日第一版;《屏雀征选者注意》,《申报(本埠增刊)》1932年4月13日第一版;《求婚》,《申报(本埠增刊)》1933年4月8日第二版;《诚意征婚入赘》,《申报(本埠增刊)》1933年4月8日第二版;《征伴》,《申报(本埠增刊)》1936年3月14日第三版;《征女伴》,《申报(本埠增刊)》1936年3月14日第三版;《诚意征侣》,《申报(本埠增刊)》1936年3月14日第三版。

置。自1924年起《申报》创立本埠增刊,"其目的是便利本埠商业各界之委登广告"①。所以本埠增刊的内容仅限于本埠,发行范围也仅限于上海本埠。与外埠相比,本埠增刊的发行成本更低,其广告刊费也更为低廉。为扩大本埠增刊的发行及其在市民中的影响,1925年9月10日,《申报》开辟"本埠增刊分类广告专栏",并用半年左右时间做分类广告的推广宣传。1926年,申报馆成立"申报本增分类广告部"(本增即为本埠增刊)。当时,已有征婚广告不时刊载于本埠增刊分类广告专栏中,随着分类广告数量的增多,分类广告逐步由专栏发展成专版。② 1927年至1937年,《申报》大部分征婚广告都刊登在"本埠增刊分类广告"版面中的"征求"栏目下。

另外也有一些征婚广告没有选择本埠增刊,而是刊登在《申报》全国版的分类广告中,其版面编排与本埠增刊分类广告类似,叫做紧要分类广告。紧要分类广告的价格比本埠增刊分类广告约高出一倍。1930年元旦,《申报》广告刊例分出特等、头等、二等、三等几个层次,规定"二等登于紧要分类广告地位,每行以二十字高为限,每次至少四行,至多一百行,每日每行大洋三角","三等登于本埠增刊分类广告地位,以二十字高为一行,每次以四行起码,每日每行大洋一角六分"。③

紧要分类广告栏刊登广告以人事类为主,选择此位置刊登广告的征婚者一般为外省市人士,或者欲择配偶并非局限于上海的情况。如刊登于1928年的《官家闺秀征婚》中特别强调籍贯问题:"除上海一县外,其余任何省县均可,虽远如云、贵等省,亦愿相随远行,因先父生前

---

① 胡道静:《新闻史上的新时代》,上海:世界书局1946年版,第94页。
② 有关《申报》本埠增刊分类广告数量的变化参见:林升栋:《〈申报〉分类广告研究》,《新闻大学》1998年第3期,第74页。
③ 林升栋:《〈申报〉分类广告研究》,《新闻大学》1998年第3期,第74页。

深以上海浮滑为戒,欲诚笃君子必须求之于外省县。侬奉遗命如此,非敢薄于上海也。"①这则广告中征婚者明确表示想要征求上海以外的男性为伴侣,故广告选择刊登在面向全国的紧要分类广告栏,而非仅面向上海地区的本埠增刊。由此可见,1927年至1937年,刊登征婚广告者已经开始有意识地针对报纸版面覆盖范围而选择刊载位置,广告投放日趋成熟。

(二)首次出现刊载个人照片的征婚广告

如前所述,20世纪30年代,报纸上结婚、同居或离婚等个人声明启事已寻常普遍,与征婚广告扎染并存,蔚为大观。这些人事广告中许多都涉及非常详尽的个人信息,据查证,1937年7月7日刊登于《申报》的《蒋乃镛征婚启事》,是首次将个人正面照片刊登于《申报》的征婚广告。为显示征婚诚意,并方便对方调查,征婚者甚至将其亲友姓名、职务等信息也一并公开:"旁系尊长友有叔二(玉麟、玉成),兄二妹一,但早异财,外戚并有姑丈三(蔡春裴)等……赞助人(师友):留日学生监督处科长何乃贤、沪法学院教授吴欣奇、沪市商务执委诸文绮、纺织机器总经理处吴襄芸、(同乡)沪市社会局长潘公展、安徽裕业织□监督沈田莘、美亚织绸厂副经理高事恒、湖社总干事沈阶升。"(见图2.16)

这则征婚广告长达1374字,标题即出现征婚者真实名字,并在整个广告正中部位插入正面照片,在整个广告版面中十分显眼。广告虽然篇幅较长,但条理清晰,分为缘起、略历、著作、发明、条件、办法、赞助人(师友)与声明八个组成部分,每个小部分都有独立的标题并用方框圈出,显得层次分明。最后声明中提到:"此次征婚,主在宣传建议

---

① 《官家闺秀征婚》,《申报》1928年3月24日第八版。

图 2.16 《蒋乃镛征婚启事》,《申报》1937 年 7 月 7 日第二十版。

内容与以身作则,期求指正与拟途可使全国明了,致于求偶,尚在其次,因镛素抱一以最小精力为个人图享受,以最大精力为国家谋供献,公布真名略历,期在便利调查,幸垂鉴焉。"可见蒋乃镛刊登广告主要是向国人推荐自己草拟的婚姻改革建议,并为各师友所怂恿,不得已首先试行,希望以征婚广告这种形式,使更多人了解他的婚姻改革建议,督促政府推动婚姻改革。

(三)征婚广告逐渐得到社会认可与接受

1902 年中国近代第一则征婚广告刊登后,在社会上引起讨论与争议,再伴随五四婚姻变革思想的深入影响,历经二十多年的时间,到 1927 年至 1937 年间,征婚广告已经逐步被世人所接受,此阶段征婚广告数量稳定增长,刊登人群日益广泛,征婚广告已经不算什么新鲜事物,成为《申报》本埠增刊分类广告"征求"栏目中的一个重要类别。

从广告刊载位置看,一般"征求"栏目下第一个出现的即是征婚广告,如果一天有多个征婚广告,《申报》则会将征婚广告都编排在一起,方便读者查阅,并且为了醒目美观,《申报》还将"征求"栏目的标题栏进行了精心设计(见图2.17)。

图2.17 《申报》本埠增刊分类广告"征求"栏目标题栏

每隔一段时间"征求"栏目即会变换标题栏设计样式,既增强版面美观性,又方便读者查找,并且与拍卖、出租、聘请、遗失、出售等分类广告标题栏设计相一致,在整个以文字为主的分类广告页面中显得整齐、协调,还有图形装饰的作用,读者可以分门别类地按需查找,这些细微之处也体现出《申报》对分类广告的重视。

从广告内容看,此阶段征婚广告有许多长篇幅的表述,经常出现征婚者对于婚姻态度的表达,从中可以看出社会对征婚广告这种择偶方式的认可以及人们婚姻观念的转变。如下面两则征婚广告:

婚姻关于毕生幸福,此乃人皆知之,旧式婚制不良,亦为新青年所公认,同学沈君志明,苏人,十九岁,品貌端正,身体健全,性情温和,好静,曾在桃坞中学毕业,现在本埠金号办事,薄有恒产,道德修养颇深,余之益友也,其亲友亦均赞美之。是故论婚者,月必数起,惟皆为旧礼教所束缚者,如沈君者岂愿为人傀儡,因此近日反觉不乐,余深知其不能得一真诚女伴为感,因念海内不乏明贤,故特代为征求,凡品性优秀,曾受良好教育者,或有志向学而经济不胜者,倘年龄相当,请诚实详具履历、住址,投函物品交易所沈君接洽,当守秘密,不合焚消不复。①

自由婚嫁贵在情性相投,苟初由好友而进偕伉俪,尤世间希有之幸福,鄙人多年佗傺,书剑飘零,值此春光,益增沉闷,爰思征求知己,以期慰藉世之幽娴女子,或赋性抑郁,或失意情场,是皆与我有同病,如荷诚意,投函申报馆四七〇号信箱,当谨守秘密,竭诚奉复。②

从征婚广告文本中可以看出人们已逐步接受新的婚姻观念,并在广告中表达个人的婚姻态度,寻求志同道合者为偶,但是人们对这种新观念的接受又是一个循序渐进的过程,这个过程也体现出征婚广告对社会婚姻价值观的影响和建构意义。

总体而言,1927年至1937年,中国经济建设稳步开展,政治相对稳定,文化事业一度繁荣,教育规模大力增长,市民阶层养成浓厚的阅报风习,《申报》经营在这一时期进入鼎盛繁荣期,报纸成为人们日常生活中的重要组成部分,扮演着重要的个人信息传递角色,征婚广告在这样的传播环境中也得到稳定发展。这一时期征婚广告数量出现持续稳定增长,人们对征婚广告的接受度有所增加,征婚广告的一度

---

① 《代同学征婚》,《申报(本埠增刊)》1927年8月27日第一版。
② 《征求女友》,《申报(本埠增刊)》1927年3月5日第一版。

繁荣还激发了电影、戏剧、文学等艺术作品的创作。1928年6月2日《申报》第4版刊登"共和影戏院"以《征妻》为题材的戏剧广告；1935年陈白尘主编话剧《征婚》，这是一部以征婚广告为创作题材的独幕剧。① 各种以征婚为主题的艺文作品也在一定程度上映射出这一时期征婚广告的社会实践与发展。

第四节　1938—1949：硝烟中征婚广告的异常波动

随着1937年7月7日"卢沟桥事变"爆发，中日战争正式打响，整个社会进入一个高度变动的状态，1945年抗日战争胜利后，解放战争拉开帷幕，重现动乱的战时社会，直到1949年才结束漫天的硝烟。那么在这个动荡的年代，征婚广告又受到怎样的影响？伴随战争的爆发与持续，征婚广告是否会消失？抑或呈现别样的发展状态？带着这些问题，本书对1938年至1949年间《申报》征婚广告进行探究，之所以以1938年为此阶段的研究起点，原因有两个：一是为了便于样本统计，并完整地呈现1937年征婚广告分布状况，故在此并未将1937年以7月7日为节点进行拆分；二是1937年7月7日"卢沟桥事变"爆发后，北平、天津相继沦陷，上海的沦陷是在1937年11月12日。故本书以1938年为本阶段起点，探究战争期间《申报》征婚广告的发展。

一、战争时期《申报》的几经沉浮

随着1931年"九一八"事变、1932年"一·二八"事变的爆发，到1937年7月7日"卢沟桥事变"，中国整个社会进入高度变动的状态，

---

① 白尘：《征婚》，《创作月刊》1935年第1期，第147—172页。

家庭的离乱、人员的流散、失学失业、离乡逃难、炮火、战争、饥饿与恐惧伴随着人们。抗日战争期间,《申报》曾数度停刊复刊,历经波折。上海沦陷后,《申报》拒绝日方对其进行新闻检查,于1937年12月14日宣布停刊,香港版也于1938年7月停刊。1938年10月10日,《申报》借美商之名在上海租界复刊。1941年12月8日,太平洋战争爆发,日本海军分别在香港、上海登陆,并进入上海公共租界,接管了《申报》。①

1945年,日本宣布投降,抗日战争取得胜利,但胜利后的和平却维持不久,国共之间矛盾激化,解放战争全面爆发,中国社会再次进入战时状态。直到1949年10月1日,中华人民共和国成立,漫天的硝烟才到此结束。抗日胜利后,《申报》先是在国民党的控制下进行重组,直到1949年5月27日停刊,彻底退出历史舞台。

战争的爆发与持续,并不会完全和永远阻断人们日常生活的进行。在中日战争爆发后,征婚广告并没有销声匿迹。1937年7月7日至1937年12月14日期间,《申报》仍有21则征婚广告刊登。1938年1月,《申报》在汉口复刊。3月,又在香港复刊。战争的影响、报业的衰退,使征婚广告数量也大为减少。但是征婚广告并未因战乱而消失,反而于1941年呈现出一种异常的繁荣状态。

二、征婚广告的异常增长与变动

1938年至1949年《申报》征婚广告共计1471则,其分布状况如图2.18所示。

1938年至1949年这段时间大体分成两个阶段,第一阶段是1938

---

① 上海图书馆编:《近代中文第一报〈申报〉》,第130页。

· 第二章 《申报》征婚广告的发展历程 ·

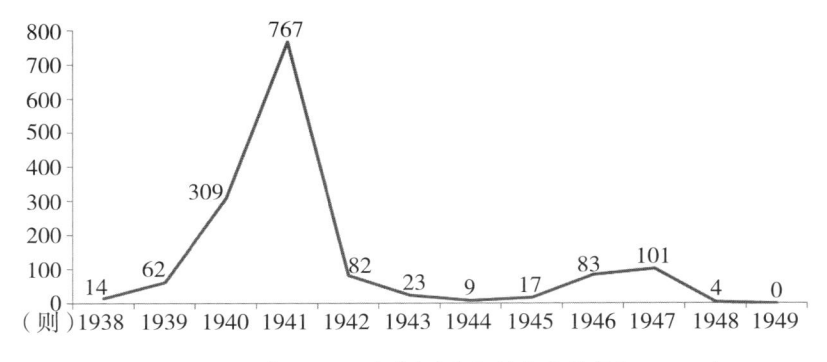

图2.18 1938年至1949年《申报》征婚广告数量(n=1471)

年至1945年中日战争时期,第二阶段是1946年至1949年解放战争期间。前一阶段,中日战争爆发后,1938年《申报》征婚广告数量大幅减少。1938年,计入上海《申报》、《申报》汉口版与香港版,全年征婚广告共计14则。1939年之后,征婚广告又逐步增长。伴随战火的蔓延,1940年和1941年征婚广告数量反而激增,1940年征婚广告达到309则,1941年更是飙升至767则,刊登数量之多超出以往任何时期。这段征婚广告的繁荣期正是上海孤岛时期。上海全面沦陷后,征婚广告数量又开始锐减。1944年,全年征婚广告不到10则。一直到抗日战争胜利后,1946年至1947年,征婚广告才逐渐恢复到百则左右。

1938年至1949年,《申报》征婚广告不重复样本共计916则,涉及征婚者974人,其中男性623人,占这一阶段征婚者总数的64.0%,女性351人,占36.0%(见图2.19)。[①] 这一阶段婚姻介绍所代为刊登的征婚广告数量有所增加。

这一阶段征婚者中男性人数波动较大。在战争爆发后,上海沦为孤岛,不少家庭离散,一些男子旅居在沪,希望通过征婚广告实现寻求伴侣、资助经济等多种目的。而另一方面,女性也因市况与战事,谋职

---

① 在统计过程中,如一则征婚广告样本中涉及女性征婚者3人,则在女性人数统计中按照3人计算,故统计出的实际征婚者人数多于不重复样本的数量。

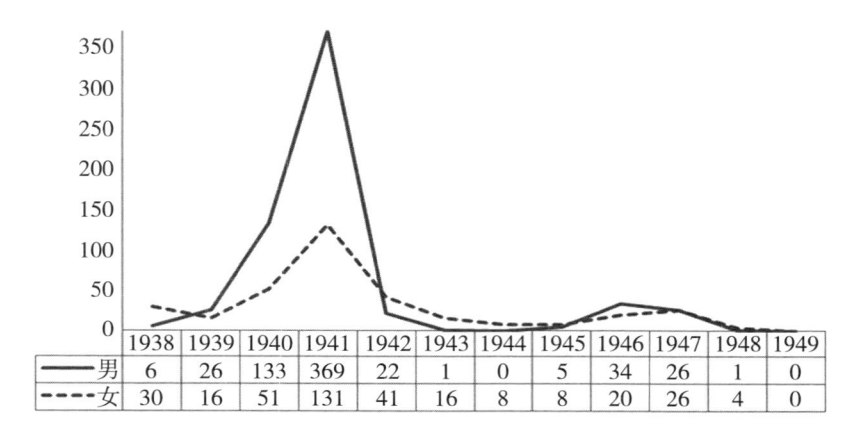

	1938	1939	1940	1941	1942	1943	1944	1945	1946	1947	1948	1949
男	6	26	133	369	22	1	0	5	34	26	1	0
女	30	16	51	131	41	16	8	8	20	26	4	0

图 2.19　1938 年至 1949 年《申报》征婚广告男女人数（n = 974）

不成,便期望通过征婚广告寻求依附男性。这一阶段的征婚广告呈现出非常复杂的状况,其波动原因在第三章展开论述,在此暂不赘述。

三、动荡波折期征婚广告的阶段性特征

(一) 广告版位的再次调整

自 1924 年《申报》创立本埠增刊后,征婚广告主要刊登在本埠增刊的分类广告专版中。直到 1937 年 8 月 15 日,本埠增刊停止刊发,征婚广告重新调整位置,回归《申报》紧要分类广告版面。并且在 1938 年至 1949 年,由于战争,《申报》版面数量大幅缩减,一般为 11 到 14 个版不等,少的时候只有 3 到 4 个版面。征婚广告多刊登于报纸中较为靠后的广告版面,由于报纸版面缩减,征婚广告篇幅也大幅缩减,多为 40 到 50 字左右。尤其在 1944 年之后,许多征婚广告更是缩减至 20 到 30 字左右,并且多编排在整个广告版面的中下方,征婚广告被排成一个个小豆腐块,在紧凑的版面中显得十分不起眼。

这一时期征婚广告刊登数量有所增加,尤其是 1940 年和 1941 年,征婚广告的刊发十分密集,一天有 4 至 5 则征婚广告同时刊出,多的时候可以达到 7 至 8 则(见图 2.20)。

图 2.20 《申报》1941 年 8 月 22 日第九版。

(二)婚姻介绍所代为刊登的征婚广告盛于一时

以往《申报》征婚广告多为征婚者自己刊登,也有亲戚或者朋友等代为刊登的情况,1938 年,《申报》首次出现婚姻介绍所代为刊登的征婚广告。1938 年至 1949 年,《申报》由婚姻介绍所代登的征婚广告共 59 则,占此阶段不重复样本总数的 6.4%,共涉及 122 人,其中男性征婚者 9 人,占比 7.3%,女性征婚者 113 人,占比 92.6%。这一阶段婚姻介绍所代登的征婚广告主要集中在 1939 年至 1943 年(见图 2.21)。1944 年至 1949 年间,再无婚姻介绍所刊登的征婚广告,故图 2.21 并未显示 1945 年之后的数据。

综合图 2.19 和图 2.21,1941 年选择婚姻介绍所代登征婚广告的女性人数最多,占 1941 年所有刊登征婚广告女性人数的 26.0%。

在婚姻介绍所代登的征婚广告中,出现较多的是天缘婚姻信托社

· 媒介呈现、生产与文化透析 ·

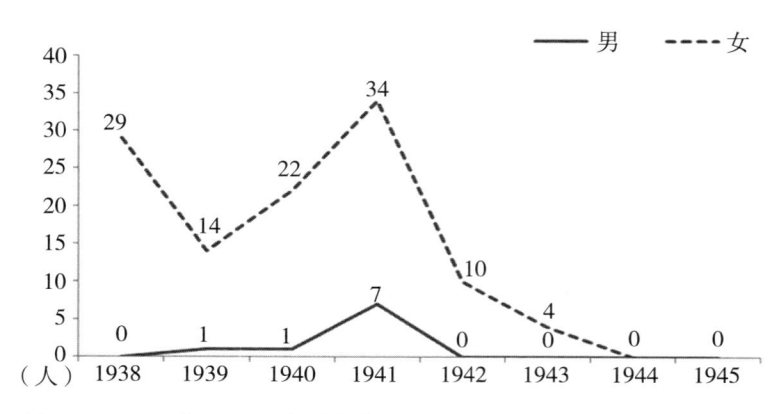

图 2.21　1938 年至 1945 年婚姻介绍所代登征婚广告男女人数（n = 122）

和大东信托所。前者成立于 1938 年,主要仿照西方的婚姻介绍所,其婚姻介绍流程主要为:"登记填表、检查体格、调查身世、指导修养、介绍对象、结婚典礼等六步骤。"①大东信托所则以代登广告为主要业务,并协助介绍婚姻。其业务范围不仅限于介绍婚姻,还代为刊登征聘雇员、代打文件等广告,并且女子登广告享有优惠,婚姻登记不收费。因此,《申报》常见大东信托所为多名女子联合刊登的征婚广告,如"大东信托所白克路珊家园福源里,电 94651。某小姐,年 22,北方人,学有专长,备有证明文件,身家清白,拟征有正当职业,无妻室,年 21 至 30 之间为伴;某女士年 24,曾受高等教育,能耐劳苦,因夫亡无依,委征良伴,或先友谊;某女士年 30,擅理家政,子女均无,委征 40 至 50 左右,须能维持普通生活者为伴,他无所求。"②同时,大东信托所还有提供信箱的服务。③故选择婚姻介绍所代登广告的女性征婚者人数明显多于男性,这也体现出民国时期婚姻介绍所盛于一时的状况。

---

① 《天缘婚姻信托所代征良人》,《申报》1938 年 12 月 29 日第十六版。
② 《大东信托所》,《申报》1940 年 11 月 29 日第十一版。
③ 《征友》,《申报》1941 年 4 月 8 日第九版。

（三）战争期间征婚广告的市场需求激增

战争与逃亡，使得许多家庭妻离子散。动乱的社会使许多乱世男女产生再建家庭或寻求伴侣的现实需求。战争期间与战后的结婚需求一般都是十分兴盛的，这种情况不仅出现在中国，第一次与第二次世界大战的英国，以及战后的德国也是如此。不安定的时局让人们备感战争无情，渴望幸福与安定生活的人逐渐增多。① 许多本来抱有独身主义的女子，因连年战乱，也在家人劝说下改变主意，步入婚姻。独身主义拥护者张王铭心，就是在战乱逃难时，见到许多丈夫协助妻子挤上火车，才体会到结婚也不是没有好处，放弃了独身的念头。② 战时的上海，有关青年男女急着闹结婚、抢亲、征婚、同居试婚的消息不断。③ 人们感受到骨肉离散的痛苦，因此想赶紧替未婚子女完婚。④ 可见，战争更激增了人们对婚姻的现实需求，征婚广告正是在这段时期呈现出一种异常的繁荣。

总体而言，1938年至1949年这段时期，战事不断，人们面临家庭的离乱、人员的流散，《申报》也在这期间几度停刊，历经波折，征婚广告随着本埠增刊的停刊而再度调至《申报》紧要分类广告位置，这一时期的征婚广告在篇幅上较前三个时期更为简短，在版面中多置于较为靠后的广告版位，形式上也并不明显，甚至难以辨别，但这一时期的征婚广告数量又超越以往三个阶段，尤其是在1940年与1941年一度激增，与上海孤岛的繁荣相互呼应。

---

① 何凯：《战争与结婚》，《申报》1941年12月6日第十三版。
② 罗久蓉、丘慧君、黄铭明、陈千惠、游鉴明：《烽火岁月下的中国妇女访问纪录》，"中央研究院"·近代史研究所1993年版。
③ 霖长：《抢亲、征婚、试婚》，《申报》1941年12月5日第十一版。
④ 《乱世结婚多 居民搬场忙》，《申报》1949年5月23日第四版。

中国近代征婚广告早在1902年就已出现,当时征婚广告作为一种新鲜事物,从形式到内容都受到社会的各种争议与质疑,《申报》征婚广告在这样的环境下诞生。因此,1912年至1918年间征婚广告数量并不多,但标题撰写各具特色,大多置于较为显眼的广告位置。伴随五四新文化运动的开展,各种婚姻变革思想深入人心,1919年至1926年间征婚广告数量快速增长,形式上不断创新,注重引入各种图形符号增加广告的注目率。到1927年至1937年,《申报》发展进入鼎盛时期,征婚广告也进入相对稳定的繁荣发展期,这一时期广告数量持续稳定,并有较为固定的广告位置,方便读者快速查找。随着抗日战争的打响,征婚广告也伴随社会的变动进入动荡波折期,漫天的炮火硝烟下,征婚广告并未消失匿迹,反而呈现一种异常的繁荣,刊登数量创历史新高,但是伴随《申报》的几经波折,此阶段征婚广告整体篇幅简短,刊登版位往往居于次要位置,标题多千篇一律,形式上也普通寻常,少见新意。

1912年至1949年,《申报》征婚广告在各个阶段均有较为鲜明的阶段性特征。征婚广告是一种特殊的广告形态,其发展紧随社会婚姻观念变化、近代报业发展以及社会环境的变动而变化,既有鲜明的时代特征又是社会文化变迁的镜像。

第三章

媒介呈现:《申报》征婚广告的嬗变

《申报》征婚广告发展的四个阶段有着各自鲜明的变化特征,把这四个阶段放在一起作纵向分析,可以发现《申报》征婚广告的历史演进与嬗变。本章从广告数量、刊载分布、广告形态以及广告叙事几个层面探究《申报》征婚广告的媒介呈现,并纵向梳理其演变特征及影响因素。

第一节 广告数量与刊载分布的变化

一、广告数量的阶段性增长

(一) 1912 年至 1949 年整体广告数量变化

将 1912 年至 1949 年《申报》征婚广告刊载数量汇总分析,可以得出图 3.1 所示折线变化。1912 年至 1918 年,《申报》征婚广告共 33 则,广告刊载间隔时间长。1919 年至 1926 年,《申报》征婚广告共 152 则,呈折线上升的增长状态。1927 年至 1937 年,《申报》征婚广告共

968则,广告数量增长持续而稳定。1938年至1949年,《申报》征婚广告共1471则,这一阶段广告数量波动较大,1941年广告数量达历史最顶峰,1942年后征婚广告数量又急遽回落,至抗日战争胜利后,征婚广告刊载数量才逐步回升。从《申报》征婚广告四个阶段的数量变化看,整体呈现阶段性增长的发展态势。

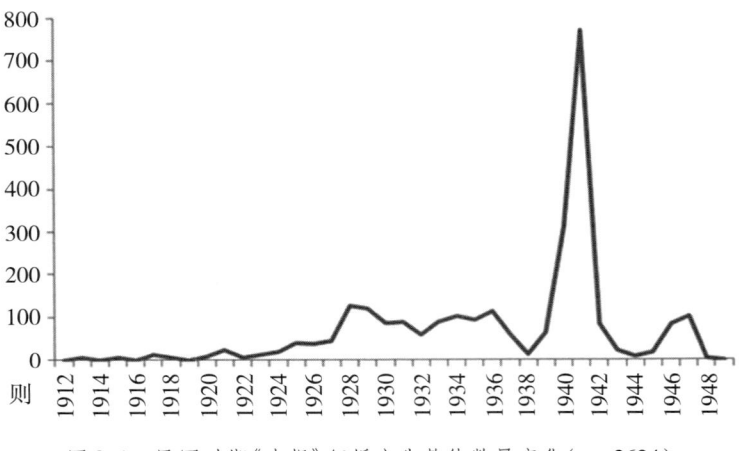

图3.1　民国时期《申报》征婚广告整体数量变化(n=2624)

(二)征婚广告中男女征婚者数量变化

在《申报》征婚广告的四个发展阶段中,只有在1912年至1919年征婚广告发展初期阶段,男性征婚者人数略少于女性征婚者,而这一时期刊登广告人数过少,并不具有代表性。除此之外的三个阶段,男性征婚者数量普遍多于女性征婚者。整体来看,1912年至1949年间,刊登征婚广告的男性征婚者共987人,女性征婚者共465人,男性征婚者平均为女性征婚者的2.12倍,女性征婚者的人数增长主要是在第三阶段以后。形成民国时期《申报》征婚广告中男性征婚者数量整体多于女性征婚者的原因主要有以下几方面。

1. 上海城市性别比例失衡的人口特征

性别构成是城市社会人口结构的一个重要指标,人口学上通常用一定时间阶段和一定空间范围内 100 个女性所对应的男性人数性别比来反映这一指标。① 人口学的大量研究显示,通常情况下,世界各国新生儿的自然性别构成大致在 105 左右,即男性略多于女性,这也是人口学上公认的恒定值。上海开埠以后,城市性别比率失衡程度几乎位居全国之首。② 1930 年代,公共租界男女构成为 156,法租界为 141,华界为 133。1935 年,上海未婚男女比更是高达 216.7。③ 上海城市人口结构性别比的严重失衡是刊载征婚广告者以男性居多的一个重要原因。

2. 男性中心文化的社会风俗沿袭

中国传统社会是以男权为中心建构的,至清末民国年间亦然。从中国近代较早的征婚广告实践者来看,均为男性。并且在民国时期,女性整体就业率偏低。男性占有就业优势,也就掌握着经济特权,并把持着意识形态,仍然因袭以往以男性中心文化为主导的社会风俗,女性往往处于从属性社会地位。秋瑾曾形象地描述中国传统女性:"一生只晓得依傍男子,穿的吃的全靠男子。身儿是柔柔顺顺的媚着,气虐儿是闷闷的受着,泪球是常常的滴着,生活是巴巴结结的做着。一世囚徒,半生的牛马。"④从征婚广告文本看,男性征婚者往往对女性的诉求条件相对较多,并更多地提出资助女性求学、就业,帮助生活等支持条件。这些均可看出在当时的婚姻市场上男性有更多的决定权与选择权。民国时期,中国传统男性中心文化的社会风俗沿袭,使

---

① [美]戴维·波普诺:《社会学》(下),沈阳:辽宁出版社 1987 年版,第 468 页。
② 楼嘉军:《上海城市娱乐研究(1930—1939)》,上海:文汇出版社 2008 年版,第 279 页。
③ 邹依仁:《旧上海人口变迁的研究》,上海:上海人民出版社 1980 年版,第 123—134 页。
④ 秋瑾:《敬告姐妹篇》,《辛亥革命前十年间时论选集(第二卷 下)》,北京:生活·读书·新知三联书店 1977 年版,第 846 页。

得男性仍然主导着婚姻市场,这也是男性征婚者多于女性征婚者的一个社会因素。

二、广告刊载分布愈发密集

从 1912 年至 1949 年《申报》征婚广告的刊载情况看,第一阶段征婚广告刊载的时间间隔比较长。1912 年至 1918 年共出现 7 则征婚广告,征婚广告数量较少,并不是每年都有。1913 年出现第一则征婚广告后,间隔一年时间,至 1915 年才再次出现,1916 年全年又无征婚广告刊登,直到 1917 年再次出现,可见第一阶段的征婚广告刊载分布比较分散,即便是同一年出现的一则征婚广告,其刊登时间一般也要间隔 2 到 8 天不等。①

表 3.1　1928 年 3 月《申报》征婚广告刊载情况

征婚广告标题	刊载时间	刊载位置
征求	1928 年 3 月 2 日	《申报》本埠增刊第 1 版
征婚	1928 年 3 月 2 日	《申报》本埠增刊第 1 版
征求配偶	1928 年 3 月 6 日	《申报》本埠增刊第 1 版
求婚	1928 年 3 月 10 日	《申报》本埠增刊第 1 版
求婚	1928 年 3 月 12 日	《申报》本埠增刊第 1 版
求婚	1928 年 3 月 14 日	《申报》本埠增刊第 1 版
求婚	1928 年 3 月 16 日	《申报》本埠增刊第 1 版
求婚	1928 年 3 月 18 日	《申报》本埠增刊第 2 版
求婚	1928 年 3 月 20 日	《申报》本埠增刊第 1 版
求婚	1928 年 3 月 22 日	《申报》本埠增刊第 1 版

---

① 1912 年至 1918 年 7 则征婚广告刊载情况见表 2.1。

(续表)

征婚广告标题	刊载时间	刊载位置
征婚	1928 年 3 月 11 日	《申报》本埠增刊第 1 版
	1928 年 3 月 12 日	《申报》本埠增刊第 1 版
	1928 年 3 月 13 日	《申报》本埠增刊第 1 版
征求父母　招婿良机	1928 年 3 月 13 日	《申报》本埠增刊第 1 版
官家闺秀征婚	1928 年 3 月 24 日	《申报》第 8 版
拟认父母	1928 年 3 月 31 日	《申报》第 12 版

1919 年之后,《申报》征婚广告自 1920 年至 1948 年没有间断过,第二阶段 1919 年至 1926 年,同一年间征婚广告刊载时距一般间隔 1 到 6 个月不等。到第三阶段 1927 年至 1937 年,同一年间征婚广告基本每个月都有,偶尔会有间隔 1 到 2 个月没有征婚广告的情况,并且一个月中征婚广告刊载的数量与次数均有所增加,以 1928 年 3 月为例(见表 3.1),这一个月共有 16 则征婚广告,其中两则征婚广告重复多次刊登,从刊载分布情况看,广告刊载间隔为 1 到 7 天不等,刊载分布较前一阶段更加密集。进入第四阶段 1938 年至 1949 年,尤其是其中 1940 年和 1941 年,这两年征婚广告数量急剧增长,广告刊载分布也更为密集,不但每个月都有征婚广告刊登,基本每个月中的每一天也会有征婚广告,甚至有时一天中可以见到 7 至 8 则征婚广告同时刊载。① 表 3.2 为《申报》1941 年每个月征婚广告刊载总数以及不重复广告数,从表中数量可见征婚广告刊载之密集。

表 3.2　1941 年各月《申报》征婚广告刊载数量

1941 年	1 月	2 月	3 月	4 月	5 月	6 月	7 月	8 月	9 月	10 月	11 月	12 月
不重复广告条数	32	28	39	37	63	52	31	50	37	38	52	25
总条数	48	49	68	62	96	89	49	72	68	53	75	38

---

① 《申报》,1941 年 3 月 15 日第十一版;《申报》1941 年 8 月 22 日第九版。

整体来看,自 1912 年至 1949 年,《申报》征婚广告刊载分布可谓越来越密集。

三、广告刊载变化的影响因素

1912 年至 1949 年间,《申报》征婚广告的刊载变化与当时政治、经济、历史环境以及报业发展等因素密切关联。

(一)《申报》早期征婚广告发展受限于当时舆论环境

《申报》征婚广告在第一阶段刊载数量整体较少,且发展缓慢,这主要受限于中国近代征婚广告诞生的舆论环境。从蔡元培与章太炎的征婚,再到南清志士某君与王建善的征婚广告,在当时都受到社会的各种质疑与争议,这种争议不仅限于征婚广告这种新式择偶方式本身,更包含对征婚广告中新式婚姻观念的讨论。

当时中国新式知识分子试图通过自身婚姻形式表达社会新思潮,以倡导婚姻变革,1902 年《大公报》上"南清志士某君"所提出的择偶标准就代表了国人当时关于妇女问题的三种最新观念,从广告文本看,征婚者并未交代自身情况,而是过于强调天足、新智识、文明礼仪、自愿出嫁、自主择偶这些新的婚姻观念,并且这则广告刊登在《大公报》上,《大公报》是中国民族资产阶级中一些高级知识分子论政的讲坛,是一份以"文章报国"自诩,以"文人论政"为主要特征,以"不党、不卖、不私、不盲"为标榜的政治性大报。[①] 据此可以推断,在当时的政治环境下,"南清志士某君"一方面是择偶,更多的是要通过报纸这种大众媒体向公众表达革新思想,采用征婚广告这种形式只是希望引

---

① 吴廷俊:《新记〈大公报〉史稿》,武汉:武汉出版社 2002 年版,序第 2 页。

起更多人的关注。

如在第二章所述,中国近代早期征婚广告无论是作为一种新的择偶方式还是一种政治革命的话语表达,在当时都吸引了人们的关注与讨论,社会对这种广告形式的争议一定程度上束缚了早期征婚广告的发展,《申报》第一阶段征婚广告受到当时社会舆论环境影响,整体广告数量较少并发展缓慢。

(二)《申报》征婚广告刊载与经济兴衰联动呼应

《申报》征婚广告相对稳定的繁荣发展阶段是1927年至1937年,"黄金十年"间中国经济得到一定程度的发展,迎来民族资本主义发展的短暂复兴。这一阶段在1928年至1931年间,受白银价格下落的影响,上海经济得到一定发展,这几年《申报》征婚广告数量也相对较多。1932年,"一·二八"事变爆发,上海受战事影响,经济衰落并形成萧条局面,这一年征婚广告数量降到此阶段的较低点。1936年至1937年7月期间,在通货膨胀影响下,中国经济特别是上海经济开始有了复兴。[1] 至抗战前夕,上海可以说是全国经济发展水平最高的地区,从经济总量上看,1936年上海GDP占全国的6.07%,但当时上海土地面积不足全国万分之一,人口总数不足全国百分之一;若按人均量计算,上海人均GDP是408.7元,全国人均量是60.1元,上海人均量是全国人均量的6.8倍。[2] 可见,抗战前夕上海经济在全国处于较为发达的水平,而1936年《申报》征婚广告也达到"黄金十年"间的相对较高点,这一年上海《申报》征婚广告数量要比北平《世界日报》以及天津《大公报》

---

[1] [美]小科布尔:《上海资本家与国民政府(1927—1937)》,北京:中国社会科学出版社1988年版,第162页。
[2] 李敦瑞、朱华:《抗战前夕上海GDP及结构探析——以1936年为例》,《史林》2011年第3期,第29页。

多出两到三倍。① 可见,《申报》征婚广告的发展紧随当时经济兴衰而变动。

(三) 1940 年与 1941 年《申报》征婚广告数量激增的综合原因

图 3.1 显示,《申报》征婚广告刊载数量在 1940 年与 1941 年异常增长,1940 年,《申报》征婚广告共 309 则。1941 年,更是飙升至 767 则,达到历史最高峰。这两年征婚广告数量的激增受到当时《申报》分类广告推广,以及战争、经济等多方面因素的综合影响。

1.《申报》分类广告经营的推广与影响

《申报》自史量才接手后,特别注重广告的经营与发行,他还大力招揽广告经营人才。1913 年,邀请张竹平担任《申报》馆经理兼营业部主任,张竹平早年毕业于圣约翰大学,成为拓展《申报》经营管理业务的关键性人物。1924 年,《申报》又请到从哥伦比亚大学新闻学院留学归国的汪英宾担任广告部主任。这些"对于广告方面的确是日有起色,并且为拉拢商店广告的便利起见,特另出一张《本埠增刊》,专登广告式的文字"②。这些归国留学人才将国外报业先进经营理念引入中国,使《申报》广告与经营在当时独树一帜。当时,《申报》十分重视分类广告的经营与推广,于 1925 年开设"本埠增刊分类广告专栏",并同步推出分类广告系列推广文章,这些举措对于当时报业开拓分类广告市场有积极的推进作用。伴随分类广告市场的繁荣发展,1940 年代《申报》更是加大分类广告的推广及促销,制作了多种分类广告推广与促销的广告(见图 3.2 至图 3.6)。

---

① 本研究根据赵良坤对 1900 年至 1937 年天津《大公报》征婚广告的全样本统计数据,以及台湾陈湘涵对 1926 年至 1937 年北平《世界日报》征婚广告的数量统计估算得出。
② 张静庐:《中国的新闻纸》,上海:光华书局 1929 年版,第 74 页。

· 第三章 媒介呈现：《申报》征婚广告的嬗变 ·

图 3.2 《申报》1940 年 11 月 29 日第十一版。

图 3.3 《申报》1940 年 12 月 10 日第十一版。

图 3.4 《申报》1941 年 3 月 3 日第九版。

图 3.5 《申报》1940 年 9 月 16 日第十版。

图 3.6 《申报》1940 年 12 月 15 日第十五版。

这些广告在信息传达上，突出了分类广告中的征求、聘请、出售等主要栏目，并强调分类广告的刊载价格低廉，可以使用免费信箱服务以及电话投稿等关键信息，广告主题明确而凝练。在创意表现上，这些广告运用图形元素，增强了广告的设计感和整体感，也具有突出主题的作用，并且图3.2至图3.4这三则广告，整体设计风格类似，又有所不同，也增加了读者对《申报》分类广告整合一致的形象认知。在版面编排上，尤其是图3.6，这则广告采用竖排版通栏设计的形式，一般位于《申报》广告页左侧或右侧位置，这种竖排版通栏设计的广告形式，在以文字为主的广告版面中显得十分醒目而又不失美观，在当时属于较为新颖的广告编排形式。1940年和1941年，《申报》广告版面几乎天天都会刊登这种分类广告的推广广告，并采用五种广告形式轮替刊载的投放策略，既增强广告的重复提醒效果又避免了单一而枯燥的设计。从这些推广广告的版面编排、设计表现以及媒体投放，都可以看出当时《申报》对分类广告的重视程度以及推广力度。1941年，《申报》分类广告版面有所增加，有时一天共12个版面，分类广告就能占到2个版。①

同时，为推广分类广告，1941年《申报》还推出大量的分类广告促销广告，如图3.7和图3.8，图3.7为《申报》专门制定的分类广告刊例，并附有特价优惠的办法说明。图3.8为《申报》推出的刊登十种人事分类广告，即赠送申报铅笔和拍纸簿的促销广告，这种促销广告1941年在《申报》刊登十分频繁，同样采取上述分类广告推广的投放办法，同时设计多种广告样式，定期轮替刊登。

1940年至1941年，《申报》对分类广告的大力推广与促销，一定程度上也促进了征婚广告的快速增长。尤其是1941年，《申报》人事

---

① 《申报》1941年3月14日第九版。

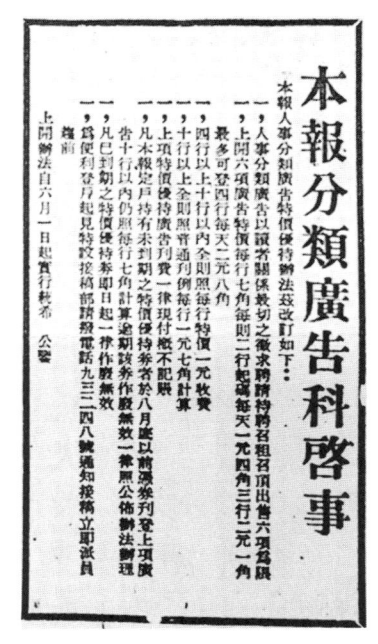

图 3.7 《申报》1941 年
5 月 31 日第九版。

图 3.8 《申报》1941 年
10 月 13 日第十版。

分类广告的推广广告形式多样,广告投放量较往常更大,广告刊载分布也更为密集,这一年征婚广告数量也达到了历史最顶峰。征婚广告属分类广告的类别,其发展变化与所刊载报纸的分类广告经营高度关联,这也可能是《申报》相对其他报纸征婚广告数量较多的一个原因。

2. 战争影响刺激征婚广告的现实需求

自 1937 年 7 月 7 日"卢沟桥事变"爆发后,中国整个社会进入高度变动的阶段,受战事影响,这段时间的《申报》征婚广告数量起伏变动较大。1940 年至 1941 年,《申报》征婚广告文本中提及战事影响的话语表述有所增加。其中有因战事家庭遭变,有意重新组建家庭而征婚的;也有因故乡沦陷,父母交失,欲求义父母或为养婿,以便照应而征婚的;还有因战事避难来沪,经济困难,意通过征婚解决生活问题的。1940 年后,征求续室的男性征婚者以及愿配续弦的女性征婚者都明显增多。① 战争所导致的家庭破裂、经济困难、心理孤独等因素都刺激了这一时期的征婚广告需求。

另外,自"八一三"战后至太平洋战争前,上海除法租界和公共租界外,均已被日本侵略军占领,租界成为日军包围中的一座"孤岛"。租界中的工业、商业、金融业及交通运输业都有明显发展,出现所谓"孤岛繁华"这一独特而又畸形的社会历史现象。② 上海租界辟设后,一批批外国人来到上海这个充满诱惑和机遇的地方,在租界里安家落户。到1935年,在上海居住的外国侨民来自5大洲61个国家,多达10余万人,无论是移民的国度还是移民的人口数量,都位居国内首位。③ 来到上海的外国侨民男多女少,外侨中有许多没有成家的独身男子,特别是欧美单身男性商人,其与中国妇女有非正式婚姻关系的情况相当普遍。④ 寓沪美国人鲍威尔记述了上海正式或非正式的跨种族婚姻情况:"上海可以说是一个男人的城市,外国人十有八九也是单身汉,因此,各色各样的友谊关系不可避免地发展起来,造就了无数的国际婚姻。"⑤

1940年至1941年,这两年《申报》外籍男性征婚者数量可以占到所有外籍征婚者总数的一半之多。其中,许多外籍征婚者都在广告中表明拟久居中国,刊登征婚广告欲求终身良伴。⑥ 这些外籍单身男子

---

① 《征侣》,《申报》1941年2月3日第九版;《征友》,《申报》1941年4月11日第九版;《征伴》,《申报》1940年7月17日第十一版;《诚征义父母》,《申报》1940年11月8日第九版;《征求义父母》,《申报》1940年8月29日第九版;《征男友》,《申报》1941年10月15日第九版;《征伴互助》,《申报》1941年3月12日第九版;《征婿》,《申报》1940年10月15日第十一版;《征婚》,《申报》1940年11月10日第十一版;《征侣》,《申报》1940年12月29日第十一版。
② 史全生:《中华民国经济史》,南京:江苏人民出版社1989年版,第385页。
③ 楼嘉军:《上海城市娱乐研究(1930—1939)》,第273页。
④ 熊月之:《异质文化交织下的上海都市生活》,第143—144页。
⑤ 布鲁纳、费正清、司马富:《赫德日记——步入中国清廷仕途》,北京:中国海关出版社2003年版,第198页。
⑥ 《征求》,《申报》1940年6月24日第十版;《西人征求伴侣》,《申报》1940年7月19日第九版;《征求伴侣》,《申报》1940年1月30日第十一版;《西人征女友》,《申报》1941年10月16日第九版。

身在异乡,人际资源有限,刊登征婚广告寻找伴侣自然就成为他们的选择之一。

其中,相当一部分外籍征婚者是因为交友或外出游玩原因,征求年轻女士为友,或者是征求受过相当教育,愿意助其中文素养,体格健全而能伴舞的华籍女友。① 从征婚广告文本可以看出,在日军尚未控制的租界内繁华依旧,外出游玩、出入舞厅是他们生活的组成部分,尤其是舞厅,"成了当时上海城市环境的另一个著名,或说不名誉的标记"②。美国人爱狄密勒曾形象地描绘上海舞厅的情景:"五十个伴舞者,在暗淡的灯光下,幻成了飘飘欲飞的仙子。轻快与浪漫的空气把一切的顾虑都掩盖住了。这里没有规则,也没有禁忌。你可以随你的意跳舞。只需你的脚站得住,你一直跳下去好了。"③情绪的发泄、郁闷的抛弃、生活的异化,人们在一种似梦似醒的生存夹缝中,追求醉生梦死的生活方式,是一种无奈,是一种幻觉,也是对现实世界一种暂时的解脱。④ 或许这种生活状态与心理需求,正是1940年和1941年外籍征婚者数量增长的一个原因。

直到1941年12月8日太平洋战争爆发后,日军占领上海租界,加大对侨民的控制,并于1943年1月到1945年8月,将租界内的英、美等国侨民圈入集中营,短暂的"孤岛繁华"迅速走向衰落。1942年,《申报》征婚广告骤降至82则。1943年全年征婚广告继续下降至23则。1944年,征婚广告只有9则,降到此阶段最低点。

3. 上海创办实业热潮的现实反映

辛亥革命后,伴随中国民族资产阶级的爱国和革命运动,实业救

---

① 《西人征女友》,《申报》1941年10月25日第十一版;《征女友》,《申报》1940年6月13日第十版。
② 李欧梵:《上海摩登——一种新都市文化在中国(1930—1945)》,北京:人民文学出版社2010年版,第28页。
③ [美]爱狄密勒:《上海——冒险家的乐园》,上海:上海文化出版社1982年版,第92页。
④ 楼嘉军:《上海城市娱乐研究(1930—1939)》,第285页。

国思潮逐步深入与发展。尤其是随着民族危机的加深,实业救国思潮更加高涨,上海更是兴起创办实业的热潮。这些也直接影响到人们的择偶需求与动机,婚姻极易受到经济等环境因素影响,民国时期《申报》征婚广告对这一点的体现尤为明显。

广告征婚是当时许多征婚者寻求经济合作的一个重要手段,尤其是1940年至1941年,《申报》征婚广告文本中对这一需求的表述尤为明显。许多征婚者除原有职业外,欲另创实业。有的征婚者更是"弃官而商"。有的是留学归国,满怀创办实业热情。有的则是通过征婚以寻求经济资助,共谋事业发展。有的寻求人力帮助。有的因创办事业,乏亲信管理账务而征求伴侣合作。也有因创办实业,需要英文秘书兼任女友的情况。[1] 1940年至1941年,《申报》征婚广告数量激增也是当时上海创办实业经济热潮的直观反映,并印证着上海"孤岛时期"最后的繁华。

总体来看,《申报》征婚广告的出现受到当时政治环境以及西方文化思潮的影响,其发展又紧随当时经济兴衰而变动。尤其是1940年至1941年征婚广告数量激增更是受到多种因素综合影响。《申报》对分类广告的大力推广与促销,战事导致的时局动荡,人们家庭破裂、生活困难、心理孤寂、避难来到上海寻求家庭庇护等现实状况与心理变化,以及短暂"孤岛繁华"下正式与非正式国际婚姻的普遍,民族危机环境下上海创办实业的热潮高涨等,这些因素都刺激了这两年《申报》征婚广告的激增。可以说《申报》征婚广告的历史演进是受到政治、经济、历史、文化、报业发展等多种因素影响的结果。

---

[1] 《征女友》,《申报》1941年4月18日第九版;《征女友》,《申报》1941年4月18日第九版;《征伴》,《申报》1940年11月10日第十一版;《征女》,《申报》1940年7月15日第十版;《征婚》,《申报》1940年8月30日第九版;《友》,《申报》1940年11月2日第十一版;《征义父母》,《申报》1941年9月29日第十一版;《诚征女友》,《申报》1941年11月6日第九版;《征女侣》,《申报》1940年8月20日第十版;《征女友》,《申报》1941年4月18日第九版;《征英文秘书女友》,《申报》1941年6月8日第九版。

第二节 《申报》征婚广告形态的嬗变

一、广告表现渐趋简化

如第二章所述,1912 年至 1918 年间,《申报》征婚广告虽然数量有限,但是多会通过标题字体、字号的变化,边框与图形等视觉元素丰富广告表现形式,总体而言,在征婚广告四个发展阶段中,广告识别度相对较高。进入第二阶段 1919 年至 1926 年,《申报》设立"本埠增刊分类广告专栏",征婚广告逐步有了相对固定的广告位置,主要出现在其中"征求"栏目下,也方便读者的查找与辨识。

1927 年至 1937 年,《申报》征婚广告数量平稳增长,这一时期《申报》本埠增刊分类广告发展已有几年时间,整体版面编排生动活泼,和谐均衡,整齐美观。其中各类别广告标题都用一致化图形装饰,显得活泼醒目。征婚广告表现则特别注重标题的图形化装饰,使得广告较为醒目,如图 3.9 和图 3.10 所示。

图 3.9 《申报(本埠增刊)》1927 年 7 月 20 日第一版。

图 3.10 《申报(本埠增刊)》1928 年 7 月 12 日第一版。

到 1937 年“八一三”事变爆发，日军入侵上海，8 月 15 日，《申报》取消本埠增刊，从此申报分类广告版面锐减。① 1937 年 12 月 14 日，上海沦陷，《申报》被迫停刊。1938 年 10 月 10 日，《申报》在上海租界复刊，后因纸张供应紧张，不得不削减版面，分类广告面积也大幅缩减。战争限制了商业活动，营业分类广告总数比事变前缩减将近一半，人事分类广告相对繁荣。但从版面编排看，此时征婚广告少见有像前一阶段的图形装饰，或标题的图形化处理，整体广告形式较为单调。但由于《申报》的有序编排，征婚广告对需求用户而言也算易于辨识（见图 3.11）。

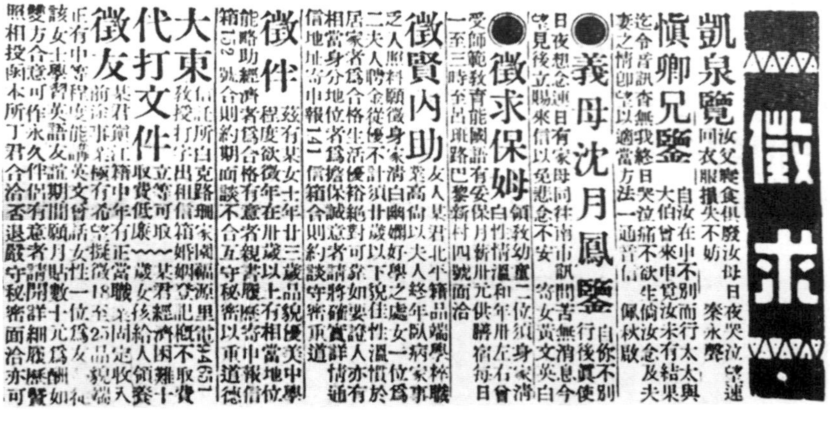
徵求
凱泉覽
慎卿兄鑒
義母沈月鳳鑒
徵求保姆
徵賢內助
徵伴
大東代打文件
徵友

图 3.11 《申报（本埠增刊）》1941 年 1 月 10 日第九版。

太平洋战争爆发后，随着战局的恶化，《申报》有时每期仅出版一大张，分类广告约占 1/8 版，面积 437.5 平方厘米，再也没有多少施展编排手段的空间。分类广告版面中的图案、留白一律略去，字体缩小，密密麻麻的“小”广告粘成一团，信息查阅极为不便。② 此后的征婚广

① 林升栋：《〈申报〉分类广告研究》，《新闻大学》1998 年第 3 期，第 74 页。
② 同上，第 75 页。

告也多是字数简短、形式单一、密密麻麻地挤成一个个小豆腐块,广告识别度较低(见图3.12)。

图 3.12 《申报》1947 年 3 月 14 第八版。

整体而言,1912 年至 1949 年,《申报》征婚广告数量呈现阶段性增长,广告刊载分布也愈发密集。但伴随战争以及《申报》分类广告版面调整等因素影响,征婚广告表现形式逐渐简化,广告识别度也逐步降低。

二、广告篇幅的媒体规约变迁

在《申报》征婚广告发展的前三个阶段,整体而言,广告篇幅相对较长,平均字数也较为接近,如表 3.3 所示。尤其是征婚广告发展前两个阶段,《申报》广告刊例并未对广告篇幅长短作出明确限制或规定,这段时期报纸版面较多,分类广告所占面积也相应较大,征婚广告篇幅长短千差万别,受媒体制约较小,也更有利于个体特征的展现。

表3.3 《申报》征婚广告四个阶段的篇幅变化

年份 字数	1912—1918	1919—1926	1927—1937	1938—1949
平均字数	117.3	109.6	115.8	78.7
最多字数	182.0	424.0	1374.0	453.0
最少字数	73.0	46.0	26.0	19.0

至征婚广告发展的第三阶段,《申报》广告刊例开始对分类广告篇幅作出相应规定,如1930年1月至3月的广告刊例即规定:"登于本埠增刊分类广告地位,以二十字高为一行,每次以四行起码,每日每行大洋一角六分。登于紧要分类广告地位,每行以二十字高为限,每次至少四行,至多一百行,每日每行大洋三角。"①征婚广告主要位于本埠增刊分类广告专栏,以及《申报》紧要分类广告位置下。按照以上广告刊例规定,每则征婚广告最少80个字,最多2000字。此阶段征婚广告虽然开始受到篇幅限制,但《申报》对分类广告留有较多的版面空间,故此阶段征婚广告仍然有较大的发挥余地,广告篇幅长短变化幅度也比较大,1927年至1937年征婚广告最多字数为1374字,最少的则只有26个字(见表3.3)。此阶段平均字数为115.8字,整体而言,广告篇幅较长,信息传达也较为详尽。

进入第四阶段,随着战事发展,《申报》几度停刊,迁回上海后,也因纸张供应紧张,大幅缩减报纸版面,分类广告版面也因此锐减。1941年6月,《申报》专门刊载人事分类广告刊例,规定:"人事分类广告每行七角,每则两行起码,每天一元四角,三行两元一角,最多可登四行,每天两元八角。四行以上十行以内,全则照每行特价一元收费,十行以上全则照普通刊例每行一元七角计算。"②同年《申报》刊登的许多分类广告推

---

① 《申报》1930年3月23日第七版。
② 《申报》1941年6月4日第九版。

广广告,更是直接强调"二行起码,四行为限"①。也就是每则人事分类广告一般最多80个字,并且按照字数多少采取差异化定价策略,字数越多收费标准越高,可以看出这一时期《申报》开始限制分类广告篇幅。1938年至1949年间,征婚广告平均字数只有78.7字,广告篇幅明显较前三个阶段短小精练,尤其是1945年以后,征婚广告尤其简短,这段时间许多征婚广告也就20多个字,所能传达信息内容十分有限,征婚者可以发挥的个人创作余地也受到制约。

民国期间《申报》征婚广告篇幅长短的变化,直接影响到其现代文体的使用情况,较长的篇幅使广告信息传达更为详尽,也更能体现征婚者的个体性创作风格。从广告篇幅的变化也可以看出征婚广告的演变与发展,正如第二章所述,1927年至1937年是《申报》征婚广告的稳定与繁荣发展期,此阶段出现许多征婚广告的长文本。进入第四阶段,征婚广告在短暂的极度繁荣后开始渐趋衰落,尤其是1945年以后,广告篇幅日趋精练。这种变化受到媒体广告规约的直接影响,并从侧面反映出《申报》分类广告的兴衰历程。

第三节 《申报》征婚广告叙事演变

叙事的概念源于语言学领域,从经典叙事学发展到后经典叙事学,叙事概念的内涵已远远超出"言语活动"的范畴。戴卫·赫尔曼认为,叙事涵盖了一个很大的范围,包括符号现象、行为现象及广义的文化现象。② 华莱士·马丁认为:"叙事无所不在,是一种基本的阐释模式,可运用于各个领域。"③广告文本也是一种叙事文本,广告叙事具

---

① 《申报》1941年3月3日第九版。
② [美]戴卫·赫尔曼:《新叙事学》,马海良译,北京:北京大学出版社2002年版,第156页。
③ [美]华莱士·马丁:《当代叙事学》,伍晓明译,北京:北京大学出版社2005年版,第274页。

备叙事应有的基本特征。①

一、广告标题叙事的"个性化"到"程式化"

在《申报》设立本埠增刊分类广告专栏之前,每个征婚广告都有独立的标题。1925年,《申报》开辟本埠增刊分类广告专栏后,征婚广告一般位于其中"征求"版块下,随之开始有少部分征婚广告没有独立的标题,而是在"征求"版块下,直接叙事广告内容。相比而言,有标题的征婚广告在报纸中更加醒目显眼。

观察征婚广告的标题撰写,主要有四种创作倾向。

(一)强调征婚者主体特征

有些征婚广告在标题中特别强调征婚者的主体特征(见表3.4)。

表3.4　强调征婚者主体特征的部分征婚广告标题

标　题	出　处
兄妹征婚	申报,1925-5-23(8).
学生征婚	申报(本埠增刊),1927-5-2(1).
官家闺秀征婚	申报,1928-3-24(8).
法女征婚	申报(本埠增刊),1928-12-12(1).
西人征求女友	申报(本埠增刊),1933-5-7(3).
淑女征婚	申报(本埠增刊),1935-3-24(4).
女士征婚	申报(本埠增刊),1935-3-31(4).
西人征求华女友广告	申报(本埠增刊),1936-11-28(4).
富商征女友	申报,1940-12-11(9).
闺秀征婚	申报,1941-8-26(9).
病家诚征青年女友	申报,1941-10-2(11).

---

① 齐蔚霞:《广告叙事研究》,陕西师范大学博士学位论文,2012年,第6页。

这类征婚广告在标题创作中特别强调征婚主体的身份特征,如学生、法国女士、富商、官家闺秀、淑女等,意欲通过征婚主体的特殊身份吸引征求对象的关注。另外,有特殊情况的征婚者也会诚实地在标题中特别注明,如表3.3中《病家诚征青年女友》,这类突出主体特征的广告标题体现了征婚者较强的自我推介意识。

(二)突出对征求对象的诉求

有些广告标题则着重突出对征求对象的明确诉求,如表3.5所示。

表3.5 突出对征求对象诉求的部分征婚广告标题

标　题	出　处
谨告希望文明结婚的女士	申报,1920-5-24(4).
征求女拳术家	申报(本埠增刊),1926-7-12(1).
欲招赘婿者鉴	申报(本埠增刊),1927-5-11(1).
未婚女士请注意	申报(本埠增刊),1927-7-20(1).
征求粤籍贫家女学生为终身伴侣	申报(本埠增刊),1929-12-3(1).
征求无依靠之女伴	申报(本埠增刊),1930-10-18(2).
征求良善家庭终身佳偶	申报,1930-10-23(12).
征求清苦女子	申报(本埠增刊),1930-11-6(2).
征求书画女友	申报(本埠增刊),1931-7-1(3).
石女注意	申报,1931-12-8(12).
征求华籍女友	申报(本埠增刊),1936-8-26(2).
征求义父母	申报(本埠增刊),1936-9-19(4).
征求擅长国文女士	申报,1937-12-4-(6).
征失业女友	申报,1940-4-30-(12).
征富孀女友	申报,1941-2-22(11).
征粤籍婿	申报,1941-3-14(9).
诚征北平籍女友	申报,1941-8-4(9).
征怜才闺秀	申报,1941-10-5(11).

(续表)

标　题	出　处
诚征身材品貌标准男伴	申报,1942-2-7(7).
征医师为友	申报,1942-2-7(7).
征法、俄语男友	申报,1946-9-14(12).
征求外交官男友	申报,1947-3-6(8).
征求赴美欧男友	申报,1947-4-26(8).

这类广告标题将所要征求对象特征明确标明,体现出征婚者较强的针对性诉求。广告标题叙事多是基于征婚者视角,对征求对象的籍贯、职业、家世背景或是兴趣爱好等作出特别说明。另外,也有些广告标题是以征求对象的视角进行叙述,如表3.5中的《未婚女士请注意》《石女注意》等。整体来看,突出所要征求对象特征的标题创作在征婚广告中较为常见。

（三）注重征求诚意

有些广告标题特别注重征婚者的诚意表达,如表3.6所示。

表3.6　注重征求诚意的部分征婚广告标题

标　题	出　处
英少年诚意征婚	申报(本埠增刊),1928-5-29(1).
诚实征婚	申报(本埠增刊),1928-12-13(2).
女士诚实征婚	申报(本埠增刊),1929-9-25(1).
打破下等欺骗的征求女友	申报(本埠增刊),1930-3-15(2).
诚意征求终身伴侣	申报(本埠增刊),1930-9-4(1).
敬征女友	申报(本埠增刊),1934-12-10(4).
重金征贤内助	申报,1941-1-5(15).
诚征永久女伴	申报,1941-6-17(11).

这些广告标题会以"诚意征婚"、"重金征求"或者"永久伴侣"等字样表明诚意,尤其是征婚广告进入第三阶段稳定繁荣期后,这类广

告标题有所增多。伴随第三阶段征婚广告数量增长与日益普及,随之也出现了一些借征婚广告进行骗财、骗色的行为。1936年,《世界日报》就刊登一则少女马少宸借征婚广告诈骗钱财的新闻。[①] 这一时期,广告的可信性成为人们关注的焦点,标题中表明征婚诚意的广告也有所增加。

(四) 侧重征求动机

另外,还有些广告标题侧重征婚动机的表述,如表3.7所示。

这类征婚广告在标题中着重突出征求动机,如表3.7中《征求女友合办学校》,广告文本中表明个人精力有限,拟征求女友合同办理。《聘女秘书》广告中提到一旦录取后经过相当时期,双方愿意做终身伴侣亦可,其实是征求配偶兼做女秘书之职。这类广告标题创作对广告目的表述更为明确。

表3.7 侧重征求动机的部分征婚广告标题

标　题	出　处
征求妇女合作	申报(本埠增刊),1928-5-16(1).
征求女友合办学校	申报(本埠增刊),1929-4-26(1).
征求贤良内助	申报(本埠增刊),1933-4-14(2).
聘女秘书	申报,1939-11-8(10).
征婚借款	申报,1940-1-20(12).
征女友资助	申报,1941-6-23(9).
征求女友同谋发展	申报,1941-6-27(9).
征资助学业	申报,1941-7-25(10).
征互助男友	申报,1942-11-12(7).

---

① 《摩登少女马少宸被捕:曾投北海自杀未死　广告征婚又无结果》,《世界日报》1935年3月30日第八版。

除以上列出的四种广告标题创作倾向外,还有直接在标题中出现征婚者姓名的广告,如《艾霞征友》《蒋乃镛征婚启事》等。① 另外还有一些婚姻介绍所代为刊登的征婚广告,其广告标题多是以婚姻介绍所的名称进行命名,如《天缘婚姻信托社代征良人》《大东信托所——征伴》《征婚(中年人福音)天缘婚姻信广告虽然不托社》等,可以看出这一时期婚姻介绍所自我品牌推销的意识已经较强。② 征婚广告虽然不同于商业广告,其创作者主要是个人,但是广告标题叙事同样遵循商品推销的原则,征婚广告推销的"商品"主要是人。从民国时期《申报》征婚广告的标题创作看,有些广告已经具有非常强的个人推介意识,如《征求父母　招婿良机》这则广告,标题的广告化色彩非常强。③ 可见伴随民国时期报纸广告的成熟发展,许多个体的自我传播意识已经比较成熟。

总体来看,在《申报》征婚广告发展的第一阶段,征婚广告标题创作基本没有固定的程式,标题叙事的个性化色彩较浓。在征婚广告发展的第二与第三阶段,征婚广告主要刊登在本埠增刊分类广告版块下,除以上列出的四种广告标题创作倾向外,征婚广告标题多为程式化表述,大多数征婚广告的标题就是《征婚》《征女友》《征求伴侣》《征求男友》这类简洁化语言。《申报》征婚广告发展进入第四阶段后,由于分类广告版面的缩减,征婚广告篇幅也相应缩减,有些征婚广告甚至没有广告标题,直接叙述广告内容。广告标题由"个性化"到"程式化"的叙事转换过程,也是《申报》征婚广告嬗变的呈现。

---

① 《艾霞征友》,《申报(本埠增刊)》1933 年 9 月 7 日第三版;《蒋乃镛征婚启事》,《申报》1937 年 7 月 7 日第二十版。
② 《天缘婚姻信托社代征良人》,《申报》1938 年 12 月 29 日第十六版;《大东信托所——《征伴》,《申报》1940 年 10 月 31 日第九版;《征婚(中年人福音)天缘婚姻信托社》,《申报》1939 年 9 月 10 日第十二版。
③ 《征求父母　招婿良机》,《申报(本埠增刊)》1928 年 3 月 13 日第一版。

二、广告叙事语言的"具象化"与"现代化"转变

(一)叙事语言渐趋"具象化"与"开放化"

细读《申报》第一与第二阶段征婚广告文本,虽然其中有征婚者对于自身职业、学识、相貌、品性等方面的描述,也有征婚者对于征求对象的多方面诉求,但其中许多表述都过于笼统,如"品貌尚佳""才学俱全""品格高尚""容貌端正"等。① 随着时代变迁与社会文化的转型,征婚广告叙事语言也呈现"具象化"与"开放化"的演变特征。

《申报》征婚广告发展进入第三阶段后,广告信息内容更为具体,其中出现多则刊载真实姓名的广告信息,如下面两则征婚广告:"蒋宗赵,年30,在侨光中学读书,有田二百亩,征女士为妻,拟给二千元,12月底以前12时至半时,必在上海赫德路新闸路口元福里14号(家昆山柴王弄7号)。"②"吴龙侠,本地人,三十五岁,品行端整,性格忠诚温柔,而无嗜好。女界有意同鄙交结者,不限年龄籍贯等,请将实情函寄成都路第七弄四十四号鄙收。"③《蒋乃镛征婚启事》更是将其亲戚、朋友等个人信息全都刊载于报,以方便对方调查了解。有些广告还详细说明家庭财产与收入等个人信息,还有广告中写明应征者须"四方长圆脸,两侧有酒窝,双眼皮"。④ 这些广告信息表述已经非常具象

---

① 《求婚》,《申报》1921年4月29日第四版;《征婚》,《申报》1921年12月22日第五版;《求偶》,《申报》1925年8月6日第十二版;《征求女拳术家》,《申报(本埠增刊)》1926年7月12日第一版。
② 《征婚》,《申报》1936年11月10日第十六版。
③ 《征女士》,《申报(本埠增刊)》1935年7月26日第三版。
④ 《蒋乃镛征婚启事》,《申报》1937年7月7日第二十版;《征友》,《申报》1941年4月27日第十一版;《征婚》,《申报》1939年10月31日第十版;《诚征身材品貌标准男伴》,《申报》1942年2月7日第七版。

化,第三与第四阶段征婚广告叙事更为具体而开放,呈现出一种个人话语大众化与开放化的社会转向。

（二）文言与白话杂陈的叙事语言

征婚广告是一种特殊的广告类别,其广告创作者主要是个人,除广告信息内容因个体差异而不同外,广告叙事也体现了较强的个体性特征,其中既有白话形式的叙事语言,也有文言形式的话语残留,形成白话与文言交织的状态,也是洞察中国近代社会文化变迁的一个窗口。

在西学东渐的时代背景下,晚清到民国时期,一些文化教育精英倡导白话文的普及和推广,白话书写成为中国社会现代转型的一个表征,白话报刊、白话小说等纷纷进入人们视野。民国时期《申报》征婚广告主要以白话书写为主,并且许多广告在表述上充满淋漓尽致的现代气质,如"亲爱的她,已离我而去了！悲哀无聊,恨海谁填？今诚恳征求淑女,希断弦之继弹,打破贞操观念,铲除封建残余,无论已嫁未嫁,情场失意,弃妇新寡,无家可归之女士,年在十八岁以上、二十六岁以下者,无不极诚欢迎,约期面谈,或亲换照片,各守秘密。合则聘请律师,正式订婚。不合则为文友,各随其便,决无过分要求,以损人格。"①从这则征婚广告的叙事,可以读出征婚者细腻的情感表达与心路历程,其现代文明气质鲜活地呈现在读者眼前。

另外,《申报》中也时常可以看到文言形式的叙事语言,如下文：

> 吾少也贱,十五从军,勇于战斗,擢充排长。虽武夫乎,经史百氏,无所不窥。某 X 北伐,负笈而西,粗识四国之文,游遍三洲之地。归国以还,耻食 X 禄,隐于西山,采彼薇蕨,延我残喘。不

---

① 《征婚》,《申报(本埠增刊)》1933 年 5 月 28 日第三版。

幸燕京沦陷,违难香江。河北虽生长之地,广东实桑梓之邦,盖曾祖榦明公所居也。人丁寡弱,五世存三。古人三十而娶,犬马之齿,已过斯龄。怀孟子无后为大之诫,思得淑女以绎宗嗣。《诗》曰:娶妻如何,匪媒不得。用是登报。但恐当世无贵德贱财之女耳!夫登报求偶,迹近下流,但不获已。太炎章氏,一代大师,已先我为之。又况毛诗三百,首列《关雎》。文王辗转反侧,后妃嗟我怀人,古今所艳。于予小子,胡独责焉。匈奴未灭,敢言有室。但人未悔过,我何能为?出处皆非,悲苦莫任,故亟需女子之慰藉。邦人诸友,毋我有尤。通讯:香港油麻地云南里七号三楼转夷让收。不能并日而食者,勿问。港人天下最 X,居此一月,气质便差。广告寄登沪报以此。①

这则广告刊登于 1939 年,当时白话文早已成为一种常见的书写形式,但在三四十年代,仍存在许多白话与文言并用的情况。1935 年林语堂曾以诙谐嬉笑的笔调历数文言与白话并用的现象,并称之为"八奇"。② 在民国之前,文言与白话这两种不同的语体是不同政治身份群体的象征。周作人曾有形象的比喻:"古文是为'老爷'用的,白话是为'听差'用的。"③这个比喻形象揭示其中隐含的身份地位象征关系,征婚者采用文言的叙事方式也是其上层社会阶层的身份象征。

但总体来看,民国时期《申报》征婚广告以白话书写居多。在《申报》征婚广告发展的前三个阶段,叙事风格与叙事方式较为多元。进入第四阶段,广告叙事则多流于程式化,尤其是 1945 年以后,受广告篇幅限制,叙事形式也较为单一。

---

① 《婚姻》,《申报》1939 年 2 月 15 日第十七版。
② 林语堂:《与徐君论白话文言书》,《论语》1935 年第 63 期。
③ 周作人:《中国新闻学的源流》,海口:海南出版社 1994 年版,第 62—63 页。

（三）现代文体特征的应用流变

从征婚广告文体应用上看，《申报》征婚广告发展第一阶段，广告文本中没有区分段落，也没有任何语句间隔。在征婚广告发展第二阶段，逐步出现现代文体的应用，1925 年刊登于《申报》的一则《破格征婚》广告，在文中使用圈点进行断句（见图 3.13）。至征婚广告发展第三阶段，1928 年《申报》刊载一则《官家闺秀征婚》广告，开始使用段落区隔，分层次叙述各项广告内容，使广告信息传达清楚明确，易于阅读（见图 3.14）。同年 4 月刊登的一则《征婚》广告，更是句读分明，并且注重序号的使用，使广告信息逻辑清晰，富条理性（见图 3.15）。在第三阶段征婚广告发展

图 3.13 《破格征婚》，《申报》1925 年 8 月 6 日第十二版。

图 3.14 《官家闺秀征婚》，《申报》1928 年 3 月 24 日第八版。

· 第三章　媒介呈现:《申报》征婚广告的嬗变 ·

图 3.15　《征婚》,《申报(本埠增刊)》1928 年 4 月 21 日第一版。

的稳定繁荣期,使用段落区分,添加标点符号的征婚广告文本逐渐增多。① 这一时期征婚广告文体的现代文本特征也较为明显。但是进入第四阶段后,征婚广告整体篇幅缩减,对于段落和标点的使用也不再像第三阶段那么明显。

民国时期处于中国文化的转型期,具革新思想的知识分子积极倡导"新文体"应用。1916 年,胡适在《科学》杂志上发表《论句读及文字符号》一文,积极宣传文学革命思想,提倡使用新式标点符号。1919 年,胡适向教育部提交《请颁行新式标点符号》的议案。1920 年初,北洋政府教育部批准该议案。但是 1920 年代新式标点符号的使用并未收到良好效果,这一时期征婚广告文本对标点符号以及段落的使用有一个循序渐进的过程。1933 年,国民政府颁布《国民政府训令第 500 号》,统一实行新式标点符号,并随之出版一批介绍现代文体的专著,段落与标点等现代文体的运用才渐趋普及。这也是第二与第三阶段征婚广告现代文本特征较为明显的一个原因。因此,民国期间《申报》征婚广告的现代文体应用流变也是近代中国社会由传统向现代转型的表征。

---

① 《征求终身女伴》,《申报》1931 年 8 月 7 日第十六版;《征婚》,《申报(本埠增刊)》1933 年 5 月 28 日第三版;《征求女友》,《申报(本埠增刊)》1935 年 4 月 6 日第三版;《鉴女友》,《申报(本埠增刊)》1937 年 2 月 23 日第二版;《征女友》,《申报》1939 年 4 月 21 日第六版;《天缘婚姻信托社征婚》,《申报》1939 年 9 月 12 日第十二版。

第二章依据《申报》征婚广告发展变化以及历史时间脉络,将征婚广告发展历程划分为四个阶段,并总结各阶段征婚广告的发展特征。本章则按照纵向时间线梳理1912年至1949年征婚广告媒介呈现的嬗变及影响因素。研究发现民国时期《申报》征婚广告数量总体上呈不断增长的发展态势,广告刊载分布也愈发密集,但是广告表现却渐趋简化,广告篇幅也渐趋凝练。在叙事语言上,《申报》征婚广告从标题到文本叙事都发生了一定的转向,经历由多样到单一,以及现代文体特征的应用流变。这些嬗变反映了民国时期征婚广告的兴衰与演进,也映射出《申报》分类广告的兴衰历程。

另外,广告叙事的演变成为个人话语大众化与开放化的社会转向表征,文言与白话交叠并存的叙事语言更反映出中国近代社会文化转型的艰难历程,传统与现代两种不同语体象征着不同的政治身份群体,也是征婚者借以彰显所属社会阶层的身份符码。《申报》征婚广告媒介呈现的嬗变受到政治、经济、历史、文化、报业发展等多种因素综合影响,其发展与兴衰的演变过程就如同一面包罗万象的多棱镜,折射出中国近代社会文化的现代化转型与时代变迁。

第四章

广告生产:征婚者自我形塑与异性想象

征婚广告属于一种特殊的广告形态,征婚广告宣传的"商品"主要是人,从广告产生机制与形式上看,征婚广告是征婚者在特定的历史语境中,运用语言系统表达个人思想情感,并实现个人征求意图的文本。广告文本的生产者主要是征婚者本人,观察《申报》征婚广告文本,虽然其中不乏征婚者亲戚、朋友、报社、婚姻介绍所代为刊登的情况,但这些广告基本都是受到征婚者委托而代写代登,大体可以反映征婚者的主体意识。[①] 从征婚广告文本内容看,征婚者自我表述与征求对象诉求是征婚者在广告中重点阐述的两大部分,透过这些话语表述可以看到征婚者自我形塑及其择偶观念的时代特征,更有助于我们深刻理解征婚广告的生产与演进。

[①] 《待婚》,《申报》1925年10月8日第八版;《征求伴侣》,《申报(本埠增刊)》1930年10月25日第二版;《征婚》,《申报(本埠增刊)》1931年10月14日第三版;《谨告希望文明结婚的女士》,《申报》1920年5月24日第四版;《征婚》,《申报(本埠增刊)》1925年10月10日第一版;《征求女友》,《申报(本埠增刊)》1928年7月15日第一版。

第一节　征婚者自我形塑与群像特征

因人们在征求配偶时往往会美化自己,所以对于征婚者的这些自我信息我们只能称之为一种理想表述,也是征婚者对于自我形象的一种媒介塑造。

一、征婚者形塑之表述倾向

在1912年至1949年《申报》上2624则征婚广告中,剔除重复刊登情况,不重复样本共计1391则,涉及征婚者1452人,其中男性征婚者987人,占68.0%,女性征婚者465人,占32.0%,因有些样本涉及为多人征婚的情况,故统计出的征婚者人数多于不重复样本数。[1] 在不重复样本中,征婚者主要通过年龄、职业、学识、籍贯、相貌、经济状况、婚姻状况、家世背景、爱好技能与语言掌握情况等方面介绍自己。本书对1452位征婚者的自我信息表述进行统计分析,将这些提及率较高的变量进行排序,发现男性与女性征婚者存在不同的表述倾向(见表4.1)。[2]

表 4.1　征婚者自我表述各变量提及率

提及率 变量	男(987人) 提及率(%)	男(987人) 排序	女(465人) 提及率(%)	女(465人) 排序
职业	69.7	1	15.5	7
年龄	60.5	2	79.8	1

---

[1] 以下征婚广告中都属于刊登一则广告为多人征婚的类型:《兄妹征婚》,《申报》1925年5月23日第八版;《大东信托所》,《申报》1940年12月1日第十五版;《代征征侣》,《申报》1941年11月7日第九版;《家长为儿女征婚》,《申报》1948年6月24日第七版。

[2] 本书基于样本情况,在表4.1中计算出提及率较高的12项变量,至于其他内容的表述,如宗教信仰情况,因提及率过低,并未在表中呈现。

(续表)

变量\提及率	男(987人) 提及率(%)	排序	女(465人) 提及率(%)	排序
学识	40.9	3	77.2	2
品性	32.5	4	34.2	4
籍贯	27.6	5	29.2	5
经济状况	23.8	6	6.9	10
婚姻状况	23.7	7	13.3	8
相貌	19.0	8	37.4	3
家世	6.2	9	26.5	6
爱好技能	5.5	10	13.3	8
身体状况	5.2	11	12.0	9
语言	4.9	12	3.2	11

男性自我表述提及较多的前五项依次是:职业、年龄、学识、品性与籍贯;女性提及较多的前五项则依次是:年龄、学识、相貌、品性与籍贯。

(一)男性征婚者对职业及经济状况的提及率明显高于女性

男性征婚者提及自身职业的有688人,占男性征婚者总数的69.7%,排在第一位。而女性提及自己职业的只有72人,占女性征婚者总数的15.5%,排在第七位。可以看出,男性征婚者更注重职业状况对女性的吸引力。在近代中国社会,男性往往是家庭中的经济支柱,男性的职业状况直接关系到自身生存以及家庭生活。而女性征婚者并未将职业作为自我表述的重要内容,实际上当时在社会上任职的女性也很少。

经济状况主要包括财产与收入等经济状况的表述,从表4.1可以看出,男性征婚者中提及自身财产、收入等经济状况的达23.8%,女性征婚者的提及率则只有6.9%,说明男性征婚者比女性征婚者更注重在经济状况层面进行自我推介。

（二）女性较男性征婚者更着意表述自身年龄及相貌

年龄既有生理含义，也彰显着心理成长过程，还标志着个体对社会价值的内化过程。无论是男性征婚者，还是女性征婚者，对年龄都有较高的提及率。在女性征婚者中，提及年龄的共有 371 人，占女性征婚者总数的 79.8%，在各变量的排序中位列第一。男性征婚者中，提及年龄的有 597 人，占男性征婚者总数的 60.5%，在各变量中位列第二。可见，无论是男性还是女性征婚者，都认为年龄是进行自我介绍的一个基本内容，女性比男性征婚者更看重自身年龄。

相貌主要包括容貌和身高的描述，女性征婚者提及自身相貌的共计 174 人，提及率为 37.4%，排在第三位。而男性征婚者提及相貌的有 188 人，提及率为 19.0%，排在第八位。可见与男性相比，女性更注重自身相貌的描述，"面容秀丽""姿容可人""品貌优美""丰容端仪"等，这些都是女性征婚者在相貌描述中经常提及的表述。[1]

（三）学识成女性自我推介的重要内容

学识主要指征婚者的受教育程度。在 987 位男性征婚者中，提及自身学识的有 404 位，约占 40.9%。女性征婚者提及自己学识的有 359 人，约占 77.2%。从统计数据看，女性征婚者对学识的提及率要远远高于男性。赵良坤对 1900 年至 1937 年《大公报》上征婚广告进行完全统计，也得出类似的结论。《大公报》女性征婚者对学识的提及率同样高于男性，女性为 62.5%，男性为 58.21%。[2]

---

[1] 《征友》，《申报（本埠增刊）》1934 年 11 月 26 日第三版；《征友》，《申报》1940 年 4 月 29 日第十四版；《征婚》，《申报（本埠增刊）》1934 年 7 月 20 日第四版；《法女征婚》，《申报（本埠增刊）》1928 年 12 月 12 日第一版。

[2] 赵良坤：《近代中国征婚广告探析——以〈大公报〉为例（1900—1937）》，第 23 页。

综上可知,女性征婚者在广告中更看重自身学识状况的表述。在晚清时期,我国进步知识分子已经认识到女子教育的重要性,认为女子接受教育可以"内之以拓其心胸,外之以助其生计","使其人而知有万古,有五洲,与夫生人所以相处之道,万国所以强弱之理,则其心也,方忧天下悯众生之不暇,而必无余力以计较于家人、妇子事也"。① 到五四运动后,以"强国保种"为目的的女子教育观进一步发展为"以提高妇女自觉意识"为主导的女子教育观。可见,民国时期"女子无才便是德"的社会观念已逐步发生转变,女性哪怕是"文字粗识","略解翰墨","清通文理"也会有所提及,学识情况成为女性自我推介的重要内容。②

(四) 男女征婚者在家世背景与爱好技能等方面的表述倾向

关于家世背景的提及率,女性征婚者明显高于男性,女性征婚者为 26.5%,男性征婚者只有 6.2%。"身家清白""门第清高""出身高尚"等家世背景情况,是女性征婚者自我表述经常提及的。③ 中国传统门第与婚姻观念对女性仍有深刻影响,女性征婚者更注重以良好的出身来吸引对方。

另外,有关爱好技能与身体状况的提及率,女性征婚者也明显高于男性。这主要是因为民国时期,女性就业率较低,主要是承担家庭角色,故女性征婚者更注重以"尤娴女红""精刺绣编结""善理家政"

---

① 朱有瓛:《中国近代学制史料》(第一辑下册),上海:华东师范大学出版社 1986 年版,第 870—871 页。
② 《征夫》,《申报》1947 年 1 月 6 日第十版;《官家闺秀征婚》,《申报》1928 年 3 月 24 日第八版;《征婚》,《申报(本埠增刊)》1928 年 3 月 2 日第一版。
③ 《征男友》,《申报》1941 年 8 月 13 日第九版;《征婚》,《申报》1934 年 9 月 14 日第十五版;《征婚》,《申报(本埠增刊)》1932 年 10 月 22 日第五版;《择婿》,《申报》1918 年 4 月 12 日第四版;《征婚》,《申报》1941 年 11 月 18 日第九版;《征婚》,《申报》1942 年 3 月 5 日第五版。

"长烹调缝纫"等各种爱好及家政技能推介自己。① 女性在结婚后主要承担生育的职责,故女性征婚者相比男性更多提及自身的身体健康状况,如"健康天足""体质健美"等。②

除以上变量外,品性主要包括对品德、性格及近代文明气质的描述,男性与女性征婚者对品性与籍贯两个指标的提及率均较高,而对于语言方面的提及率也比较接近。

总之,征婚者自我表述是征婚广告文本中的一个主要组成部分,征婚者会从职业、年龄、财产收入、品性、籍贯、相貌、爱好与技能等多个方面进行自我介绍,这些变量的提及率也大体反映出征婚者在自我形塑时的表述倾向,这些具体化的个人信息更增强了广告内容的可信度与真实性,也体现了报纸这种大众传媒对社会个体的媒介呈现。1937年后,抗日战争爆发,征婚广告虽没有消失,但篇幅开始缩减,有些征婚广告甚至省略征婚者的自我信息表述,仅有征求对象诉求的内容,或者只有简短而模糊的个人信息。

二、征婚者身份特征群像

根据1912年至1949年《申报》1391则不重复征婚广告样本,从年龄、籍贯、职业、教育、财产收入以及婚姻状况等方面的人口基本属性,大致可以勾画出征婚者的群像特征,这有助于我们更深刻地认识征婚广告的生产与演变。

---

① 《征求伴侣》,《申报(本埠增刊)》1930年10月25日第二版;《征婚》,《申报》1941年6月4日第九版;《女士征婚》,《申报(本埠增刊)》1935年7月26日第三版;《征男伴侣》,《申报》1941年7月5日第十一版。
② 《征婚》,《申报》1934年5月3日第十八版;《征求男友》,《申报(本埠增刊)》1934年10月23日第四版。

（一）提及年龄征婚者的年龄分布区间

据1912年至1949年《申报》征婚广告文本统计，可以得出提及年龄征婚者的年龄分布区间（见表4.2）。其中，提及年龄的男性征婚者共597人，占男性征婚者总数的60.5%，提及年龄的女性征婚者共371人，占女性征婚者总数的79.8%，男性与女性征婚者对年龄的提及率均较高，大体上可以呈现征婚者的年龄状况。有些征婚者对于年龄的表述非常模糊，如"妙龄女郎""年约三十左右""年轻"等。[①] 这些征婚广告样本虽然提及年龄，但是无从判断其具体年龄区间，本研究将其归入"年龄不明确"一栏。

表4.2 提及年龄征婚者的年龄分布区间

年龄区间 性别	≤20	21—25	26—30	31—35	36—40	41—45	46—50	≥50	不明	总计
男（人数）	46	131	234	93	53	13	1	8	18	597
百分比（%）	7.7	21.9	39.2	15.6	8.9	2.2	0.2	1.3	3.0	100
女（人数）	64	150	107	36	7	1	0	0	6	371
百分比（%）	17.3	40.4	28.8	9.7	1.9	0.3	0	0	1.6	100

从表4.2可以看出，提及年龄征婚者的分布情况具有以下特征：

1. 提及年龄征婚者以21岁至30岁间人群为主

21岁至30岁间的男性征婚者共计365人，占提及年龄男性征婚者总数的61.1%；21岁至30岁间的女性征婚者共257人，占提及年龄女性征婚者总数的69.2%，说明男性与女性征婚者主要集中在21岁至30岁间。其中，26岁至30岁间的男性征婚者共计234人，占比39.2%，在各年龄段分布中占比最高，女性征婚者则主要集中在21岁

[①] 《征婚》，《申报》1941年11月29日第九版；《征求女侣》，《申报》1940年11月9日第十一版；《无子注意》，《申报（本埠增刊）》1932年6月10日第二版；《征男友》，《申报》1941年9月28日第十三版。

至25岁间,占提及年龄女性征婚者总数的40.4%。这与当时调查结果得出的结论类似,潘光旦有关征求婚姻年龄的统计结果显示:"赞成女子十五岁以上,男子二十岁以上结婚的只占16%,不赞成者为83%;赞成女子二十岁以上,男子二十五岁以上结婚的则占86%,不赞成者不过13%;赞成女子二十五岁以上,男子三十岁以上结婚的不过17%,不赞成者为82%。"①据此可以看出,当时人们对于结婚年龄的意见主要以男性25岁至30岁,女性20岁至25岁为最适当,从征婚广告看,这个年龄段的征婚者所占比例也是最高的。

2. 男性较女性征婚者年龄分布范围更广

从具体年龄看,《申报》中所出现的女性征婚者最小年龄为15岁,最大年龄为年近40,女性征婚者的年龄分布相对男性较为集中,主要集中在小于等于20岁、21岁至25岁、26岁至30岁这三个年龄段。根据表4.2数据,25岁以下的女性征婚者占比共计57.7%,说明女性征婚者以25岁以下者居多。40岁到50岁年龄段的女性征婚者只占提及年龄女性征婚者总数的0.3%。而男性征婚者的年龄分布相对女性则更为宽泛,男性征婚者最小年龄为17岁,最大年龄为50多岁,25岁以下的征婚者男性所占比例要低于女性,25岁以上的征婚者则是男性所占比例要高于女性。其中,31岁至40岁间的男性征婚者占比24.5%,40岁以上的男性征婚者占提及年龄男性征婚者总数的3.7%。可见女性择偶的黄金时期主要集中于25岁以下,女性更多地受到择偶年龄限制,男性征婚者的年龄分布范围更广,男性在婚姻市场的选择余地也更大。

(二)提及职业征婚者的职业构成情况

对于职业构成的分类,刘大中、叶孔嘉、巫宝三等对当时人口

---

① 潘光旦:《中国之家庭问题》,上海:商务印书馆1934年版,第164—183页。

· 第四章　广告生产:征婚者自我形塑与异性想象 ·

的职业分布情况做了详细研究,将其分为农业、工厂、手工业、矿业、公共事业、建筑业、现代运输和交通业、老式运输、商业、政府行政、金融、个人劳务、住宅租金等几大类别。① 按照这些研究来分析《申报》征婚者的职业构成也会遇到问题,一是有些农业、矿业、建筑业等职业类别在《申报》征婚者中并未出现,二是随着民国时期城市工业化水平的提高,职业结构也逐渐发生变化,一些新的职业类别不断出现。所以参照以往研究,并根据《申报》征婚者所从事的主要职业进行分类,可以得出表 4.3 提及职业征婚者的职业构成情况。

《申报》征婚广告中提及职业的征婚者共有 758 名,男性 688 名,女性 72 名,这是男女征婚者自我表述中差异最大的变量之一。在统计过程中,有一人同时从事多种职业者,如"留美博士,粤人,卅岁,曾任外交官,健美。现主大学教务,兼办实业。"②"戏剧家兼医师,年 26,沪籍,征富孀弃妾,能助发展为妻。"③这类样本按照每种职业 1 人次计算,故得出男性征婚者提及职业的总人次要多于提及职业男性征婚者的人数。另外,有些征婚者虽然提及职业,但只是说明"任职沪埠",或有正当职业,月入丰厚。④ 这些描述过于模糊,无从判断其职业分类,故纳入职业不明项。

---

① [美]费正清:《剑桥中华民国史》(1912—1949 年 上卷),北京:中国社会科学出版社 1994 年版,第 40 页;刘大中、叶孔嘉:《中国大陆的经济:国民收入与经济发展(1933—1955 年)》,美国普林斯顿大学出版社 1965 年版,第 185—188 页;巫宝三:《中国的资本形成和消费者的开支》,哈佛哲学博士学位论文,1948 年,第 204—211 页;朱邦兴、胡林阁、徐声:《上海产业与上海职工》,上海:上海人民出版社 1984 年版。
② 《征女友》,《申报(本埠增刊)》1937 年 4 月 17 日第三版。
③ 《征婚》,《申报》1940 年 9 月 18 日第十版。
④ 《征婚》,《申报(本埠增刊)》1932 年 4 月 11 日第一版;《征婚》,《申报(本埠增刊)》1933 年 5 月 23 日第三版;《征求伴侣》,《申报(本埠增刊)》1934 年 3 月 31 日第三版;《征求伴侣》,《申报(本埠增刊)》1934 年 9 月 25 日第四版;《征婚》,《申报》1935 年 3 月 28 日第十四版。

表4.3 提及职业征婚者的职业构成情况

职业	男(697人次) 人次	男(697人次) 百分比(%)	女(72人次) 人次	女(72人次) 百分比(%)
商业	210	30.1	7	9.7
金融	70	10.0	3	4.2
文化教育	57	8.2	39	54.2
行政机关	55	7.9	1	1.4
医疗卫生	25	3.6	5	6.9
学生	18	2.6	2	2.8
科学技术	11	1.6	0	0
文学艺术	4	0.6	0	0
法律	3	0.4	0	0
建筑	3	0.4	0	0
交通运输	3	0.4	0	0
公共服务	3	0.4	0	0
家庭仆佣	0	0	2	2.8
不明	235	33.7	13	18.1

经过考察,可以发现《申报》提及职业征婚者的职业构成主要有以下特征。

1. 提及职业的男性征婚者多是社会中上层群体

从表4.3看,提及职业男性征婚者中,从事商业人数可以占到30.1%,从事商业、金融、文化教育以及行政机关这四类职业的男性征婚者共占56.2%。中国城市社会群体结构在清末民初已发生巨大变化,像豪绅巨商、企业家、公司经理、洋行高级职员等都属于城市的社会上层,他们控制着更多的社会资源,经济实力较强;文教工作者、普通公司职员、医生、律师、一般政府职员等构成城市的知识阶层与中等市民阶层,他们大多受过不同程度的教育,有固定的职业和收入,在社

· 第四章　广告生产:征婚者自我形塑与异性想象 ·

会地位上要高于体力劳动者,属中间阶层的职业群体;工人、店员、学徒、苦力、娼妓、难民等属于下层市民阶层,他们大多未受过教育,只能靠出卖劳动力或其他手段维持生存。①

陆汉文分析了1933年城市不同行业从业人员的劳动收入,中高级政府职员、大学教师、律师、会计师等收入较高,年收入常在一至数千元不等,家庭仆佣的年收入最低,仅四十元。② 金融机关的职员,如银行、保险公司等,特别是银行,当时被看作是很高贵的职业,几大银行的初年练习生每月薪水可以和小机关的高级职员相比较。③ 这种劳动收入分化主要体现在脑力劳动和体力劳动的分化,工商界职员、银行职员、政府职员、教师、律师、医生等脑力劳动阶层的收入要高出体力劳动者很多。如一个熟练技术工人的工资,大约只相当于最低级文官的一半,小学教师的三分之二,大学教授的十几分之一。④

根据民国时期城市社会各阶层的收入状况,可以看出商业、金融、文化教育以及行政机关这些职业在当时的收入处于社会中上等水平,《申报》征婚广告中提及职业的男性征婚者半数以上从事这四类职业,在当时属于社会中上等群体。其中许多男性征婚者还会提及自身的地位与职务,如"曾任高等学堂英文教授职,现任商业英文学校校长及夜学教务主任","供职于租界上行政署方面,位置甚高","现为洋行

---

① 李明伟:《清末民初中国城市社会阶层研究(1897—1927)》,北京:社会科学文献出版社2005年版,第66页;于景莲:《民国时期山东城市下层社会物质生活状况研究(1912—1937)》,山东大学博士学位论文,2011年,第57—59页。
② 陆汉文:《民国时期城市居民的生活与现代性(1928—1937)》,华中师范大学博士学位论文,2002年,第37页。
③ 朱邦兴、胡林阁、徐声:《上海产业与上海职工》,第716页。
④ 国史馆中华民国史社会志编纂委员会编:《中华民国史社会志(初稿)》(上册),台北:国史馆,1998年,第399页。

经理","现为美洲费城其大公司总经理"等。① 还有一些征婚者会以"颇负时望","素负盛名","有声于时","薄有声誉"等描述来说明自己的社会地位。② 从职业分布及社会地位与职务状况看,提及职业的男性征婚者以社会中上层人士为主。

2. 提及职业的女性征婚者收入多处于城市中上等水平

女性征婚者的职业提及率较低,事实上,民国初年女性就业人数比例很低。以开埠最早的广州为例,民国初年76.41%的女性处于无业状态,各类女教师只占全部教师的0.2%。③进入20世纪二三十年代,女性就业领域开始逐步拓宽,就业机会也有所增加。当时女性职业约有以下四类:一是中小学教员、大学教授、图书馆职员、医生、看护、会计师、行政机关办事员等脑力劳动者;二是以女工为主体的农工妇女;三是手工业及女佣;四是在商店服务的女性,如打字员、速记员、侍者、电话员、电报员、卖票员等。④ 其中女教师、女医生、女护士等成为当时女性新的职业类别,这部分人多是具备近代文化知识的女性,以上海为例,20世纪20年代一般公私立学校女教师月薪在十元到三十元左右,商部局学校薪金高达八十元以上。在较大医院供职的女医生月薪由一百元到二百元不等,较小医院月薪为几十元至一百元左右。个人或机关雇用的女书记,月薪三十元到六十元不等,打字员月薪多在三十元左右。女店员月薪十几元至几十元不等。⑤

---

① 《夏兰求婚启事》,《申报》1917年12月3日第四版;《征求女友》,《申报(本埠增刊)》1928年7月15日第一版;《征求女友》,《申报》1933年3月15日第十四版;《征婚》,《申报(本埠增刊)》1930年3月27日第二版。
② 《征求婚姻》,《申报》1924年12月17日第一版;《诚意征求女侣》,《申报(本埠增刊)》1931年11月21日第一版;《诚意征婚》,《申报(本埠增刊)》1937年6月30日第三版;《征侣》,《申报》1939年10月26日第十二版;《征婚》,《申报(本埠增刊)》1934年3月21日第三版。
③ 郭箴一:《中国妇女问题》,上海:商务印书馆1937年版,第90—91页。
④ 刘王立明:《中国妇女运动》,上海:商务印书馆1934年版,第59—64页。
⑤ 陈友琴:《中国商业女子的现状》,《妇女杂志》1924年第10卷第6号。

在《申报》征婚广告中,提及职业的女性征婚者从事文化教育的占比 54.2%,从事商业、金融、文化教育与医疗卫生这四类职业的占比 75%。根据上述研究,这些类别的女性职业收入在当时相当于城市中上等水平。同时样本中也发现两则主人为"使女"征婚的情况。[①] 当时家庭仆佣的年收入最低,与行政人员、大学教师、律师、会计师等职业收入差距极为悬殊。[②] 家庭仆佣属于城市下层社会群体,他们大多未受过教育、缺乏熟练技术,只能靠出卖劳动力维持生存,甚至缺乏人身自由,属于社会中的失语群体,不过从事这种职业的在《申报》女性征婚者中只有 2 名,占比仅 2.8%。

可见,《申报》提及职业的男性与女性征婚者以社会中上层群体居多。从提及职业征婚者的构成情况,一方面可以看到民国时期中国城市社会群体结构所发生的过渡与转变,在传统社会结构之外产生了一些新的职业类别与社会群体。另一方面也可以看到选择《申报》刊登征婚广告的征婚者群体特征,征婚者的职业构成与《申报》读者人群以及市场定位高度关联。《申报》的读者定位经历官绅阶层到知识阶层、再到普通市民的转变,其定位人群变化与提及职业征婚者的分布情况也是较为吻合的。

(三)提及学识征婚者的受教育层次

《申报》征婚广告中提及自身学识的征婚者共 763 人,其中男性征婚者 404 人,女性征婚者 359 人。按照《第一次中国教育年鉴》的统计,初等教育主要包括小学、初级小学、高级小学、简易小学、短期小学等提供的教育,中等教育包括中学、师范学校、职业学校等提供的教

[①] 《征婚》,《申报》1941 年 11 月 18 日第九版;《征婚》,《申报》1942 年 8 月 4 日第七版。
[②] 陆汉文:《民国时期城市居民的生活与现代性(1928—1937)》,华中师范大学博士学位论文,2002 年,第 37 页。

育,高等教育包括大学、专科学校、独立学院等提供的教育。① 由于当时并未统计硕士及博士的受教育情况,故本书将硕士及博士教育程度单独列出,得出提及自身学识征婚者的受教育层次分布表(见表4.4),提及学识征婚者受教育层次分布具有以下特征。

表4.4 提及学识征婚者受教育层次分布

受教育程度	男(404人) 人数(人)	百分比(%)	女(359人) 人数(人)	百分比(%)
博士	4	1.0	0	0
硕士	1	0.2	0	0
高等教育	225	55.7	55	15.3
中等教育	73	18.1	164	45.7
初等教育	0	0	27	7.5
不明	101	25.0	113	31.5

1. 提及学识男性征婚者以高等及以上教育为主

如表4.4,受过高等教育的男性征婚者共225人,占提及学识男性征婚者总数的55.7%,算上受硕士以及博士教育的人数,受过高等及以上教育程度的男性征婚者共计230人,占提及学识男性征婚者总数的56.9%。受中等教育的男性征婚者73人,占18.1%,提及学识征婚者中无男性提及自身受初等教育。按照《第二次中国教育年鉴》的统计整理,中等教育在民国时期已得到快速发展和普及。1928年,普通中学已经达到954所、188700名学生。1937年,发展到1240所、309563名学生。职业教育更是增幅较大,职业学校从1928年的149所学校、16641名学生,增至1936年的494所学校、56822名学生,增长了近3倍。② 依据以上数据,中等教育在民国时期对于男性群体已经

---

① 教育部编:《第一次中国教育年鉴》,上海:开明书店1934年版,第1463,1541,1588,1659页。
② 教育部教育年鉴编纂委员会:《第二次中国教育年鉴》,上海:商务印书馆1948年版。

普及,所以像小学毕业的初等教育程度是不值得提及的,甚至不利于自身,所以男性征婚者无人提及自身受初等教育。在统计中,有许多男性征婚者虽然提及自身学识,但只是说明学有专长,某校肄业,或曾受良好教育。① 这些表述过于模糊,计入教育程度"不明"项。

2. 提及学识女性征婚者以中等及高等教育为主

在提及学识的女性征婚者中受过高等教育的有 55 人,受过中等教育有 164 人,受过初等教育的为 27 人。受过中等及高等教育的女性征婚者共 219 人,占提及学识女性征婚者总数的 61%,说明提及学识的女性征婚者以中等及高等教育程度者居多。按照《中华民国统计提要(二十四年辑)》中的统计,1932 年,各省接受各类中等教育的女性人数占男女总数的 17.6%,接受各类初等程度的女性人数占男女总数的 14.8%。② 可见女性当时受教育机会明显低于男性,女性受初、中等教育在社会上已是炙手可热,具备初、中、高等教育的女性征婚者自然将其作为自我推介的一个重要砝码。另外,有许多女性征婚者提及自身曾受教育,精通文理,深通翰墨或是粗知文字等,这些表述计入教育程度"不明"项。③

在提及学识的男性征婚者中有 32 位具有海外留学经历,女性征婚者中只有 1 位具有海外留学经历。

整体而言,提及学识男性征婚者的受教育程度要高于女性征婚者。

---

① 《征婚》,《申报》1924 年 4 月 5 日第十一版;《敬征女友》,《申报(本埠增刊)》1934 年 12 月 10 日第四版;《征求女友》,《申报(本埠增刊)》1936 年 6 月 4 日第二版。
② 《中华民国统计提要(二十四年辑)》1936 年版,第 319—337 页。
③ 《征求快婿》,《申报(本埠增刊)》1928 年 5 月 2 日第一版;《征婚》,《申报(本埠增刊)》1928 年 3 月 2 日第一版;《征求伴侣》,《申报(本埠增刊)》1930 年 10 月 25 日第二版;《女士诚征伴侣》,《申报(本埠增刊)》1929 年 10 月 28 日第一版。

(四）征婚者的整体经济状况

提及自身财产、收入等经济状况的征婚者共 266 人，其中男性征婚者 234 人，女性征婚者 32 人。男性征婚者对经济状况的提及率为 23.8%，女性征婚者的提及率为 6.9%。总体而言，征婚者对经济状况的提及率并不高。"从支出上看，1949 年以前的中国大陆经济结构，处于典型的前工业社会。"[①]珀金斯估算 1914 年至 1918 年、1933 年以及 1952 年的国民收入，认为在民国时期国内生产总值的增长很慢，在构成上变化也很小。尤其是自 1937 年至 1949 年对外战争和内战期间，中国某些地区的人均产量和收入急剧下降，像薪金固定的教师和政府公务员，其薪金跟不上通货膨胀。抗日战争胜利后，通货膨胀在 1946 年重新开始，并在 1948 年至 1949 年发展到恶性膨胀的失控地步。这对于沿海地区和城市的影响，远甚于华南和西南地区的农村。[②] 总体而言，民国时期人们整体生活质量并不高，提及自身收入的征婚者也只是少数。

1. 提及自身经济状况的男性征婚者整体收入水平较高

虽然民国时期人们整体生活质量并不高，但是上海人的生活水平却比内地其他地方要高得多。以在上海生活水平属低下的产业工人而论，1920 年代至 1930 年代，上海一般有稳定职业与收入的产业工人家庭，基本可以维持上海标准的低水平温饱生活。[③] 根据 1920 年代末到 1935 年，上海市政府社会局对上海一般工人的生活程度与家计情况持续数年的跟踪定点调查，结果显示，上海工人家庭生活费总数高于同时期塘沽、中国北部、天津以及北平等地一倍之多。[④] 陶孟和对国

---

① ［美］费正清：《剑桥中华民国史（1912—1949 年）》上卷，第 41 页。
② 同上，第 43 页。
③ 忻平：《1930 年代上海工人生活水平与状况的调查及分析》，上海市档案馆：《近代城市发展与社会转型》，上海：上海三联书店 2008 年版，第 216 页。
④ 上海市政府社会局编：《上海市工人生活程度》，上海：中华书局 1934 年版，第 18 页。

内各大城市劳工生活程度调查后也认为,北平工人视上海工人家庭生活水平"真有欣羡莫及之感"。① 可见,上海工人生活水平在上海属低下,但是在国内同行中尚属前列。

根据国际劳工局中国分局所编《上海劳工统计》中的材料,抗战前上海工人的实际货币收入变化如下:

表4.5 1930年至1936年上海工人实际货币月收入变化情况表(单位:元)②

年 份	1930	1931	1932	1933	1934	1935	1936
收入	100	100.36	99.19	96.50	91.72	84.61	93.50

根据1930年至1936年《申报》征婚广告中男性征婚者所提及的收入情况,整理得出表4.6。

表4.6 1930年至1936年《申报》征婚广告男性征婚者收入情况表

年 份	收入情况	出 处
1930	月薪二百元,乡间拥有巨产	征婚.申报,1930-6-14(18).
	按月可得数百元	征求女友.申报(本埠增刊),1930-4-27(2).
1931	月俸百数十元	征求终身女伴.申报,1931-8-7(16).
	月入约三百余元	征婚.申报(本埠增刊),1931-8-18(1).
	月薪收入有二百元	征求女友.申报(本埠增刊),1931-8-28(1).
	月入薪洋百元左右	征婚.申报(本埠增刊),1931-12-23(3).
	月薪数百元	征婚.申报(本埠增刊),1931-12-28(1).
1932	月入尚丰	征求女友.申报(本埠增刊),1932-12-1(4).
1933	月入二百余金	诚意征婚.申报(本部增刊),1933-10-30(4).
	月薪约二百元	觅侣.申报(本埠增刊),1933-11-24(4).
1934	月薪八十元,堪供小家庭生活	征婚.申报,1934-2-24(17).
	月薪数百,家资甚富	征婚.申报,1934-8-8(18).
	月入数百元,有薄产	征婚.申报,1934-10-13(20).

---

① Tao. L. K: *Livelihood in Peking*, Socila research Department, Peiping, 1928: 42-43.
② 国民政府主计处统计局编:《中华民国统计提要》1940年版.

（续表）

年　份	收入情况	出　处
1935	月入数百元,尚堪温饱	征求女伴.申报(本埠增刊),1935-2-21(2).
	月收在二百元以上	征婚.申报(本埠增刊),1935-3-2(4).
	月入约三百元	征求伴侣.申报(本埠增刊),1935-9-21(4).
1936	薪水二百,家有薄产	诚意征侣.申报(本埠增刊),1936-3-14(3).
	月薪百元以上	征婚.申报,1936-4-12(15).
	月入百余金	征求女友.申报(本埠增刊),1936-7-11(3).
	月入四五百金	诚意征求女友.申报(本埠增刊),1936-9-29(2).

比对表4.5和表4.6可以看出,1930年至1936年,《申报》征婚广告中提及收入的男性征婚者整体收入水平要高于同时期上海工人的实际收入1倍之多,有的甚至多出3到5倍。除明确提及收入数额外,还有一些男性征婚者以"家道小康""富于资产""有田二百亩""有恒产"等表述来说明自身财产状况。[①] 根据上海市社会局的调查,1930年代一般工人家庭收入主要以工资为主,占全部收入的87.3%,其他收入如房金、资助小本买卖及第二职业收入等占12.7%。但其工资与总收入的比例比塘沽和北平的94.9%和90.5%要低,说明上海生活指数高,上海谋生渠道也要比其他区域多。[②] 再结合前文论述,提及职业的男性征婚者以社会中上层群体为主,征婚广告文本中许多男性征婚者提及拥有第二职业。在经济状况表述中,男性征婚者除阐述自身收入金额外,还多论及自身财产状况。综合以上,可以看出提及自身经济状况的男性征婚者收入结构呈现多元化,整体经济水平较

[①] 《征求贤良内助》,《申报(本埠增刊)》1933年4月14日第二版;《征求女伴》,《申报(本埠增刊)》1934年1月17日第三版;《征婚》,《申报(本埠增刊)》1935年3月17日第四版;《征婚》,《申报》1936年11月10日第十六版;《征婚》,《申报(本埠增刊)》1936年3月20日第三版。
[②] 忻平:《1930年代上海工人生活水平与状况的调查及分析》,上海市档案馆:《近代城市发展与社会转型》,第206—207页。

· 第四章 广告生产:征婚者自我形塑与异性想象 ·

高。当然男性征婚者提及自身经济状况,多是因为经济条件较好,以此作为自我推介的重要砝码。

2. 征婚者整体经济状况呈现两极分化的复杂景象

由于提及自身经济状况的男性征婚者只占 23.8%,不能代表所有男性征婚者的经济状况。考察《申报》征婚广告文本,其中也不乏一些男性征婚者提到征求义父母或女友为伴,以资财相助者为合格,以及因无力深造,而征求能助其升学者为婿等。① 可以看出,这些男性征婚者的经济状况并不佳,希望通过征婚的途径,寻求另一半经济资助。

女性征婚者的经济状况亦呈现这种两极分化的复杂景象,提及自身经济状况的女性征婚者比率较低,只占女性征婚者总数的 6.9%,因提及率较低,难以反映女性征婚者的整体经济状况。同时考察 1912 年至 1949 年《申报》征婚广告中所有女性征婚者的自我表述,可以发现虽然许多女性征婚者并未直接陈述自身经济状况,但是通过家世背景等描述可以间接看出其经济状况与生活水平。比如有女性征婚者提到祖前为清内阁学士,父亲洋商。还有女性征婚者自称为"宦家后裔"、"名门闺秀"、"某富商之女公子"。据此可以推断,这些征婚者在当时的经济状况及生活水平应该是较好的。② 除此之外,也有女性征婚者在广告中提到家庭贫困,难以维持生活,希望通过征婚解决生活问题。③

---

① 《征求》,《申报》1940 年 11 月 10 日第十一版;《征义父母》,《申报》1941 年 5 月 6 日第九版;《诚意征婚》,《申报》1946 年 11 月 23 日第十二版。
② 《红叶作良媒》,《申报》1913 年 10 月 19 日第十一版;《择婿》,《申报》1926 年 9 月 13 日第八版;《征婚》,《申报(本埠增刊)》1928 年 3 月 2 日第一版;《征婚》,《申报》1928 年 10 月 31 日第十二版;《女教员征婚》,《申报(本埠增刊)》1934 年 9 月 17 日第四版;《征婚》,《申报》1941 年 9 月 20 日第十一版;《征求》,《申报》1943 年 3 月 19 日第五版;《征婚》,《申报》1948 年 5 月 14 日第九版。
③ 《征求同居》,《申报(本埠增刊)》1932 年 5 月 13 日第一版;《征婚》,《申报》1924 年 2 月 17 日第九版;《征婚》,《申报(本埠增刊)》1932 年 4 月 7 日第一版;《征侣》,《申报》1941 年 2 月 3 日第九版;《代征伴侣》,《申报》1942 年 3 月 23 日第五版(原报纸将 23 日第五版错印为 22 日)。

综上可见,提及自身经济状况的男性征婚者整体经济水平较高,但是由于男女征婚者对经济状况的提及率均不是很高,难以具有代表性。从男女征婚者整体的自我表述看,征婚者的经济状况基本呈现两极分化的复杂景象,既有经济状况较好的征婚者,经济状况也自然成为其自我推介的重要内容。同时也有经济状况不佳,希望通过征婚寻求资助的征婚者,体现出《申报》征婚广告生产者的复杂特征。

(五) 提及籍贯征婚者的籍贯分布情况

提及籍贯的征婚者共 405 人,其中男性征婚者 269 人,女性征婚者 136 人。依据《申报》征婚广告文本,提及籍贯征婚者的籍贯分布情况可以整理成表 4.7,其中分别涉及浙江、江苏、广东等省。本书作者在整理过程中查阅了征婚广告所属同时期的《中华民国地图》,为便于统计分析,只以省级行政区域为统计单位。如有征婚者为"甬籍",甬籍指宁波,即归入浙江省计算,有征婚者是"鄞籍",鄞当时是宁波的一个县,称为"鄞县",故也计入浙江省。所有征婚广告中出现类似的情况,都计入同时期所归属的省级行政区域。[①] 另有一些征婚者虽然提及籍贯,但只是说明属于江南籍,或是外省人,北方人,这些表述难以判断其省属情况,均计入"不明"项。[②]

表 4.7 显示,提及籍贯征婚者中浙江、江苏、上海、广东四地共 366 人,占提及籍贯征婚者总数的 90.3%。从分布上看,以南方地区以及上海周边省份为主,北方人较少,外省籍人数甚至多于上海本地人。据《旧上海人口变迁的研究》中的数据显示,自清季上海人口已突破百

[①] 《征求女伴》,《申报(本埠增刊)》1933 年 3 月 8 日第二版;《代征友谊》,《申报》1941 年 12 月 1 日第十一版。

[②] 《征婚》,《申报》1946 年 3 月 13 日第六版;《待赘》,《申报(本埠增刊)》1928 年 2 月 21 日第一版;《大东信托所》,《申报》1940 年 11 月 29 日第十一版。

万大关。至1927年,上海人口总量已达2641220人。1937年,更是高达3851976人,接近四百万大关。当时,上海人口中移民居多数。1935年,公共租界人口中上海籍为236477人,非上海籍为884383人,移民人口几乎为本地人口的四倍。[1] 1936年,华界上海籍人口为513810人,非上海籍人口为1631507人,移民人口为本地人口的三倍多。外来移民以浙江人、江苏人、广东人、安徽人、山东人居多。除此之外,还有为数颇多的外侨。[2] 在《申报》征婚广告中外籍征婚者共有78人,涉及德国、俄国、法国、美国、英国、澳大利亚等国。[3]

表4.7 提及籍贯征婚者的籍贯分布

籍贯	人数(人)	百分比(%)	籍贯	人数(人)	百分比(%)
浙江	140	34.6	江西	2	0.5
江苏	131	32.3	湖北	1	0.2
上海	52	12.8	湖南	1	0.2
广东	43	10.6	山东	1	0.2
北平	13	3.2	河北	1	0.2
安徽	7	1.7	香港	2	0.5
福建	2	0.5	不明	9	2.2

上海开埠后的几十年间,外来移民并未形成对上海的地域身份认同,其地域身份认同仍然以原籍为中心。[4]《申报》征婚广告中提及籍贯的征婚者也是以外省人口居多,他们或以籍贯所在地府、县为单位,或以省籍为单位来界定自身的地域身份。另外,有些征婚者虽然并未

---

[1] 邹依仁:《旧上海人口变迁的研究》,第90—112页。
[2] 葛剑雄:《中国移民史(第六卷)》,福州:福建人民出版社1997年版,第608—609页。
[3] 《征求女友》,《申报(本埠增刊)》1936年3月21日第二版;《征婚》,《申报(本埠增刊)》1931年12月23日第三版;《征求女侣》,《申报(本埠增刊)》1931年2月25日第一版;《征婚》,《申报》1924年12月23日第五版;《征求伴侣》,《申报(本埠增刊)》1934年7月29日第四版;《英少年诚意征婚》,《申报(本埠增刊)》1928年5月29日第一版;《求婚》,《申报》1922年4月30日第五版。
[4] 方平:《晚清上海的公共领域(1895—1911)》,上海:上海人民出版社2007年版,第327页。

说明籍贯地域,但是提及"旅沪有年"、"在沪经商"、"寓沪独身寂寞"、"一人在申"等,也间接反映其在沪的外来移民身份。①

同时,观察征婚广告文本,可以发现征婚者指定的通讯处几乎都在上海市内,其他个别有日本、杭州、南京、香港等地。② 如果假定以《申报》信箱为通讯处的人都住在上海,可以判定征婚者籍贯属地虽然多元,但是大部分征婚者都住在上海。

第二节 异性想象:征婚诉求与择偶观念

一、理想伴侣之诉求与期盼

征求对象诉求其实是征婚者对理想伴侣的要求与期望,征婚者多从职业、年龄、学识、相貌、品性、家世背景与籍贯等几个方面进行描述,根据1912年至1949年《申报》征婚广告文本,男女征婚者对征求对象诉求主要有12个变量,计算每个变量的提及率并进行排序,可以得出表4.8。

表4.8 征婚者对征求对象诉求的变量排序

提及率 变量	男(987人)		女(465人)	
	提及率(%)	排 序	提及率(%)	排 序
年龄	50.2	1	51.0	2
品性	49.1	2	41.1	4
学识	46.2	3	16.3	6

---

① 《征求女友》,《申报(本埠增刊)》1932年10月23日第五版;《征求伴侣及继父母》,《申报(本埠增刊)》1934年3月3日第二版;《征求父母》,《申报(本埠增刊)》1928年4月6日第一版;《征友》,《申报》1941年3月8日第九版。
② 《谨告希望文明结婚的女士》,《申报》1920年5月24日第四版;《求凰启事》,《申报》1921年6月16日第四版;《征婚》,《申报》1921年1月22日第四版;《征婚》,《申报(本埠增刊)》1937年5月26日第三版。

(续表)

变量\提及率	男(987人) 提及率(%)	男(987人) 排序	女(465人) 提及率(%)	女(465人) 排序
相貌	29.5	4	5.8	10
家世	27.6	5	6.2	9
婚姻状况	22.0	6	32.0	5
经济状况	15.7	7	46.2	3
身体状况	12.9	8	15.5	7
籍贯	9.1	9	8.6	8
爱好技能	7.9	10	1.5	12
语言	6.5	11	2.2	11
职业	3.1	12	61.5	1

从表4.8可以看出,男女征婚者对征求对象诉求存在较大差异。

(一)女性征婚者更注重对方职业与经济条件

女性对征求对象诉求提及率最高的就是职业。提及对方职业要求的有286人,占女性征婚者总数的61.5%,排在第一位。而男性征婚者对配偶职业诉求的提及率仅为3.1%,排在最后一位。民国时期女性的就业率整体偏低,男性也更认同女性的家庭角色,较少提及就业要求。女性对配偶经济状况的提及率则远远高于男性,提及率达到46.2%,位列第三;而男性对配偶经济状况的提及率只有15.7%,排在第7位。这说明女性征婚者比男性征婚者更看重对方职业与经济条件。

(二)男性征婚者更注重对方自身条件

如表4.8所示,男性对配偶要求提及率较高的前五项依次是:年龄、品性、学识、相貌与家世背景。根据日本高岛航的研究,提及学历的男性征婚者更注重女性的相貌、品性与家政技能等条件。其中,相貌一项的提及率更是比其他男性高出22.5%,对女性家政技能的提及率也比其他男性高出12%。① 女性征婚者对配偶学识、相貌、家世背景等自身条件的提及率要明显低于男性征婚者。可见,男性征婚者更注重征求对象的自身条件。

（三）男性征婚者对配偶诉求条件提及较多

表4.8显示,女性对配偶的诉求相对较为集中,提及率较高的主要是职业、年龄、经济状况、品性以及婚姻状况这五项,这五项指标的提及率超过30%以上,而对于配偶学识、身体状况、籍贯、家世背景、相貌、语言以及爱好技能这些变量的提及率则相对较低。男性对征求对象各指标的提及率则相对较均衡,提及率在10%以下的只有四项,从征婚广告文本看,男性征婚者对配偶的诉求条件也提及较多,以征婚广告发展较为稳定的1927年至1937年为例,对配偶诉求条件达到4项以上的男性征婚者占同时期男性征婚者总数的35.3%,最多的则提出8项诉求条件。② 说明在婚姻市场上男性占据主导地位,男性对配偶的选择权更大,女性则处于弱势地位。

（四）女性自我表述内容与男性征婚诉求大体一致

综合表4.1和表4.8,男性征婚者对配偶诉求提及率排名前四位的变量是年龄、品性、学识与相貌,女性征婚者自我表述提及率排名前四位的变量依次是年龄、学识、相貌与品性。这说明男性征婚者对配偶的主要诉求与女性征婚者自我表述所强调的内容大体一致。可见,

---

① ［日］高岛航:《1920年代的征婚广告》,《近代中国社会与民间文化——首届中国近代社会史国际学术研讨会论文集》,第315页。
② 《征婚》,《申报(本埠增刊)》1935年6月5日第三版;《征婚》,《申报(本埠增刊)》1936年4月1日第二版。

男性征婚者所要求的内容也正是女性征婚者积极自我推介的内容,女性会按照男性的要求进行自我形象塑造,可以说女性在迎合男性的征婚诉求,男性体现出较大的择偶主动权。

二、征婚者择偶观的时代特征

参照表4.8的数据,征婚者对理想伴侣的诉求也可以反映其择偶观念。

(一)"男大女小"择偶年龄观下的多样诉求

观察《申报》征婚广告文本,并不是每则广告都会提及自身年龄与对方年龄的要求。总体上看,男性主要征求比自己小5岁到10岁的女性,女性则征求比自己大5岁到10岁的男性。① 也有征婚者对征求对象年龄要求跨度比较大,他们有的是外籍征婚者,征求比自己小10岁到15岁左右的女性,有的是条件十分优越的男性,或有海外留学背景,或任某公司总经理,征求比自己小10岁到20岁的女性。② 还有的是有特殊需求的征婚者,如征求石女的男性征婚者,则提出比自己大10岁或小10岁左右的年龄范围。③ 再有些是自身年龄偏大的男性征婚者,征求比自己小20岁以下的女性,有些女性征婚者也提及比自身

---

① 《征求终身伴侣》,《申报(本埠增刊)》1929年9月1日第一版;《征求粤籍贫家女学生为终身伴侣》,《申报(本埠增刊)》1929年12月3日第一版;《求婚》,《申报(本埠增刊)》1933年4月8日第二版;《征婚》,《申报》1934年2月24日第17版;《求婚者鉴》,《申报》1915年8月11日第四版;《征婚》,《申报(本埠增刊)》1926年10月23日第一版;《征求伴侣》,《申报(本埠增刊)》1930年10月25日第二版;《淑女征婚》,《申报(本埠增刊)》1933年9月14日第四版;《征求伴侣》,《申报(本埠增刊)》1935年12月4日第二版;《征婚》,《申报》1941年11月24日第九版。
② 《征伴》,《申报》1940年6月9日第十四版;《征求女侣》,《申报(本埠增刊)》1931年11月6日第一版;《征婚》,《申报(本埠增刊)》1930年3月27日第二版;《征女友》,《申报》1940年11月26日第九版。
③ 《征求石女》,《申报》1934年4月1日第二十版。

大 10 岁到 20 岁左右的男性都可以。① 从《申报》征婚广告文本可以看出,男女征婚者基本认同"男大女小"的择偶年龄观,具体对双方年龄差距期望会因人而异。

还有些征婚者征求与自己年龄相当的异性,这些征婚者中有的是具有高等学历的男性,有的是希望寻求志同道合伴侣的女性。② 也有征婚者对征求对象的年龄不限,他们多具有特定的征婚需求,譬如只求对方家资巨富,侧室亦愿,年龄不限;有的则是提到年龄不拘,惟须有艺术趣味者为合格;还有的是要求必须具有管理经验,能资助与之合作者。③ 有些征婚者则是奉爱情至上的观念,只要"彼此意合,愿偕终身,不拘省、年、贫富、学识。"④另外自身条件不是特别好的征婚者,对对方年龄亦无要求,如有女性征婚者提到因为丈夫过世,遗下一子,困于生活,意欲征求终身伴侣,其中提及"不拘年龄";还有男性征婚者愿意入赘女家,也提到"年貌不问"。⑤ 综上可见,征婚者在"男大女小"择偶观之下体现出更为丰富多样的征婚诉求。

(二)女性征婚者择偶观中的实用主义倾向

在《申报》征婚广告中,61.5%的女性征婚者都对征求对象职业提出一定要求。这些征婚者多在广告中提及对方应具有一定职业,收入

---

① 《征偶》,《申报(本埠增刊)》1932 年 9 月 1 日第四版;《征求配偶》,《申报(本埠增刊)》1933 年 6 月 8 日第二版;《征伴》,《申报》1941 年 5 月 11 日第十一版;《征伴》,《申报》1941 年 5 月 11 日第十一版;《征伴》,《申报(本埠增刊)》1936 年 3 月 14 日第三版。

② 《征友》,《申报(本埠增刊)》1935 年 4 月 21 日第三版;《屏雀征选者注意》,《申报(本埠增刊)》1932 年 4 月 13 日第一版;《征婚》,《申报》1925 年 10 月 12 日第八版;《征求良善家庭终身佳偶》,《申报》1930 年 10 月 23 日第十二版。

③ 《红叶作良媒》,《申报》1913 年 10 月 19 日第十一版;《征婚》,《申报》1941 年 1 月 7 日第十一版;《征求女友》,《申报(本埠增刊)》1928 年 8 月 11 日第一版;《征求同志女友》,《申报(本埠增刊)》1927 年 7 月 28 日第一版。

④ 《征求女友》,《申报(本埠增刊)》1929 年 8 月 23 日第一版;《征婚》,《申报(本埠增刊)》1934 年 3 月 21 日第三版。

⑤ 《征婚》,《申报(本埠增刊)》1927 年 10 月 4 日第一版;《入赘》,《申报》1947 年 1 月 14 日第十版。

第四章 广告生产:征婚者自我形塑与异性想象

足够成家;或者经济独立,收入能够维持中等家庭生活。① 并且她们更倾向选择从事商界、政界、学界与医界工作的男性,其中从事"正当商业"格外受女性征婚者青睐。② 如前文所述,这些职业类别的收入在当时属于中上等水平。可见,女性征婚者择偶是以社会经济具优势地位的男性为首选。

另外,也有个别女性征婚者可能是基于个人特定需求,提到"特求相当棉业人才","须机械科毕业,现任工程师"的职业。③ 除具体职业要求外,许多女性征婚者还提及对征求对象社会地位的要求,如"须略有事业,薄具际誉","有相当地位者为合"等,并且希望征求对象能有长久职务,"有恒业者"更受女性征婚者青睐。④ 可见,女性征婚者倾向选择有稳定职业,并且收入能够维持中上等家庭生活的配偶,这也反映出当时女性征婚者在择偶过程中的实用主义倾向,寻找长期生活饭票成为婚姻主旨。

(三)男性对配偶学识有更丰富的诉求

在《申报》征婚广告中,提及对配偶学识要求的男性征婚者有456

---

① 《求婚者鉴》,《申报》1915年8月11日第四版;《求婚》,《申报(本埠增刊)》1928年8月8日第一版;《征婚》,《申报》1928年10月31日第十二版;《征伴》,《申报》1940年12月24日第十三版;《征求伴侣》,《申报(本埠增刊)》1935年12月4日第二版。
② 《婚姻介绍》,《申报》1917年7月29日第四版;《配婚》,《申报》1924年4月7日第五版;《征婚》,《申报(本埠增刊)》1928年11月13日第一版;《征友》,《申报》1940年7月16日第九版;天缘婚姻信托社征婚》,《申报》1939年9月12日第十二版;《征粤籍婿》,《申报》1941年3月14日第九版;《征婚》,《申报》1925年9月28日第八版;《代戚征婚》,《申报》1945年12月27日第六版;《为妹征婚》,《申报》1926年6月21日第八版;《征求》,《申报(本埠增刊)》1929年9月4日第一版;《征婚》,《申报(本埠增刊)》1932年10月22日第五版;《征婚》,《申报(本埠增刊)》1931年10月14日第三版。
③ 《征求男友》,《申报(本埠增刊)》1934年3月27日第三版;《征男友》,《申报》1941年8月23日第九版;《征婿》,《申报》1942年7月10日第七版。
④ 《征友》,《申报》1942年11月4日第七版;《征求》,《申报》1947年3月11日第八版;《征友》,《申报》1942年11月4日第七版;《征互助男友》,《申报》1942年11月12日第七版;《征求》,《申报》1947年3月11日第八版;《征求男友》,《申报(本埠增刊)》1935年3月31日第四版;《征婚》,《申报》1924年2月17日第九版;《征婚》,《申报(本埠增刊)》1928年3月2日第一版。

人,占比46.2%,随着民国时期女子教育的发展,越来越多的男性希望未来伴侣是有一定知识的女子,其中多数要求女性具有初等或中等教育文化程度。[①] 自身受高等教育,或曾海外留学,经济条件较好的男性征婚者,一般对女性的学历要求也更高。如具博士学历男性要求女性具大学教育程度;大学学历男性则多要求女性具有初中以上或高中教育程度,大学生更佳。[②] 外籍征婚者一般要求女性受过海外教育或具高等教育文化程度,如"愿与中华女士曾受西洋教育而具有相同嗜好者订交"。[③]

一些男性征婚者更是基于现实考量列出征婚条件,如在沪经商多年者,要求征求对象须识书算。[④] 医学工作者强调对方"如有医药智识尤佳",或"须在助产学校毕业"。[⑤] 教育界服务者则倾向征求师范学校毕业的女性为终身伴侣,或因教务需要征求"能胜任小学英文或歌舞教授之女士"。[⑥] 还有外籍征婚者提出"须能操英语,兼可襄助于彼店务之华女士结为夫妇"。[⑦] 对于学科教育背景,则是具医科、教育与法学学识的女性更受青睐。可见,当时许多男性征婚者期望与伴侣"先行友谊,后谋合作",对配偶的要求也多是基于现实考量。

还有一些征婚者虽然对征求对象没有提及具体的学历要求,也会

[①] 《征求女友》,《申报(本埠增刊)》1929年9月20日第一版;《代友征求伴侣》,《申报(本埠增刊)》1927年8月26日第一版;《求婚》,《申报(本埠增刊)》1928年3月10日第一版;《征求终身合作伴侣》,《申报(本埠增刊)》1930年10月25日第二版;《征求情侣》,《申报(本埠增刊)》1931年4月9日第一版。

[②] 《征求擅长国文女士》,《申报》1937年12月4日第六版;《征婚》,《申报(本埠增刊)》1928年4月20日第一版;《征求良伴》,《申报(本埠增刊)》1931年3月4日第三版;《征婚》,《申报》1932年3月29日第六版;《求婚》,《申报(本埠增刊)》1933年4月8日第二版;《征伴》,《申报(本埠增刊)》1936年4月4日第三版;《征友》,《申报》1940年11月2日第十一版。

[③] 《征求女友》,《申报(本埠增刊)》1930年11月23日第二版;《征求女友》,《申报(本埠增刊)》1928年7月15日第一版。

[④] 《征求女友》,《申报(本埠增刊)》1929年3月2日第一版。

[⑤] 《征求女友》,《申报(本埠增刊)》1930年3月28日第二版;《征求助产女友》,《申报(本埠增刊)》1933年10月8日第四版;《诚意征婚》,《申报(本埠增刊)》1937年6月30日第三版。

[⑥] 《征求终身女伴》,《申报》1931年8月7日第十六版;《征求女士合作》,《申报(本埠增刊)》1929年7月21日第二版。

[⑦] 《求婚》,《申报》1921年1月15日第四版。

用"精通中文""略有学识""文字通顺""曾受相当教育"以及"能通中西文理"等表述要求对方具有一定学识。① 并且有征婚者还提到征求对象如欲求学而限于经济者,也可以资助其增高学识,日后共同合作事业。② 可见,当时许多男性征婚者非常支持女性继续求学进步,并愿意资助,使之完成好学之愿,以便日后共同谋求事业的合作。

民国时期中国女子教育进一步发展,人们对传统女子"贤妻良母"的单一家庭角色定位已逐步发生转变,男性开始对女性提出更丰富的要求,如"某君年廿二岁,浦东中学毕业,康产丰富,现经商沪上,拟征求女友以做终身伴侣,年在十七岁以上廿二岁以下,须身家清白,毫无嗜好,能操家政,并须识文字,于高小或初中毕业,兼知诗赋、法律者更佳。"③从这则征婚广告可以看出,男性已经不满足于女性具备能操持家政的基本家庭生活技能,同时要求女性具有一定的学识,并希望其可以兼知诗赋、法律,"女子无才便是德"的传统择偶观念已发生转变。

(四)征婚者择偶呈现出的传统家庭性别角色认同

依据表 4.8 数据,男性征婚者对女性年龄、品性、学识、相貌、家世情况以及婚姻状况的提及率排在前六位,而对于女性经济状况的提及率排在第七位,对女性职业要求的提及率则排在最后一位,只有 3.1% 的男

---

① 《夏兰求婚启事》,《申报》1917 年 12 月 3 日第四版;《求婚》,《申报》1921 年 4 月 29 日第四版;《征》,《申报》1922 年 12 月 25 日第四版;《征》,《申报》1923 年 4 月 2 日第五版;《为弟征婚》,《申报》1926 年 6 月 23 日第八版;《征求婚姻》,《申报》1924 年 12 月 17 日第一版;《求偶》,《申报》1925 年 8 月 6 日第十二版;《征缘》,《申报》1925 年 7 月 6 日第八版;《为嗣子征婚》,《申报》1926 年 9 月 26 日第八版;《征女友》,《申报(本埠增刊)》1929 年 4 月 7 日第一版;《征求终身伴侣》,《申报(本埠增刊)》1929 年 9 月 1 日第一版;《为子择配》,《申报(本埠增刊)》1927 年 3 月 4 日第一版;《征求女友》,《申报(本埠增刊)》1930 年 7 月 10 日第一版;《征求女友》,《申报(本埠增刊)》1929 年 7 月 3 日第一版;《征求女友》,《申报(本埠增刊)》1929 年 11 月 27 日第一版。
② 《征婚》,《申报(本埠增刊)》1928 年 3 月 11 日第一版;《征婚》,《申报(本埠增刊)》1928 年 4 月 20 日第一版;《征婚》,《申报(本埠增刊)》1933 年 9 月 8 日第三版。
③ 《征求女友》,《申报(本埠增刊)》1930 年 2 月 24 日第二版。

性对女性职业提出要求。可见,民国时期男性征婚者较少提到对配偶职业方面的要求,征婚广告文本中男性征婚者对女性传统家庭性别角色的期望较为明显,"能安心治家","惯于家庭生活","是完全旧式妇女",这些表述都体现出男性征婚者对女性传统家庭性别角色的认同与期望。①

女性征婚者择偶时对男性职业与经济状况的提及率较为集中,分别排在第一与第三位,对配偶品性方面的诉求只排在第四位,其他对男性学识、相貌、籍贯、婚姻状况、身体健康以及爱好技能等方面的提及率明显较低。说明女性征婚者更注重男性的职业与收入状况,征婚广告文本中,女性征婚者要求配偶保障家庭生活安定,可以提供殷实住所环境,能够维持终身经济,每月可以供给津贴,能赡养家口等,这些择偶诉求也体现出女性心甘情愿相夫教子、操持家务,把自身限定在家庭角色中从属地位的角色认同。② 从《申报》征婚广告文本中的征婚者诉求,可以清晰地看到男性对女性家庭角色的期望,以及女性对男性家庭主导地位以及依附关系的遵从,择偶观念中的传统家庭性别角色认知仍然根深蒂固。

第三节 征婚者自我表述及诉求转向

本章第一节与第二节分析了征婚者的自我表述与征婚诉求,由此可以看到征婚者群像特征及其择偶观念。本节以纵向时间脉络梳理征婚者自我表述与对理想伴侣诉求的转变,以更清晰地认识征婚广告的生产与嬗变。

---

① 《病家诚征青年女友》,《申报》1941年10月2日第十一版;《征伴》,《申报》1940年7月14日第十一版;《觅女友》,《申报(本埠增刊)》1931年2月20日第一版。
② 《征夫》,《申报》1947年1月6日第十版;《征伴》,《申报》1941年11月18日第九版;《征男友》,《申报》1941年9月28日第十三版;《征婚》,《申报》1941年9月16日第十一版;《征婚》,《申报》,1941年11月18日第九版。

第四章　广告生产：征婚者自我形塑与异性想象

一、传统到现代：征婚者自我表述的转向逻辑

征婚者自我表述在年龄、学识、职业、婚姻状况、品性与语言能力等方面均伴随时代变迁而发生相应转变。

（一）征婚者学识表述渐趋丰富而具体

20世纪上半叶，上海近代教育已进入鼎盛时期。[①] 尤其是从民国元年到"八一三"事变期间，上海近代教育获得了政治、经济等方面的有利发展条件，这一时期的教育结构相对成熟，各级各类学校间比例构成相对稳定合理，各类社会教育、职业教育等门类繁多，尤其是高等学校系科设置相对完善，并且初步形成以应用学科为主、理论学科为辅的系科结构。到1930年代，这一特点更为明显。以1934年为例，上海高等学校设置医学、工学、商学、管理学、法学、教育、艺术、税务等应用学科的系科约120个，而同年设置文、理等基础理论学科的系科却只有40多个。[②]

《申报》征婚广告发展进入第三阶段后，征婚广告文本中男性征婚者系科学识背景的表述更为具体而丰富，如"外洋医学专科毕业，领学士衔""大学药科毕业""商科毕业""机械科毕业""专攻建筑术"等。[③]

[①] 张仲礼：《近代上海城市研究（1840—1949）》，上海：上海文艺出版社2008年版，第793页。
[②] 《上海市通志馆期刊》1934年第2期。
[③] 《征求情侣》，《申报（本埠增刊）》1931年4月9日第一版；《征婚》，《申报（本埠增刊）》1931年12月28日第一版；《求婚》，《申报（本埠增刊）》1933年4月8日第二版；《征婚》，《申报（本埠增刊）》1933年5月23日第三版；《征女友》，《申报（本埠增刊）》1936年3月29日第三版；《诚意征婚》，《申报（本埠增刊）》1937年6月30日第三版；《征女友资助》，《申报》1941年6月23日第九版；《求婚》，《申报》1941年9月6日第十一版；《征婚》，《申报（本埠增刊）》1931年8月18日第一版；《征女友》，《申报》1941年4月9日第9版；《征女友》，《申报》1941年4月18日第九版；《征资助学业》，《申报》1941年7月25日第十版。

并且男性征婚者提及的学识教育多集中在医科、商学、法学、工科等热门应用型学科。1935年后,女性征婚者有关各种产科、商科、艺术等专科学校,以及师范学校、女中等教育程度的表述也明显增多。①征婚者学识表述的渐趋细化正呈现出上海教育的繁荣多样与现代化发展。

(二)女性征婚者现代社会性别角色塑造的转型

《申报》征婚广告发展的第一与第二阶段,女性征婚者的自我社会性别角色塑造基本秉承了传统"德才兼备、品貌双全"的标准。女性征婚者多强调自身精于女红,能操家政,或是"稍习音乐","工诗善画","诗词歌赋件件佳精"等。② 这些表述反映出女性对传统社会性别角色的认同,也是取悦男性的女性传统性别角色沿袭。

进入第三阶段后,女性征婚者的社会性别角色塑造有所转变,不仅仅是强调其"擅理家政"、"才艺兼备"的家庭角色形象,而是更多表达其对家庭经济的辅助作用及其社交能力。这一阶段女性征婚者强调自身除善理家政外,还能书写往来信件及记账,富有办事能力。或有医学常识或其他专门技能,可以自食能力。③ 并且女性征婚者对于自身职业的具体表述也多是集中在1930年代后。

---

① 《征婚》,《申报(本埠增刊)》1935年7月26日第三版;《征婚》,《申报》1935年7月30日第十四版;《征伴》,《申报》1936年4月27日第十三版;《某女士征婚》,《申报(本埠增刊)》1936年5月13日第二版;《征伴》,《申报》1940年6月25日第十二版;《大东信托所》,《申报》1940年9月14日第十一版;《征婚》,《申报》1943年7月14日第四版。
② 《红叶作良媒》,《申报》1913年10月19日第十一版;《征婚》,《申报(本埠增刊)》1925年10月10日第一版;《为妹征婚》,《申报》1926年6月21日第八版;《择婿》,《申报》1926年9月13日第八版;《征婚》,《申报》1926年5月14日第八版。
③ 《征婚》,《申报》1934年4月20日第十七版;《征友》,《申报》1940年10月22日第九版;《征友》,《申报》1940年7月16日第九版;《诚征身材品貌标准男件》,《申报》1942年2月7日第七版;《征婚》,《申报》1942年4月12日第七版;《大东信托所》,《申报》1940年12月11日第九版;《征友》,《申报》1943年10月26日第四版;《征侣》,《申报》1947年3月3日第8版;《诚征》,《申报》1941年7月16日第九版。

·第四章 广告生产:征婚者自我形塑与异性想象·

另外,进入第三阶段后,突出自身语言能力的女性征婚者也有所增加,许多女性征婚者提到自己具有中英文基础。有的甚至强调自己除能讲英语外,还可以讲北平、上海、广东等多种方言。①

1930年代,上海女性的独立自主人格意识渐趋强化。这一时期上海职业妇女人数是全国最高的,她们与男性一样,谋职、做工、养家、服务社会,当时上海几乎每个社会领域都有妇女活跃其间。② 与内地"花瓶式"点缀不同,上海女性毫无矫揉造作之态,成为自食其力的社会一员。这一时期的上海女性正在通过服务社会、帮助丈夫建家立业、掌握多种语言能力等方面,实现妻子、母亲、职员、社会人等多重社会角色的适应与转变,各种专门技能以及社交能力的展现就是其社会化角色转变的一个体现。

(三)伴随时代变迁的征婚者自我表述转向

征婚者自我表述的各项内容中,年龄分布、婚姻状况以及品性等方面都体现出随时代变迁而变化的特征。首先从年龄分布看,进入第三阶段后,30岁以上的男性征婚者明显增多,25岁以上的女性征婚者也明显增加。40岁以上的男性征婚者和30岁以上的女性征婚者更是主要集中在第四阶段,呈现出随时代变迁征婚者年龄跨度逐步加大的变化态势。

从征婚者的婚姻状况表述看,男性征婚者因离异、丧偶等原因再婚的情况主要出现在1925年以后,而女性征婚者这一变化体现得更

---

① 《征婚》,《申报》1934年1月1日第十七版;《大东信托所》,《申报》1940年6月25日第十二版;《征伴》,《申报》1941年2月7日第九版;《代觅伴侣》,《申报》1942年1月10日第七版;《诚意征友》,《申报》1941年3月24日第九版。
② 忻平:《从上海发现历史:现代化进程中的上海人及其社会生活(1927—1937)》,第207页。

为明显。① 尤其是1931年以后,因夫亡而征婚的女性征婚者有所增加。② 但是女性征婚者的再婚情况与男性略有不同,女性征婚者因丧偶而再婚的情况较为常见,因离异而征婚的情况则极为少见。

征婚者年龄跨度与婚姻状况的变化是紧密关联的,并同时受到战争因素以及离婚自由、再嫁自由等社会革命思潮的综合影响。

另外,女性征婚者对自我品性方面的诉求也在随时代变迁而转变。20世纪20年代到30年代初,女性征婚者更多是从正面强调其中国传统女性的品性与特质,如"幼禀礼教","幼承庭训,秉性和顺"等。③ 到20世纪30年代中期,上海都市文化尤其是消费文化繁荣,伴随着西方社会思潮和习俗的影响,中国传统都市女性的生活样式开始发生改变,当时的上海可谓摩登文化现象最集中的展示区,都市女性崇尚趋时与奢华,她们浓妆艳抹,烫发,穿着新式旗袍、高跟鞋,出入咖啡馆、舞场等各种消费场所,不管是年轻女学生还是都市中产阶级女性,就连都市中的年轻女工也都崇尚这种"摩登"生活。④ 整个社会都受到这种奢华风气的熏染,这种现象在当时受到摩登否定派的严厉批判,他们把摩登当作一种奢侈的生活方式,认为这种生活方式使社会

---

① 《求贤配》,《申报》1925年8月29日第二十版;《征婚启事》,《申报(本埠增刊)》1927年9月5日第一版;《征婚》,《申报》1929年12月31日第十二版;《征婚》,《申报》1930年6月14日第十八版;《征婚》,《申报(本埠增刊)》1931年12月28日第一版;《征求伴侣》,《申报(本埠增刊)》1933年5月18日第三版;《征求伴侣》,《申报(本埠增刊)》1935年10月15日第四版;《征女伴》,《申报(本埠增刊)》1937年4月9日第二版;《征婚》,《申报》1940年8月15日第十一版;《征侣》,《申报》1941年1月11日第十一版;《征婚》,《申报》1942年7月26日第七版;《征婚》,《申报》1947年1月19日第八版;《征婚》,《申报(本埠增刊)》1926年10月23日第一版;《征婚》,《申报(本埠增刊)》1927年10月4日第一版。

② 《征求同居》,《申报(本埠增刊)》1932年5月13日第一版;《征求良伴》,《申报(本埠增刊)》1932年11月26日第三版;《征求男友》,《申报(本埠增刊)》1934年3月4日第三版;《征婚启事》,《申报(本埠增刊)》1934年12月28日第三版;《征求男伴》,《申报(本埠增刊)》1937年2月25日第二版;《征伴》,《申报》1940年8月14日第十版;《征婚》,《申报》1941年5月6日第九版。

③ 《征求快婿》,《申报(本埠增刊)》1928年5月2日第一版;《法女征婚》,《申报(本埠增刊)》1928年12月12日第一版;《官家闺秀征婚》,《申报》1928年3月24日第八版;《征婚》,《申报(本埠增刊)》1934年7月20日第四版。

④ 《上海漫画》1928年5月16日。

风气愈加"颓废堕落了"。① 这一时期男性征婚者在广告中开始强调征求对象应"不染时嗜""不慕虚荣",而这一时期女性征婚者的自我表述则相应的增加了"诚朴耐劳"的表述,如"素无嗜好,且肯耐劳""无时下习气,意志清高",以及"不尚虚荣""诚朴,无恶习"等。② 女性征婚者从传统女性"尊规守礼"到"诚实俭朴""毫无时嗜"的自我表述转向,也是紧随时代变迁以及男性诉求变化而发生关联转变的。

二、征婚者理想伴侣的诉求转变

社会新思潮的激荡,经过五四时期的讨论与宣扬,大量青年逐步将口号化为实际行动。进入 1930 年代,伴随着政治、经济与文化的社会变迁,人们对婚姻期望与理想伴侣的标准也发生着转变。

(一)男性征婚者对女性婚姻状况诉求的变化

从 1912 年至 1949 年《申报》征婚广告文本看,男性对女性身份与婚姻状况的诉求发生一定变化。1930 年代前,男性多期望征求对象为"闺阁佳嫒"或是"待字女子",还特别强调女子的"家世清白"、"无历史上污点",或者是"高尚女士",具"名门淑质"。③

---

① 家鼎:《新生活运动与改造摩登女性》,《汗血周刊》1934 年第 2 卷第 11 期,第 11 页。
② 《征婚》,《申报(本埠增刊)》1934 年 9 月 4 日第三版;《女士征婚》,《申报(本埠增刊)》1935 年 3 月 31 日第四版;《代友征婚家长注意》,《申报》1940 年 11 月 28 日第九版;《征友》,《申报》1941 年 5 月 9 日第九版;《征婚》,《申报》1942 年 9 月 12 日第七版;《诚征男友》,《申报》1946 年 6 月 27 日第十版。
③ 《征婚》,《申报》1924 年 12 月 23 日第五版;《征求》,《申报》1922 年 5 月 6 日第五版;《征求》,《申报》1924 年 8 月 10 日第五版;《兄妹征婚》,《申报》1925 年 5 月 23 日第八版;《征婚》,《申报(本埠增刊)》1926 年 5 月 20 日第一版;《为子择配》,《申报(本埠增刊)》1927 年 3 月 4 日第一版;《征婚》,《申报(本埠增刊)》1928 年 4 月 2 日第一版;《征求终身伴侣》,《申报(本埠增刊)》1929 年 9 月 1 日第一版;《征求女友合作》,《申报(本埠增刊)》1929 年 9 月 15 日第二版;《征婚》,《申报(本埠增刊)》1928 年 4 月 20 日第一版;《征婚》,《申报(本埠增刊)》1929 年 1 月 4 日第一版;《征求女伴》,《申报(本埠增刊)》1929 年 12 月 30 日第一版。

1930 年代后,男性对征求对象的家世背景与婚姻状况宽容度有所增加,如有征婚者提到:"凡小家碧玉或新寡文君,如有富家孀妹,名门之妾,以及风厌倦秋扇飘零,能勤俭,不染时习,共同苦乐,靠老终身者,或寡妇再嫁亦可,年籍不俱。"①"无论孀居、退婚、离婚妇女以及小家碧玉,均可应征"②,"不论待字闺秀,文拙,新寡,中途被弃,一概应征。"③尤其是 1940 年代后,有关"不论闺女弃妇","孀弃均可"之类的表述更为常见。④

男性征婚者对女性婚姻状况诉求的微妙变化,可以从以下几个方面进行分析。

1. 离婚自由与再嫁自由的观念认同

五四新文化运动时期,知识分子认为婚姻自由不仅包括结婚自由,还包括离婚自由与再嫁自由。随着离婚自由呼声的响起,五四运动后的数年内,国人尘封已久的思想被唤醒,一时间旧式婚姻结合的青年,借口已经形成的"父母之命"婚姻是盲目的婚姻,不可一误再误;新式婚姻结合的青年,崇拜自由恋爱,合则留、不合则去,不可勉强欺世,"所以离婚事件,日多一日"。⑤ 1929 年,上海市离婚案共 645 件,1930 年,上升至 853 件,从离婚动机看,"意见不合"占到 73% 以上。⑥另外,当时报刊上刊登的各种离婚宣言、离婚启事、离婚协议随处可见,也反映出那个时期青年对于离婚的平常化态度。伴随中国青年对离婚自由与再嫁自由的观念认同,1930 年代后征婚广告中出现的"不论嫁过、未嫁"等表述,昭示了那个特定历史时期人们的婚姻观念变

---

① 《征求良伴》,《申报(本埠增刊)》1931 年 7 月 1 日第三版。
② 《征婚》,《申报(本埠增刊)》1931 年 2 月 11 日第三版。
③ 《征求女伴》,《申报(本埠增刊)》1935 年 2 月 21 日第二版。
④ 《征女伴》,《申报》1941 年 5 月 17 日第九版;《征女伴》,《申报》1941 年 5 月 17 日第九版;《征伴》,《申报》1941 年 6 月 22 日第十一版;《征婚》,《申报》1945 年 12 月 8 日第四版。
⑤ 王宪煦:《婚姻的研究》,《妇女杂志》1928 年第 14 卷第 7 号。
⑥ 邓伟志:《近代中国家庭的变革》,上海:上海人民出版社 1994 年版,第 138—139 页。

化,也是中国婚姻史上的一个变化。

2. 废妾呼声的社会联动反映

进入 20 世纪 20 至 30 年代,废妾呼声高涨,妾的问题显得更加突出。1926 年,国民党第二次全国代表大会通过《妇女运动决议案》,提出一些有关婚姻的立法原则,明确提出要反对多妻制,制定男女平等的法律,为废妾学说奠定了法律基础。一时间,一夫一妻制的婚姻形式得到许多人赞同。在这种舆论环境中,社会上开始有"弃妾"存在,甚至有妾主动站出来宣布与"丈夫"脱离夫妾关系,军阀陆荣廷的第八妾黄非侬就是一个代表。1925 年,陆荣廷仓皇出走,将其遗弃桂林数年。1929 年,黄非侬公开发表与陆荣廷脱离夫妾关系。① 1930 年代后,伴随废妾论呼声不断高涨,征婚广告中"不问弃妇","不论寡孀、弃妇、失恋下堂妾","不论嫁过"等表述也有所增多。②

3. 战争导致的家庭破裂与重建

战争期间,动荡与迁徙伴随整个社会,人们流离失所,联络中断,生死未卜,团圆无望,这一时期的离婚与重婚现象十分严重。不少已婚者因与配偶失去联络而再娶再嫁,战争时期"沦陷夫人"、"抗战夫人"以及"胜利夫人"成为普遍现象。据国民政府《民法》规定,夫妻双方有一方生死不明三年以上者,另一方可另建家庭,于是离婚率大为提高。③ 广告表述中"孀妇弃妇亦可","已嫁、未嫁或寡居不论"等诉求,也反映了战争时期人们特定的择偶观念变化,具有鲜明的时代烙印。④

---

① 玉梅:《砭俗纪闻》,上海:神州国光社 1929 年版,第 49 页。
② 《征求女子》,《申报》1941 年 8 月 30 日第十一版;《征求女友》,《申报(本埠增刊)》1937 年 2 月 23 日第二版;《征女伴》,《申报(本埠增刊)》1936 年 3 月 11 日第三版。
③ 孙艳魁:《苦难的人流——抗战时期的难民》,南宁:广西人民出版社 1994 年版,第 318 页。
④ 《诚意征侣》,《申报》1939 年 11 月 12 日第十四版;《征伴》,《申报》1940 年 7 月 5 日第十一版;《征求女友》,《申报》1940 年 9 月 25 日第十一版。

（二）征婚者学识诉求渐趋细化

在《申报》征婚广告发展的第一与第二阶段，男性征婚者对征求对象学识提出的多是较为笼统的基本要求，比如要求征求对象薄具常识，粗知文字，略有学识等，只有少数征婚者要求征求对象曾受相当教育，或是具有初等或中等教育程度。①

进入《申报》征婚广告发展第三阶段，尤其是1930年以后，男性征婚者对女性的学识要求有所提高，并且更为具体，比如要求征求对象受过"西洋教育"，可以通达中西文字；或受过初等或中等教育，并且兼知诗赋与法律；也有提出要求征求对象为江浙两省师范学校毕业等非常具体的要求。② 进入第四阶段后，要求征求对象受过专科教育的男性征婚者有所增加，比如要求征求对象在专校理工科或者农医科毕业等。女性征婚者对征求对象有关专业细化的要求更是增加明显，比如要求征求对象理工科、机械科、医科或商学毕业等。③

在学识层面，男性征婚者对女性学识要求，从认知文字以及稍具常识等基本而笼统的要求，再到各种教育程度的具体诉求，其变化原因除前文提到民国时期女子教育的快速发展，还有就是男性择偶观念

---

① 《夏兰求婚启事》，《申报》1917年12月3日第四版；《求婚》，《申报》1921年1月15日第四版；《求婚》，《申报》1921年4月29日第四版；《征婚》，《申报》1922年12月25日第四版；《求婚》，《申报》1924年5月24日第五版；《求偶》，《申报》1925年8月6日第十二版；《为嗣子征婚》，《申报》1926年9月26日第八版；《谨告希望文明结婚的女士》，《申报》1920年5月24日第四版；《征求》，《申报》1924年8月10日第五版；《征婚》，《申报》1923年1月9日第五版；《征婚》，《申报》1925年12月30日第八版。

② 《征求女友》，《申报(本埠增刊)》1930年2月24日第二版；《打破下等欺骗的征求女友》，《申报(本埠增刊)》1930年3月15日第二版；《诚意征女友》，《申报(本埠增刊)》1930年3月26日第二版；《征求女友》，《申报(本埠增刊)》1930年4月27日第二版；《征求女友》，《申报(本埠增刊)》1930年11月23日第二版；《征求终身伴侣》，《申报》1931年8月7日第十六版；《征婚》，《申报(本埠增刊)》1931年8月18日第一版。

③ 《征侣》，《申报》1941年3月26日第九版；《征男友》，《申报》1941年8月23日第9版；《征医师为友》，《申报》1942年2月7日第七版；《征婚》，《申报》1943年3月7日第八版。

的变化,伴随男女平等、妇女解放思潮的深入人心,男性对配偶学识程度及其社会应用性的要求也在逐步提高。女性征婚者对男性学识诉求则渐趋细化,这也是上海近代教育渐趋成熟的一个反映。

(三) 征婚者对征求对象品性诉求的时代变化

五四时期,妇女解放思潮高涨,思想界提出女性应实现经济独立,有人主张女性独立应从女子就业入手,提倡"想达到经济独立底地步,非谋职业上底生活不可",还有人提出妇女解放要彻底转变妇女守旧、依赖、自馁与服从的心理,争取自身解放。①

在这样的社会舆论环境中,男性征婚者对征求对象的品性诉求出现许多具时代特征的话语表述,如要求配偶有自立思想,无依赖性,了解现代社会新潮流学说,"思想活泼,意志坚强,愿打破大小姐、少奶奶之恶习惯,而为社会服务者"等。② 这些表述反映出五四时期妇女解放思潮对男性择偶观念的渗透与影响。

至1930年,上海已是一个繁忙的国际大都会,号称"东方巴黎"。茅盾的著名小说《子夜》在前两章大肆铺叙现代性所带来的物质与精神享用品:1930年,巴黎夏装、日本和瑞士表以及各种娱乐形式:狐步和探戈舞、"轮盘赌、咸肉庄、跑马场、罗曼蒂克的必诺浴、舞女和影星"。③ 这些符号都是中国现代化进程的表征,小说的背景城市就是上海。

在这样的都市文化背景中,男性征婚者对女性的诉求则更加强调

---

① 莲枝:《妇女解放的先决问题——要谋"经济独立"》,《妇女评论》1920年第1期;俞焕斗:《中国女子心理的改造及今后在社会上应负底责任》,《妇女评论》1920年第2卷第3号。
② 《征婚》,《申报(本埠增刊)》1928年4月20日第一版;《征婚》,《申报》1921年1月22日第四版;《征婚》,《申报(本埠增刊)》1927年7月14日第一版;《征求伴侣》,《申报(本埠增刊)》1927年11月5日第一版。
③ 茅盾:《子夜》,北京:人民文学出版社2008年版,第34页。

能勤俭,不染时习,共同苦乐,不求生活奢逸,无浪漫习气;女性征婚者也多要求男性无一切烟酒赌舞等不良嗜好。① 伴随时代变迁,男女征婚者对征求对象品性诉求的转移也反映出人们对繁华都市表象背后所隐藏现象的担忧与批判。

1940年以后,上海"孤岛繁华"下的消费文化语境更是促成了女性对物质的渴望与迷恋。张爱玲1940年代的许多小说即形象地刻画了拜金女在生活中对金钱的欲望。这一时期,男性征婚者的择偶则转而更多强调无拜金虚荣等时习,不以金钱为目的;女性征婚者也增加了要求征求对象毫无不良嗜好,无时下习气的表述。② 男性与女性征婚者对征求对象品性诉求的微妙转变,也映射出征婚者择偶观念以及近代上海社会文化的变迁。

另外,受战争等因素影响,1931年以后,女性征婚者对男性"体格强健"等身体健康状况的诉求有所增加。

本章通过对《申报》1391则不重复征婚广告样本进行内容分析,发现男性与女性征婚者存在不同的自我表述倾向,并试图勾勒出征婚者的群像特征。研究发现征婚者以21岁至30岁的人群为主,并且男性较女性征婚者的年龄分布范围更广,提及籍贯的征婚者以南方地区以及上海周边省份居多,北方人较少,外省籍人数多于上海本地人。征婚者籍贯属地虽然多元,但是大部分都住在上海。在学识层面,提

---

① 《征求终身合作伴侣》,《申报(本埠增刊)》1930年10月25日第二版;《征求良伴》,《申报(本埠增刊)》1931年7月1日第三版;《征婚》,《申报(本埠增刊)》1931年8月4日第一版;《征婚启事》,《申报(本埠增刊)》1934年11月28日第三版。
② 《征友》,《申报》1940年6月15日第十一版;《征粤籍婚》,《申报》1941年3月14日第九版;《征婚》,《申报》1941年11月29日第九版;《征友》,《申报》1943年1月20日第八版;《诚征女友》,《申报》1942年5月15日第七版;《征爱》,《申报》1941年9月30日第十三版。

及学识男性征婚者半数以上受过高等及以上教育,提及学识女性征婚者以中等及高等教育者为主,整体而言,提及学识男性征婚者的受教育程度要高于女性征婚者。在职业与经济状况层面,提及职业的男性征婚者多属社会中上层群体,提及自身经济状况的男性征婚者整体经济水平较高,提及职业的女性征婚者收入多处于城市中上等水平,这与《申报》读者人群以及市场定位是密切关联的。但是仅提及自身经济状况的征婚者并不能代表所有征婚者的现实状况,考察征婚广告全样本,可以发现征婚者整体经济状况呈现两极分化的复杂景象,有经济状况较好的征婚者,同时也有经济状况不佳,难以维持生活的征婚者,体现出《申报》征婚广告生产者的复杂特征。

在择偶方面,多数征婚者认同"男大女小"的择偶年龄观,男性征婚者往往有更大的年龄优势,在婚姻市场上有更大的选择余地。女性择偶一般是以社会经济具优势地位的男性为首选,具有较强的实用主义倾向,从事商界、政界、学界与医界工作的男性更受女性征婚者青睐。男性已不满足于女性具备能操持家政的基本家庭生活技能,同时要求女性具有丰富的学识,"女子无才便是德"的传统择偶观念已发生转变,男性与女性征婚者都较为注重对征求对象的品性诉求。从征婚广告文本看,征婚者的自我表述与征婚诉求都伴随时代变迁发生了一定的微妙变化,并体现出鲜明的时代特征。

第五章

《申报》征婚广告镜像中的上海都市文化透析

近代上海是一个高度发达的国际大都市,美国学者叶文心在描绘近代上海的都市符号时曾提到:"上海租界的电灯比苏州的煤油灯要亮十倍。在苏州,消息灵通人士靠外地印刷的报纸了解世界,但报纸要一周后才能送达;而上海街上的每个人都能听到当天的重大新闻。"[1]其中媒介成为大都市文化生产功能的显著标志,正如美国学者罗伯特·帕克所言,阅读在乡村是奢侈行为,在城市则成为必需行为。[2] 报纸孕育于城市,报纸发展几乎与城市发展相伴而行。刊载于《申报》的征婚广告就如同一面透视镜,可以映射出民国时期上海都市繁华以及都市居民的生活状态、择偶观念与婚姻实践,是上海多元复杂都市文化的时代缩影。

第一节 上海都市场域中的异质文化

"上海是近代中国经济发展最为快速的都会,也是九流三教、五花

---

[1] 叶文心:《上海繁华——都市经济伦理与近代中国》,第81页。
[2] Park·R. E. The yellow press. Sociology&Social ResearchXII, 1927: 3 - 11.

八门、成群结社、竞争激励的复杂场域。"①尤其是20世纪二三十年代，中国区域人口中最为现代化的群体，即为上海人。② 民国时期，也是上海步入现代化的急遽转型期，在其加快现代化进程发展的背后，不无社会转型中的种种张力与矛盾，也因此形成一种都市场域中的异质文化。

一、趋向现代化进程中异化心理的生成

近代中国先后辟设二十多个外国租界，租界的存在促成中西方文化交融，使中国近代城市轮廓渐趋清晰。城市化是现代化的一个重要表征，在这种快速步入现代化的进程中，不可避免地出现了一幅幅光怪陆离、诡异新奇的图景，其背后映射出侵略与被侵略的矛盾、工业文明与农业文明的矛盾以及西方近代文化与中国传统文化的矛盾。租界制度可谓一种畸形制度③，而上海租界又是旧中国租界的荦荦大者，其规模、形式都最具典型意义。④ 租界的殖民性与混合性压抑了上海人，使其不断趋向现代化的进程中形成一种异化心理。

"都市化所造成的社会和经济上的变动、现代化工业之发展，以及对传统生活方式态度之改变，诸此因素均使国内迁徙活动加剧。"⑤尤其是在20世纪20至30年代，自然经济的加速解构和对传统价值观的背弃，促使移民源源不断地来到上海，使上海形成"五湖四海"、"五方杂处"的人口格局，华界与公共租界平均沪籍人口与非沪籍人口之

---

① 叶文心：《上海繁华——都市经济伦理与近代中国》，第8页。
② 忻平：《从上海发现历史：现代化进程中的上海人及其社会生活（1927—1937）》，第159页。
③ 阮笃成：《租界制度与上海公共租界》，上海：法云书屋1936年版，第1页。
④ 熊月之：《论上海租界的双重影响》，《史林》，1987年第3期，第103页。
⑤ 李洪鳌：《人口问题与经济成长》，台北：台北中正书局1969年版，第7页。

比为21.9%和78.1%①,形成"客籍多于土著"的局面。② 这一时期上海移民具有层次丰富、区域与国度全方位以及动机多元化等特征。

从地域分布看,此时的上海移民几乎来自全国与世界各大洲,国内移民以江、浙、粤、皖、鲁为主。1936年,上海华界总人口2145317人中,上述5省籍人分别为40.5%、19.2%、2.7%、4.4%、0.16%,合计占总数的66.96%。③ 这个地域分布情况与本书第四章所述征婚者籍贯分布情况基本一致。上海移民中,还有一部分来自外国。在20世纪20年代后期,上海外国人数增长迅速。1931年超过6万,1942年达到150931人。上海外侨国籍涉及美、英、法、日、德、俄、奥地利、印度、葡萄牙等五十多个国家。④ 下面这段话形象地描绘了上海异质文化交织的社会场景:

> 上海这个城市一方面各个种族混居,充满了国际气息,另一方面也具有中国人特有的那种对洋人排斥疑忌的心态,这使得上海成为世界上最吸引人但又最为奇怪的城市之一。在那里世界各地的人你都看得到,走在南京路上的时候,你会觉得好像在参加世界各族大聚会。路上走的有高高的大胡子俄国人、胖胖的德国佬、没准你一头撞上一个瘦小的日本军官,他显得趾高气扬,认为自己是优秀的大和民族的一员,征服整个欧洲都不在话下。老于世故的中国人坐在西式马车里,精瘦的美国人则乘人力黄包车。摩托车飞驰而过,差点撞到一乘帘子遮得密密实实的轿子,轿中坐的是中国的官太太。一个法国人在狭窄的人行道上向人

---

① 忻平:《从上海发现历史:现代化进程中的上海人及其社会生活(1927—1937)》,第40页。
② 黄苇:《近代上海地区方志经济史料选辑》,上海:上海人民出版社1984年版,第304页。
③ 邹依仁:《旧上海人口变迁的研究》,第114页。
④ 熊月之:《异质文化交织下的上海都市生活》,第31—32页。

脱帽致敬,帽子正好打在一名穿着精美黄色丝绸外套的印度人脸上。耳中听到的是卷舌头的德语夹杂着伦敦俚语。穿着巴黎新款时髦衣衫的人旁边站着近乎半裸的穷苦小工。一对水手踏着双人自行车飞驰而过,两名穿着和服、趿拖鞋的日本仕女转身避让,显得有点恼怒。着一身灰袍的和尚手肘碰到了一名大胡子罗马传教士。出于对祖国的热爱而不是商人那种唯利是图的本性,一位俄国店主店里的商品标价牌一律用俄文书写,使人看了茫然。对面是一家日本人开的理发店,店主用生硬的英语写了广告词,保证大家在此理发,价格低廉。①

从移民身份看,二三十年代上海移民具有层次丰富、种类多元的特点,"官绅商学各界,下及雇工负贩之流",可谓无所不包。② 从移民动机看,则具有多元化的特征,乐正认为上海移民身上往往兼有两种动机类型:一类是被动移民,其中既有避难型,也有谋生型;另一类是主动移民,这一类移民以求发展为主,可以分为享受型、求学型和谋生型。③ 从民国元年到 30 年代末,兵祸天灾不断,相对繁荣稳定的上海成为避难谋生的理想之地,许多上海移民实为"逃难来沪"的难民。破产农民怀着发财美梦涌向上海滩,富商巨贾、达官贵人视上海为享受豪华生活的乐土,青年学子则视上海为获取新知识、追求新生活的理想圣地,一时间具有现代都市魅力的上海对各色人等都产生了巨大的吸引力。

这些移民要在上海立足谋生,就要适应上海的现代化环境,习得

---

① [美]卢汉超:《霓虹灯外——20 世纪初日常生活中的上海》,上海:上海古籍出版社 2004 年版,第 31—32 页。
② 忻平:《从上海发现历史:现代化进程中的上海人及其社会生活(1927—1937)》,第 42 页。
③ 乐正:《近代上海人社会心态(1860—1910)》,上海:上海人民出版社 1991 年版,第 172 页。

城市社会规范,并学会扮演社会期望的多重角色,进行再次的社会化塑造。这个转换过程远不止于职业变化等表层意义,更蕴藏着社会心态、价值观念转变等更为深刻的社会意义。"这个过程同时也是一次文化认同点与归属点的大转移,是一次心态结构变异——即从衡定到失衡再到平衡的过程。"①这个过程极易产生谋生方式、心态结构与行为取向的突变,《申报》征婚广告中所描绘的各种家庭"伪组织"即是一种婚姻异化形态的表现。

二、家庭"伪组织":婚姻异化形态的表现

抗战八年,产生了两种"伪组织":政治上的伪组织和家庭的伪组织。所谓家庭的伪组织,是指许多因故乡沦陷而逃亡的人们,本是结过婚,但在家庭离散的时候,又有一方独自重行婚姻,另成立一个家庭。② 不管是男方另行娶妻,女方另行嫁人,还是男女双方都另有婚嫁,"总之,在前一次合法成婚的家庭,未经过合法离婚的手续,这几者的发生,都可以叫伪组织"③。

在《申报》征婚广告文本中,欲组建家庭伪组织的情况比较常见,大体可以分为以下几种情况。

(一)家眷在乡,另营金屋

如前文所述,进入上海的移民可以分为避难、经商、办厂、谋生、求学、享乐等多种动机需求。其中,许多人在家乡已经有过合法的婚姻。

---

① 忻平:《从上海发现历史:现代化进程中的上海人及其社会生活(1927—1937)》,第161页。
② 余华林:《女性的"重塑"——民国城市妇女婚姻问题研究》,北京:商务印书馆2009年版,第368页。
③ 姜蕴刚:《结婚二重奏——家庭"伪组织"之检讨》,《女铎月刊》,1945年第2卷第10期。

有的是因战事家庭遭变,孤身旅沪,欲另行结婚者。① 有的是因来上海经商,家眷在乡,业余寂寞,欲在上海另行组建家庭的外来移民,如"某君浙人,年四十岁余,经商在沪,未带家眷,现欲征求三十岁以上,朴实女子一位为终身伴侣"②,"某君,年29,已自创事业,英俊诚实,不吸烟酒(已婚,眷在乡),业余寂寞,诚意征求身体自由孀妇、离妇为女友"③。这些外来移民均明确表明已经结婚,妻子在乡,因孤身在上海,需要异性的慰藉与陪伴,欲在上海另觅伴侣。并且从这些广告文本看,征婚者还颇具"诚意",特别说明"荡妇及用度挥霍者,幸勿尝试"④,"不问弃妇、文君、抑避难女子,先友后偶,另营金屋,事出诚意"⑤。可见征婚者是非常认真地想另觅一位"终身伴侣",而不是只图一时的寂寞消遣。这类征婚广告在抗日战争爆发后较为常见,在战前也有明确告知已婚事实的广告,但大多是征妾,而战后的这些广告却不提"妾",仅告知已婚,欲另觅伴侣,属于典型的家庭"伪组织"。

(二)"小脚"与"西服"的背道而驰

民国时期属于中国社会的转型期,传统"父母之命、媒妁之言"受到猛烈揭批,恋爱自由与婚姻自由受到社会大力提倡。在这样的背景下,许多知识分子不免对于父母安排、没有感情基础的妻子心生厌恶,等遇见心仪的女子便热恋起来,甚至论及婚嫁,这种情况在民国时期不胜枚举,许多杂志在通讯栏都刊载着这类的困惑与求助。⑥ 有些新式女子更是基于自由恋爱的感情,自愿与已婚男子同居或结婚。

---

① 《征友》,《申报》1939年4月24日第十八版。
② 《诚意征求女友》,《申报》1938年12月20日第十四版。
③ 《征富孀女友》,《申报》1941年2月22日第十一版。
④ 《诚意征求女友》,《申报》1938年12月20日第十四版。
⑤ 《征求女子》,《申报》1941年8月30日第十一版。
⑥ 《关于重婚问题的两封信》,《妇女杂志》1923年第12期,第110—113页。

因没有感情基础厌弃原配妻子,但又由于种种原因没有与妻子离婚而重行婚姻者在民国时期十分常见,陈独秀与高君曼、郁达夫与王映霞、鲁迅与许广平之间的爱情故事均属类似的情况。在《申报》征婚广告中也有类似情况的表述,如"某君,年廿九,经济、学识、地位均佳,因感妻思想、志趣背驰之痛苦,拟征一志同道合女友,须能国语,中英文有相当程度,不尚虚荣,有前进思想及体高者为条件,诚者函本报748信箱"①。这则征婚广告体现出典型的"小脚"与"西服"之矛盾,是当时历史环境下的一种婚姻形态。

(三)妻子患病,难于子嗣

除上述两种情况外,第三种为妻子患病,"以道德问题不忍仳离"而再征终身伴侣的情形。② 这种情形在《申报》征婚广告中较为常见,但是时人对于这种家庭"伪组织"的提法会有所差异,此类情形广告中征婚者多数表明是在征求"终身伴侣",在诉求表述上与其他征婚广告并无二致,如下面几则征婚广告:

> 某浙人经商有年,月可盈利千余元,兹因内人多病,不克支持家政。欲求一品性高尚,性情温和,通文字之女士永为伴侣。凡有意女士请投函申报馆一五一号信箱,合则约期会晤,先订友谊,不合恕不作覆。③

> 某薄有资产,因内子多病,艰于子嗣,欲求一品格高尚,性情温和,文字通顺之女,永为伴侣。凡有意女士,请通函申报馆一七

---

① 《征高尚女友》,《申报》1941年3月30日第九版。
② 《征求伴侣》,《申报(本埠增刊)》1933年6月27日第三版。
③ 《征缘》,《申报》1925年7月6日第八版。

九号信箱,约期会晤。①

　　鄙人三十岁,江苏籍,具有化学技能,在某化妆品厂任工程师之职,进益甚好,因妻患奇病,无法医治,精神上非常痛苦,兹欲求一青年女子为终身伴侣,贫富不论,须品性良好,智识新颖,如欲求学,而限于经济者,尚可资助,以增高学识,日后共同办理事业也。来信请亲笔写明年岁、籍贯及家庭情形,合则函约面谈,不合原信退回,孤苦之女子最为欢迎。通信处塘山路一千七百七十三号楼上林木先生转交。②

这类征婚广告均表明征婚者已婚,因妻子患病或难于子嗣而再觅终身伴侣,并且有的征婚者还在广告中特意强调其无奈与诚意,如"因妻室患奇疾,多载未愈,致家事及侍奉等乏人,时感精神上之痛苦,刻从友劝,欲求一良伴……万分诚意,非滑头可比,保证将来衣、食、住舒适,而得终身愉快也"③。此类情形广告在对征求对象身份认同上,多数表明是在征求"终身伴侣"。另外,也有征婚者称其为"二夫人"。如"友人某君,北平籍,品端学粹,职业高尚,以夫人终年卧病,家事乏人照料,愿征身家清白、幽娴好学之处女一位为二夫人,聘金从优不计,须廿岁以下,貌佳性温,惯于居家者为合格,生活优裕,绝对可靠,如要证人,亦有相当身份地位者为担保"④。再有就是表明要征妾,如"某君,浙籍,年四十,有高尚职业,已婚二十余年,无子息,特征得妻室同意,拟纳簉室,无论孀居、退婚、离婚妇女以及小家碧玉均可应征,但惟条件以身体健全,而无暗疾,以及品行和善者方为合格"⑤。

---

① 《求偶》,《申报》1925年8月6日第十二版。
② 《征婚》,《申报(本埠增刊)》1928年3月11日第一版。
③ 《征求伴侣》,《申报(本埠增刊)》1933年5月18日第三版。
④ 《征贤内助》,《申报》1941年1月8日第十一版。
⑤ 《征婚》,《申报(本埠增刊)》1931年2月20日第一版。

民国时期陈文浩认为:"已有配偶之男子,隐瞒其配偶,或确知其配偶可不为刑法上之告诉,而与另一女子筑金屋以同居,在此情形之下,虽不称为娶妾,而女方实处于妾的地位。"①据此而论,以上征婚广告中出现的征婚者因妻子患病或难于子嗣而征求伴侣的情形,实际上相当于传统意义上的征妾。但是从这些征婚广告的表述可以看出,当时人们对传统纳妾的看法又在逐步转变,多数属于此类情形的征婚广告,并未明确提及征妾,而是用"二夫人""终身伴侣"等表述,这也反映出传统纳妾制度向一夫一妻婚姻制度转变过程中的一种过渡状态。

(四) 外侨的非正式婚姻

近代上海处于两种权力控制的夹缝地带,享有各种特权和"纸醉金迷"的租界生活吸引着众多外国人,各国商人也因上海的工商繁华与低廉劳动力前来投资,以圆其发财、冒险的黄金梦。据上海市公安局查验外国人入境统计表档案显示,仅1936年就有多达61国、2万余外国人进入上海。② 在这种国际人口流动频繁的境域下,跨种族婚姻也成为异质文化相互融合的一个展现。但是在19世纪,欧美国家的意识形态和国际政策对跨种族婚姻是持排斥态度的。19世纪中后期到20世纪前二三十年,美国曾有11个州禁止美国人与中国人结婚。③ 这种舆论氛围对于居住在上海的欧美人也会产生一定影响。熊月之根据上海档案馆的跨种族婚姻材料估算,在1843年开埠后至1949年间,上海人与欧美白人间的正式婚姻不会超过100例,正式婚姻的数量可谓很少,但当时中外非正式婚姻则相当多。④

---

① 陈文浩:《同居关系之法律观》,《法律评论》(总第762—763期合刊),1948年第3卷第28期。
② 上海市公安局档案:《上海市档案馆藏》。
③ 熊月之:《异质文化交织下的上海都市生活》,第142—143页。
④ 同上,第139—143页。

在20世纪初期,上海外侨男多女少,并且有许多是未婚的独身男子。据布鲁纳、费正清等人的说法,"西方人在中国所过的高等生活的必备条件之一就是享有中国女人"①。在当时以各色各样友谊关系而发展的中外非正式婚姻较为普遍,不只上海,宁波等租界早期,就已出现欧美人与中国女佣生孩子的情况,英国人娶中国小妾也是很平常的事。② 从《申报》征婚广告可以看出,明确表明自身未婚,愿与中国女子结为配偶的外籍征婚者相对较少。③ 多数外籍征婚者则表现出多种复杂关系的交往,并未言及婚姻,如"兹有中年外人,拟征求女伴侣一位,友谊性质,以身份自由及性情和蔼为合格"④。这些外籍征婚者有的明确表明仅交友,无婚姻或经济企图。其征求名义有多种,有的征求能讲英语并喜爱跳舞的中国女友,有的征求擅长交际的中国女子为伴侣,有的则征求中华女子为友并交换智识,有的为交友及外出游玩,有的为学习中国语言及交友,体现出非常复杂多样的交往需求。⑤ 这种情况在1940年代后尤为常见,这种中外非正式婚姻交往极可能形成家庭"伪组织",也是民国时期异质文化背景下的婚姻异化形态表现之一。

三、入赘广告:传统男性气质的"他者"书写

　　民国时期《申报》刊载有一类寻求入赘的征婚广告,标题多以《招

---

① 布鲁纳、费正清、司马富:《赫德日记——步入中国清廷仕途》,北京:中国海关出版社2003年版,第198页。
② 熊月之:《异质文化交织下的上海都市生活》,第143页。
③ 《征求女友》,《申报(本埠增刊)》1928年7月15日第一版;《征求女侣》,《申报(本埠增刊)》1931年11月6日第一版;《征婚》,《申报(本埠增刊)》1931年12月23日第三版。
④ 《征求伴侣》,《申报(本埠增刊)》1937年5月12日第二版。
⑤ 《征求女友》,《申报》1939年12月24日第十四版;《征求女友》,《申报(本埠增刊)》1933年5月7日第三版;《征求女侣》,《申报(本埠增刊)》1935年10月20日第四版;《征求华籍女友》,《申报(本埠增刊)》1936年8月26日第二版;《西人征女友》,《申报》1941年10月25日第十一版;《征友》,《申报》1941年8月2日第十一版。

第五章 《申报》征婚广告镜像中的上海都市文化透析

领赘婿鉴》《诚意征婚入赘》《诚征义父母》《诚征岳父母》等形式出现。① 台湾陈湘涵比较《世界日报》和《申报》,发现这类自愿入赘的征婚广告并不常见于《世界日报》,相较而言,《申报》上的入赘广告数量显得更为丰富。② 经统计,《申报》上这类寻求入赘的征婚广告共有52则。其中,有44则出现在1931年以后。

从广告文本看,这类寻求入赘的征婚广告,大多都没有提及对征求伴侣的任何个人条件要求,多是在自我情况介绍后,更关注女方的家庭背景及父母情况,如"敝友现年二十,吴籍,宦裔,具宋玉之貌,怀子建之才,温文潇洒,倜傥不凡,无嗜好,擅琴弦,人尤老成精干,嵇鹤无愧,现职某处,尚堪自给,恨以怙恃早背,深苦只身天涯,举目沧桑,时兴感叹用。特登报征求,如有高尚家庭,膝下尤虚者,某愿奉为父母,真诚扶助,以乐天伦,或入赘亦可。有缘者请详函北京路三号医生间,秦收转"③。这则广告用较多的篇幅介绍征婚者,并未对未来配偶提出任何期望和要求,只是希望配偶家庭高尚,并无子女。

从征求动机看,这类广告主要有以下几种动机需求。

第一种是愿入赘以求升学或经济资助。如下面两则征婚广告:"鄙人年二十岁,眉目清秀,本地人,毕业于本埠某中学,现在某银行服务,无不良嗜好。平日于服务期间,时觉学问不敷应用,难图发展,故拟续升大学,以求深造,奈经济情况所不允,近商得家长同意,愿入赘为子,惟须供给升学费用。"④"某君,年廿二,北平籍,体健貌正,医校肄业,无父母扶持,独自习求学在沪医院,故特征义父母或入赘,能助

---

① 《招领赘婿鉴》,《申报(本埠增刊)》1932年7月11日第二版;《诚意征婚入赘》,《申报(本埠增刊)》1933年4月8日第二版;《诚征义父母》,《申报》1940年11月8日第九版;《诚征岳父母》,《申报》1941年6月14日第十一版。
② 陈湘涵:《寻觅良伴——近代中国的征婚广告(1912—1949)》,第154页。
③ 《征求父母 招婿良机》,《申报(本埠增刊)》1928年3月13日第一版。
④ 《征求同居岳父母》,《申报(本埠增刊)》1935年5月26日第四版。

资金继续医科求学,或代谋事业发展,今后自当听教训尽孝道。"①在中国入赘婚自古多是由于男子家庭贫困而就于女家,被认为是私有制贫富不均的产物。② 在《申报》征求入赘类征婚广告中,因经济困难而寻求入赘的情况也最为常见。

第二种是孤身寂寞,志愿入赘,以寻家庭温暖的情感需求。一些征婚者表示因独自一人寓居上海,深感孤单,愿意入赘以共叙天伦,故刊登征婚广告愿作义子或赘婿,如下面这则征婚广告:"兹有某君,年念岁,外省人,精通书算,并无嗜好,曾在商界任职。只以没家无依,现愿为入赘婿或嗣子。如有意招赘及征求嗣子者请投函申报天字一二二号信箱金君转交,约期接洽可也。"③这类广告中不乏各方面条件较好的征婚者,有的在大医院供职并自设诊所,有的留美回国,任某华行总经理,有的出身书香门第,自设商号,只因孤身寂寞,欲征慈父、慈母家庭入赘。④ 还有许多征婚者是受战乱影响,遭家庭之变,乱离后孑然一身,孤苦异常,欲赘婿承嗣者。⑤ 如"某君,年廿四,从小家寒未婚,由父执栽培,高中毕业,有职,抗战期中去内地,胜利复原回沪,惜亲族全故,无人眷顾,感觉孤苦。诚征无子者为婿,不需地位资产,只希有爱心,家庭清白,有意函南市长生街24号,方请勿儿戏"⑥。这类广告在1940年后尤为突出,受战争影响,在动荡社会中人们寻求家庭温暖的情感需求显得更为强烈。

第三种是寻求家庭庇护、以谋前途发展。如"某君年少英俊,服务

---

① 《征入赘或义父母》,《申报》1942年2月3日第六版。
② 盛义:《中国婚俗文化》,上海:上海文艺出版社1994年版,第264页。
③ 《待赘》,《申报(本埠增刊)》1928年2月21日第一版。
④ 《征婚》,《申报(本埠增刊)》1928年11月17日第一版;《欲招赘婿者鉴》,《申报(本埠增刊)》1927年5月11日第一版;《征求嗣子或招婿》,《申报(本埠增刊)》1934年1月5日第三版。
⑤ 《征求义父母》,《申报》1940年9月6日第九版;《诚征义父母》,《申报》1940年11月8日第九版。
⑥ 《征入赘》,《申报》1947年1月10日第九版。

· 第五章 《申报》征婚广告镜像中的上海都市文化透析 ·

南京路某大公司,因终身伶仃孤苦,无所依靠,与小人不足,与君子无缘,欲思前途发展非常困难,兹欲征求革命忠实同志或老诚绅商,终身寄为父母或入赘以助前途之发展。"① 还有征婚者在征婚广告中作出保证,表示诚意征求义父母或岳父母,以能帮助前途为限,如承提拔,深信其在最短期内必能自立,并保证"决尽鸦孝,侍奉终身"。② 在上海这种人口流动性较强的都会,外省移民更觉事业发展抚助无人,对寻求配偶事,更是无人关照。民国时期上海以外来移民为主的人口结构,也是催生这类入赘广告的土壤。

中国自古形成的是以嫁娶婚为主要形式的婚姻制度,入赘婚又被称作"赘婿婚""招婿婚""招夫婚"等,是一种男子入赘于女家,以女家为主体关系的婚姻形式。③ 入赘婚一定程度上是相对中国传统嫁娶婚的一种颠覆与异变,中国传统婚姻制度素有"夫为妻纲"的说法,即强调丈夫在婚姻家庭中的主导地位,故入赘婚作为一种与嫁娶婚相异的婚俗,并不像嫁娶婚那样一直受到社会的认可,民间常称之为"倒插门",有的甚至讽之为"雄媳妇"。④ 但是在晚清江浙一带,由于贫富分化的加剧,入赘婚较为盛行。⑤《申报》上此类征婚广告中,有一些自身条件较好的男性征婚者也愿意寻找相当门户作为赘婿,可以看出民国时期上海的入赘现象也比较常见,有征婚者还明确提出"愿出嗣顶姓","出赘他姓,永继嗣香",并且备有各种保证以表明诚意。⑥

---

① 《征求寄父母》,《申报(本埠增刊)》1927年8月8日第一版。
② 《诚征义父母或岳父母》,《申报》1942年3月11日第五版。
③ 盛义:《中国婚俗文化》,上海:上海文艺出版社1994年版,第254页。
④ 孙晟、舒萍:《中国赘婚的演变与研究》,《兰州学刊》2012年第3期,第205页。
⑤ 曹婷婷:《晚清赘婿婚现象初探——以江浙地区为例》,《石家庄学院学报》,2012年第4期,第26页。
⑥ 《欲招赘者注意》,《申报》1941年5月17日第九版;《诚征岳父母》,《申报》1941年10月24日第九版;《征岳父母》,《申报》1941年5月23日第九版;《征求义父母》,《申报》1937年10月22日第八版。

173

民国时期上海处于中国与西方、传统与现代相互交融的特殊历史时期，上海开埠以后，江南及其他地域的男性或拖家带口或只身闯荡上海，他们背弃的是小农经济、传统乡镇结构和尊卑有序的世俗伦理，进入到商业化、移民化的社会结构，以及华洋杂居、通商贸易的社会生活方式。① 从清末开始，上海男性在有关上海人的讨论中就面临指责。1904 年，蔡元培在《警钟日报》上提出"上海人"的概念，在陈述上海人的优势后，更是提到："上海人妻孥之堕落，永无了期。"② 这些对上海城市男性的指责与上海的殖民境地不无关系，"殖民的境地总是被想象成一个他者，其逻辑结果就是作为城市主体性的男性气质的失落"③。上海这种商业化的半殖民环境，与中国悠久的皇城正统形象相去甚远，因难以承担城市和民族的主体性，这个城市的主导男性气质，不仅成为西方的他者，也是中国民族革命中象征性的他者。《申报》中征求入赘的征婚广告，也成为中国传统男性气质的他者书写，是民国时期上海特定政治、经济、社会、文化等诸多因素共同作用下的社会现象，反映出传统与新生的交融混杂，也映射出中国那个特定年代、特定地域一种充满张力的特殊状态。

综上，民国时期是上海都市化进程的加速发展期，上海流动人口大量增加，形成以商业活动为中心的新兴都市场域。五四新文化运动又为意识形态、价值观念的吐故纳新提供了舆论环境，新的生活方式不断涌现。在上海这样一个边界模糊、身份含混和规范被不断打破的百变都市场域中，人们经历了多次的快速社会化转变过程，这个过程中不可避免地产生了一些异化心理与异质文化。本节中所述的各种家庭伪组织形

---

① 李长莉：《晚清上海社会的变迁——生活与伦理的近代化》，天津：天津人民出版社 2002 年版，第 145 页。
② 《警钟日报》1904 年 6 月 26 日。
③ 吕新雨：《大众传媒与上海认同》，上海：上海书店出版社 2012 年版，第 122 页。

态、寻求入赘征婚广告等,都是这个特定历史语境中的现实写照。

第二节　新型都市与大众媒介文化需求

民国时期,上海新型都市文化呈现出的三个主要特征就是:商业化、多元化与大众化。① 商业化与现代化的发展使都市居民产生文化消费的现实需求,大批远离家乡传统生活的新型市民,身处陌生而孤闭的都市社会环境,产生快速介入社会的大众媒介文化需求,大众媒介贴近生活,以大众为源头,本身就体现了文化的大众性。民国时期上海大众媒介的社会化功能也因都市居民的媒介文化需求而体现得更为明显。

一、大众媒介对上海都市居民的社会化作用

近代上海都市的快速发展进程中,上海人由乡民变为都市居民,经历了多次的社会化过程。② 所谓社会化,就是将自然人变为社会人,是人对所处的时代与社会环境、文化规范、社会主导价值观的一种学习、适应、认同与运用的过程。具体包含两方面涵义:一方面,这是一个学习、适应、认同的过程;另一方面,也是一个在此基础上参与、介入社会生活、"再现社会经验"的过程。③ 就上海都市社会化的渠道与途径而言,广义上包括整个社会环境与氛围,诸如工厂、学校、家庭、社团、参照群体以及大众媒介等,不过这些渠道的社会化功能不一定平衡一致,其中大众媒介对上海人快速实现社会化具有至关重要的

---

① 忻平:《从上海发现历史:现代化进程中的上海人及其社会生活(1927—1937)》,第345页。
② 同上,第160页。
③ 刘豪兴、朱少华《人的社会化》,上海:上海人民出版社1993年版,第8页。

作用。

　　近代以来,上海的大众媒介在全国一直独占鳌头。据国民党中央宣传部 1931 年 8 月发布的《全国日报销量统计表》显示,销量在 3.5 万份以上全国最大的 6 家报纸依次是:《申报》《新闻报》《时事新报》《大公报》《时报》《益世报》。① 其中,上海占了 4 种。据 1936 年上海市政府统计,上海经登记正式发行的各种报纸刊物多达 320 种,②二三十年代上海先后出版的各类小报竟多达 700 多种。③ 且当时上海有几十家书局和出版社,每年出版新书多达上千种。1927 年至 1936 年,上海出版的书籍可以占到全国的绝大多数,仅规模最大的商务印书馆、中华书局和世界书局三家出版社的新书即占到全国的 65.2%。④ 1923 年 1 月,广播媒介最早出现在上海。到 30 年代,全国初步形成以上海为中心的传播网络,1937 年,全国 76 座官办民办电台中,上海占了近 40 座。⑤ 由印刷媒介和广播媒介的发展可以看出民国时期上海大众传媒事业之发达。

　　"媒介作为社会公共领域,其基本功能在于推进人的社会化。"⑥ 大众传媒也是人们认识社会、介入社会的有效工具,上海大众传媒所带来如此大容量的信息传播环境,在传递丰富社会信息的同时,也潜移默化地改变着人们的价值观、行为取向与社会生活,加速上海人的社会化改造过程。不断变化的价值观念和社会规范在传播工具中迅速得到回应,引导着人们按照不断更新的价值观与生活观去思考、去

---

① 秦绍德:《上海近代报刊史论》,复旦大学出版社 1993 年版,第 184 页。
② 《上海市年鉴》(下),上海:中华书局 1937 年版,第 12 页。
③ 祝均宙:《上海小报的沿革》(中),《新闻研究资料》,1988 年第 6 期,第 137 页。
④ 王云五:《十年来的中国出版事业:1927—1937》,中国文化建设协会编:《十年来的中国》,上海:商务印书馆 1937 年版,第 12 页。
⑤ 赵玉明:《中国现代广播简史》,北京:中国广播电视出版社 1987 年版,第 6 页。
⑥ 郝雨:《公共领域展开的私己空间——从纯个人问题求助类电视节目看"媒介功能的延伸"》,《上海大学学报(社会科学版)》,2008 年第 1 期,第 26 页。

行动,从而习得适应上海社会环境的生活经验与规范认同,并不断实现价值观念与行为取向的重构。

大众传媒以一种非强制的方式悄然对人们进行社会化,年轻人可以从广告中认知消费者的社会角色,以及上海社会对金钱、美丽与成功的特别崇拜。女性可以从征婚广告中看到男性的征婚诉求,并依此不断调整着自我形塑与表达。从《申报》征婚广告的择偶偏好看,"品貌端正""性情温和""不染时嗜""中华淑女"等是男性征婚者在品性诉求中常提及的词汇;相应的"素无嗜好""品行端正""性情温柔""无时下习气"等也成为了女性征婚者自我表述的常见用语;家世背景层面,"身家清白"几乎成为男性征婚诉求与女性自我表述中共同的话语表达。

男性也可以从征婚广告中读到女性的择偶需求,并依此提出满足女性需求的支持条件。在《申报》征婚广告中,一些女性征婚者会在经济帮助,供给求学,介绍职业,家庭赡养等方面希望男性提供帮助。① 而许多男性征婚者也提出如果女家素贫,愿以相当财物酬以养老,如欲求学而限于经济者,可以相助;或家庭负担过大、须赡养其父母者,在力之所能,均可商量。② 男性征婚者在经济、升学、家庭负担等方面提供的支持条件与女性的择偶需求表述基本一致。职业方面,女性在征婚诉求中常提及的"有正当职业""有长久职务"也多是男性在自我表述中的常见用语;经济与收入层面,"能维持中等家庭生活""稍有资产""家道殷实""有经济能力者"成为女性征婚诉求的集中阐述,男性征婚者则多以"能负中等生活""薄具资产""收入丰裕""经济独立"

---

① 《征婚》,《申报》1931年8月12日第十六版;《征友》,《申报(本埠增刊)》1934年11月26日第三版;《选婚》,《申报》1942年7月12日第七版;《征友》,《申报》1946年9月4日第十二版。
② 《谨告希望文明结婚的女士》,《申报》1920年5月24日第四版;《征婚》,《申报(本埠增刊)》1927年7月14日第一版;《求友》,《申报(本埠增刊)》1928年7月23日第一版;《征婚》,《申报(本埠增刊)》1933年5月28日第三版;《征贤内助》,《申报》1941年1月8日第十一版;《征友》,《申报》1941年1月10日第九版;《征侣》,《申报》1941年1月11日第十一版。

等作为自身砝码。

这些广告信息一方面传递了青年男女的婚姻诉求与价值取向,同时也对社会婚姻价值观变迁具有一定的建构意义。促进人们不断调整对社会家庭关系的认知以及社会性别角色的认同,寻找自己在社会及婚姻家庭中的最佳位置,这个过程也是报纸这种大众媒体对人的社会化作用的一个体现。

二、连结私人与公众:大众媒体的中介角色

家庭属于私人领域的组成部分,哈贝马斯认为基于两性关系的家庭生活处于私人领域的核心地位。[1]而"媒介是私人从私人领域中进入公共交往的重要平台和纽带"[2]。在民国时期,《申报》《大公报》《益世报》《新闻报》《中央日报》等各大报纸上均刊登有许多个人的同居、离婚、结婚、订婚与解除婚约等声明启事,其中包含许多私密的个人信息,比如同居缘由、同居地点、同居人姓名、具体离婚原因、解除婚约原因、脱离夫妻关系、脱离同居关系原因等,这些成为记录当时人们婚姻生活的重要文本和传播媒介,也为我们呈现一幅幅生动的婚姻生活图景以及一个时代的婚姻文化。

布雷德利研究18至19世纪英国征婚广告,认为征婚者通过公开的形式寻求私人关系,不同于传统通过人际关系(如家庭、朋友介绍)的择偶方式,刊载于报纸的征婚广告更具公开性,且在大众阅读、品评与参与的同时,也将报纸的公众性隐私化。可以说征婚广告巧妙地融

---

[1] 哈贝马斯,曹卫东译:《公共领域的结构转型》,学林出版社1999年版,第95页。
[2] 孙藜:《从媒介与"私人性"的关系看公共领域之可能——当代中国语境下对哈贝马斯历史分析的再认识》,《国际新闻界》2013年第2期,第53页。

· 第五章 《申报》征婚广告镜像中的上海都市文化透析 ·

合公众与私人的主体性,横跨在公共领域与私领域之间。① 中国征婚广告通过报纸将个人的情感诉求与私人生活公开传播,彰显出报纸等大众媒介在私领域所扮演的中介角色,连结着私人与公众,既表达私人情爱,又建构公众认同。②

在民国时期《申报》征婚广告中,也出现许多有关个人财产、收入与婚姻家庭关系等私人化信息。如"在东任教职,年收四千八百元","月俸足以养廉,其家拥巨万不计也","有田二百亩","并备藏银五万,婚后抵生活补助费"等。③ 这些征婚者不仅将个人月薪具体数额刊载于报,还公开家庭的财产情况。另有一则《官家闺秀征婚》广告,更是详细说明其家产的使用与分配情况:"先父清廉著名,身后所遗不及三万金。因乏承继之人,奉遗嘱,以五千元留作家母养老金外,其余悉数拨为侬妆奁之费。"④

再如下面这则征婚广告将征婚女子受骗怀孕隐私信息全部呈现报端:"某女士,年轻貌佳,受有中等教育,因交友不慎,一时受欺,以致怀有身孕,历时已有三阅月,现愿嫁与能维持中等生活,无子女者为妻,年龄较大不妨,有意者请投本报 503 号信箱。"⑤还有下面这则广告也是详细阐述征婚者的婚姻家庭关系,"兹有某君年卅六,大学毕业,在上海任要职有年,并置有产业,近因妻嗜赌,致将家产化用,且强欲离婚,并索二万元赡养费,查离婚非道德行为,本应拒绝,惟念其已育有子女,年均幼稚,而母性暴戾,致夫妇情感益形冰炭,势非给付脱辐不可,而征婚人在沦陷区尚有产业,无从抵借,兹愿征求性情和顺、身家清白、略受教育,而愿以

---

① Andrea Bradley. Wanted: advertising in British literature, 1700 – 1830. Vanderbilt University, 2005.
② 陈湘涵:《寻觅良伴——近代中国的征婚广告(1912—1949)》,第 351 页。
③ 《求凰启事》,《申报》1921 年 6 月 16 日第四版;《征婚启事》,《申报(本埠增刊)》1927 年 9 月 5 日第一版;《征婚》,《申报》1930 年 6 月 14 日第十八版;《征婚》,《申报》1936 年 11 月 10 日第十六版;《征女友》,《申报》1940 年 7 月 5 日第十一版;《征缘》,《申报》1924 年 5 月 18 日第五版。
④ 《官家闺秀征婚》,《申报》1928 年 3 月 24 日第八版。
⑤ 《征友》,《申报》1941 年 3 月 3 日第九版。

现金二万元受抵内地产业之淑女一位为侣,以便准备一切后,即行与之正式合法结婚,有意者请投函爱多亚路中汇大楼五一七号冯乳燕君转,合则约请上海有地位之人介绍面谈,互守秘密。"①

　　这些在当代人看来具有隐秘性的个人信息悉数呈现报端,形成丰富多样的公众记录,是千差万别、包罗万象的个人群体生活故事,也是一种公众景观。一则《漫话征婚》的文章曾提到阅报者看这些个人刊载广告的乐趣:"从上月起,一狠心订了一份北京小报,每当茶饭后,翻弄一会,看个儿媳妇打婆婆,父子脱离关系的小启事唔的,也觉得怪好玩的。我看报还有个小毛病,就是报拿到手,由要闻一直看到本埠锁闻,然后什么文艺栏,游艺版也得看个一干二净。最后才轮到了报屁股的广告。要说广告的趣味,有时也不在要闻之下,就说昨那段征聘教师的广告吧,当中就大有其奥妙在,我把他录在下面,不信,请瞧。"②可见,当时即使自身没有明确信息需求的人,也会逐一浏览这些个人刊载的广告,当做茶余饭后的消遣和谈资。应该说民国时期大众媒介更巧妙地连结了私人与公众,也体现出新型都市环境中城市居民对大众媒介文化的需求。

三、都市叙事:个体的媒介呈现与性别认同

　　性别认同以男女两极相互参照所形成的"镜子"为认同准则,且依此塑造自己的个体形象和社会角色,并不断按照这种准则调适与修整自己的心理与行为倾向。性别认同是人类社会较为普遍与基本的认同秩序,它受到社会文化的制约和限定,在不同的时代,社会通过具文

---

① 《征婚借款》,《申报》1940 年 1 月 20 日第十二版。
② 苏铭林:《漫话征婚》,《三六九画报》1940 年第 6 卷第 2 期,第 22 页。

第五章 《申报》征婚广告镜像中的上海都市文化透析

化差异的系统和机制使个人在其中习得性别角色,并接受社会性别规训。

《申报》征婚广告的文本内容不仅是社会个体的一种媒介呈现方式,也体现出民国时期上海社会具时代意义的性别认同。民国时期的上海属于典型的男权主义社会,虽然五四新文化运动后"妇女解放"、"男女平等"的呼声高涨,但是现实环境中却缺乏女性真正实现独立的条件与基础,男女平等与妇女独立也只能是知识分子的舆论主张和内心希望。林语堂在《婚姻与职业》中曾提到:"现在的经济制度,你们都明白,是两性极不平等的……女人可进去的职业总比男人可进去的少。而在女人可进去的职业中,男子还会同你们竞争,而在酬劳机会天才上都占便宜……所以唯一没有男子竞争的职业,就是婚姻。在婚姻内,女子处处占了便宜。这就是现行的经济制度。出嫁是女子最好、最相宜、最称心的职业。"[1]在这样的社会环境中,女性很难找到合适的职业并获得经济上的独立,也就无从谈到人格上的真正独立。

《申报》征婚广告中处处可以看到女性对男性的依附,并且不自觉地把自己置于男性的附属地位。如下面这则征婚广告:"某女士,向有高尚职业,今因不愿任事故,欲择人而事,惟年纪须在四十以上,有正当职业方可,通信处北站邮局转方有德君收。"[2]这则广告也反映了当时一些女性的依附心理,不愿意在社会上谋职独立,即征求一段婚姻,并且对配偶亦无过多要求,只要有正当职业,可以解决生计问题即可。正如林语堂所言,当时的女子是把婚姻当作"最称心"的职业。并且要求男性在关系存在期能每月给生活费,要求男性可以维持中上等家庭生

---

[1] 《论语》(半月刊)1933年第24期。
[2] 《征婚》,《申报》1927年12月15日第八版。

活,并帮助其经济、学业等更是女性征婚者的常见诉求。① 女性对男性这种经济上的依附,也直接导致其自身对男性精神和心理上的依附。

  男性在征婚广告中往往体现为高高在上的主宰者,从经济地位来看,男性一直处于社会主导地位,他们控制着社会,并决定着女子的命运。即便是男性知识分子首先倡导的女子教育也并非出自要培育国家良好公民的单纯目的,只是要培育"良好母亲"而已,仍然将女性限定在"贤妻良母"的性别角色中。1928 年,政府制定的新学制中主张:"对于女子教育尤须确认培养博大慈祥,健全母性,实为救国救民之要图,优生保种之基础。"②男性在征婚广告中更是将这种性别角色认同传达给了女性,正如一位男性征婚者的诉求:"对烹饪、缝纫及管理家务自信能胜任,而愿为新母仪之试验,并怀有改良种族之职志者。闺阁淑女合乎以上条件,而愿应征者请亲笔书函。"③这也体现出作为社会主宰的男性对于女性性别角色的期望,下面这则征婚广告更是体现了男性主导的社会话语权以及男性宰制的社会角色:

  予毕业北平某法学院,执行律务,月入颇丰,乡间广拥田产。现有二子,长子年已十七,暑期即可毕业于某高级中学,即拟升入大学以求深造。兹因时值非常,家慈年迈,无力管理乡间田产,予又须离申赴蓉,久欲为予子选一干练妻室,奈作伐之人虽多,苦无当意合,特登报征选。凡有下列条件之全部者,方为合格。否则,请勿尝试。无论成否,往来信函当代为销毁,以资秘密。(一)对方女子须贞洁高尚、貌秀体健,敦朴勤俭,能耐劳耐

---

① 《征友》,《申报》1941 年 2 月 21 日第九版;《征婚》,《申报》1941 年 9 月 16 日第十一版;《征友》,《申报》1947 年 1 月 8 日第十版。
② 卢燕贞:《中国近代女子教育史》,台北:文史出版社 1989 年版,第 188 页。
③ 《征婚》,《申报(本埠增刊)》1936 年 4 月 1 日第二版。

苦,无不良嗜好,略谙文字、珠算,能操持家政,籍隶宁波,年约十七岁左右,并能甘乡村生活者。(二)结婚后即须送至乡间居住。一则可使予子专心学业,二则前去奉侍予母,须克尽孝心不得稍有怨恨,三则管理乡间一切家政、田产。如女方之母愿偕同前往者,亦可(须视时局而定)。(三)对方女子须为独生女,即父母健在并无兄弟、姊妹,而其父母须能不避艰险为子婿服务,且能视子婿如己出者。(四)对方女子之父须诚实干练,有正当职业,并谙习宁波秤租、种田等习惯者。(五)合格后由双方着手调查,挽请殷实商人作伐。来信请寄上海邮政局信箱第四千零八十号成彬君收,以便接洽。①

这则广告要求应征女子甘于乡村生活,掌管一切家政,还要求其为独生子女,并对女方父母提出一定要求,希望应征女方全家都可以为子婿服务,呈现出典型的大家庭宰制思想。这些征婚广告话语以较为隐蔽的方式,在不知不觉中建构了人们对社会性别角色和行为规范的认同,男性往往处于社会主导地位,他们按照自己的意愿为女性设定社会角色,同时也营造了女性对男性的依附关系与心理认同,女性则自愿地接受着对男性依附的社会角色。《申报》征婚广告所呈现的这种性别认同具有显著的时代特征。虽然《申报》中也不乏来自宦家或富商女公子的择婿广告以及男子的征求入赘广告,体现出上海社会女性认同的相对独立性,但这一时期的上海女性认同并没有触动男性在社会中的主导地位,她们的社会角色和行为仍无法从根本上摆脱男性的意志。女性征婚者的自我表述也无不体现着男性对女性的期望,或者说女性是在男性的凝视下进行自我形塑,这种相对的独立性也是

---

① 《为子选妻》,《申报》1939年5月12日第十六版。

局限在女性对男性的依附前提之下的。

在民国时期,大众媒介更大地发挥了其中介角色的功能,不仅连接了私人与公众,还成为上海人实现社会化的一个重要传播渠道。《申报》征婚广告中的个人信息则是人们社会化过程中的现实记录,并成为一种公众景观,更彰显了上海社会的性别认同与社会角色。这些对于我们重新思考民国时期报纸是如何与阅读的公众交流的既存设想提供了一些新的视角,也对我们重新思索媒介与社会关系的变化具有启示意义。

第三节　都市生活中婚姻文化的新旧融合

自开埠以后,上海渐趋形成传统向现代转型的都市文化,但是这种过渡与转型并非一蹴而就、非此即彼,而是经历中西杂糅、新旧交融与循环往复的过渡,都市生活中的过渡变化在婚姻家庭方面的体现尤为明显。

一、征婚广告中的新观念与旧道德

中国近代婚姻问题的显要变化就是婚姻变革新观念与中国传统婚姻理念之间的碰撞和交锋。所谓"新观念",主要指清末民国时期出现或逐渐流行开来的那些具有时代新内涵的婚姻观念,如现代爱情观、妇女独立观、自由离婚观、一夫一妻主义等。[1] 新旧之争成为近代中国一个持续的现象,关于观念的新旧之分,具有相对性。近代许多"新"思潮和"新"观念,就其社会存在的样态而言,实不可简

---

[1]　余华林:《女性的"重塑"——民国城市妇女婚姻问题研究》,第3页。

第五章 《申报》征婚广告镜像中的上海都市文化透析

单地被归类为新或者旧,多数都是不新不旧、亦新亦旧、新旧杂糅的。① 这个杂糅的结果,也不是瞬间完成的,而是随着各种观念不同内涵的不断呈现,并通过与其他观念的冲突与融合,逐步互动形成的。

《申报》征婚广告中,在征婚者的自我表述、征婚动机、征婚诉求与交往办法说明等方面,均可看出都市居民婚姻观念的新旧融合。在征婚者自我表述中,既有征婚者表达自身具新智识,是新青年,思想新颖,富有前进思想,也有征婚者说明自身具备善持家政、娴熟女红等传统美德,是旧家闺秀,具有旧礼教美德。还有征婚者更是直接标榜自己"有新思想具旧道德"。②

在征婚动机中,虽有征婚者提出不愿被旧礼教所束缚,"需品性相投,能了解家庭平等真义"等新式观念,但是也有"早岁因门第异殊,致因循婚姻迄今"等传统婚姻观念的表述,并且许多征婚者的征求动机都体现出对传统家庭性别角色的认同。③

征婚诉求所呈现的新旧杂糅更是明显。既有男性征婚者期望与具有新思想、受过相当教育、有新智识、存自立思想、健美的新女性为婚,更有"以有志于中国新孝运动之女同志为合格"、"及了解现代社会新潮流的学说,并抱有在社会服务为宗旨"等体现先进思想的择偶

---

① 罗志田:《思想观念与社会角色的错位:戊戌前后湖南新旧之争再思》,《历史研究》,1998年第5期,第56—58页;罗志田:《新旧之间:近代中国的多个世界及"失语"群体》,《四川大学学报(哲学社会科学版)》1999年第6期,第77—82页。
② 《求贤配》,《申报》1925年8月29日第二十版;《征求女友》,《申报(本埠增刊)》1927年3月5日第一版;《征婚》,《申报(本埠增刊)》1925年10月10日第一版;《征婚》,《申报(本埠增刊)》1932年7月3日第五版;《征求良友》,《申报》1939年4月23日第十六版;《征婚》,《申报》1934年5月3日第十八版;《征友》,《申报》1942年3月31日第七版;《征婿》,《申报》1941年11月25日第九版。
③ 《征婚》,《申报》1925年10月20日第八版;《征友》,《申报》1941年11月17日第九版;《代同学征婚》,《申报(本埠增刊)》1927年8月27日第一版;《征求女友》,《申报》1933年3月15日第十四版;《征婚》,《申报(本埠增刊)》1928年11月17日第一版;《征求伴侣》,《申报(本埠增刊)》1930年10月25日第二版。

诉求①，同时也有男性征婚者征求"旧家闺秀"、"旧式小脚女子"，以及要求女性可以耐劳家政，侍奉老人，能甘居乡村生活等，表明男性心中旧式婚姻观念以及传统女性角色认同仍然根深蒂固。② 有的男性征婚者则是要求征求对象"有旧道德而具时代新思想"，也有女性要求配偶有正确新颖思想，兼有旧道德观念。③ 但是大多数女性择偶时，都要求男性具赡养能力、能供给相当生活费用、负担中等家庭生活。且有女性征婚者表明只要有正当职业，愿意负担母女二人生活，做侧室也可考虑。④ 仍然存在为生计所迫贩售婚姻的情形，一如旧式的卖身为妾。

从征婚广告的刊载者看，尽管"父母之命"的旧式婚姻制度受到猛烈揭批。但是《申报》征婚广告中仍有为数不少的父母、亲友代为征婚的情况，其中不乏家长旨意的左右与支配，传统"父母主婚"的现实情况仍然较为常见。⑤ 从《申报》征婚广告文本中处处可以看到这种新旧融合的婚姻价值观。

二、新旧婚姻形态的交叠并存

在《申报》征婚广告中，虽然有征婚者主张再嫁自由、离婚自由以及

---

① 《谨告希望文明结婚的女士》，《申报》1920年5月24日第四版；《征婚》，《申报(本埠增刊)》1927年7月14日第一版；《征求女友合作》，《申报(本埠增刊)》1927年9月6日第一版；《求贤配》，《申报》1925年8月29日第二十版；《征侣》，《申报(本埠增刊)》1927年5月12日第一版；《征求伴侣》，《申报(本埠增刊)》1927年11月5日第一版。
② 《征婚》，《申报》1940年1月22日第九版；《征伴》，《申报》1940年12月9日第九版；《征婚》，《申报(本埠增刊)》1936年2月23日第三版；《为子娶妻》，《申报》1939年5月12日第十六版；《征婚》，《申报》1939年10月31日第十版。
③ 《征侣》，《申报》1936年6—29日第十六版；《征友》，《申报》1941年4月8日第九版。
④ 《大东信托所》，《申报》1940年12月11日第九版；《征婚》，《申报》1940年12月28日第十一版；《选婿》，《申报》1942年7月12日第七版。
⑤ 《淑女征婚》，《申报(本埠增刊)》1933年9月14日第四版；《家长为儿女征婚》，《申报》1948年6月24日第七版；《为子选妻》，《申报》1939年5月12日第16版；《征婚》，《申报》1939年10月31日第十版。

一夫一妻等新式婚姻,但也有不少征婚者仍然以旧的婚姻形态结合,其中征求妾室的广告即是最为典型的表现。其间有男性征婚者自行刊登的征妾广告,此类情况多出现于抗战前。如:"某君浙籍,薄有财产,年廿八岁,在家读书,品貌尚佳。今思欲娶一妾,须要品貌端正,国文精通。"①"某君,浙籍,年三十,沪西某大学毕业,现任要职,品貌清秀,已婚十年,因无子息,特征得妻室同意,拟纳簉室,无论孀居、退婚、离婚妇女以及小家碧玉,均可应征,但惟一条件以身体健全,而无暗疾者方为合格。"②其纳妾理由多为求子嗣、妻子卧病,家事乏人照料等。③

抗战后,妻子代夫征妾的广告亦时有所见,如下面这则《征侣》广告:

> 外子服务创业,胥著成绩,公余研习西文,已通英、法、俄、德四国语言。顾拙耦结褵已久,膝下犹虚。窃谓伯道无儿,古今同憾;尧女事舜,圣贤所许。况承志承欢,乃藁砧切望。于晚年伴学伴游,正拙耦相需乎来日,同德同心,余更欲得一异性姐妹,以匡不逮。私期或有仁侠贤慧之淑女,雅愿成人之美。高明通达,父母相攸,独具只眼。用是代征贤侣,共图创造。至于藁砧之道德、学问、身体、经济、性情、志愿,均颇不弱,年正有为,前程无限,远非市侩、纨绔可比。余亦读书明理,薄有声誉,不甘言欺人。谨掬至诚,启事报端。尚蒙不弃葑菲,垂青蓬荜。敬请亲书中西履历、家庭概况、希望条件等,详函本报三二七号信箱。合则各先调查,再订友谊。双方满意,乃缔良缘。不合,奉还原件,并守秘密。④

---

① 《求婚》,《申报》1921年4月29日第四版。
② 《征婚》,《申报(本埠增刊)》1931年2月11日第三版。
③ 《征婚》,《申报(本埠增刊)》1931年2月20日第一版;《重金征贤内助》,《申报》1941年1月5日第十五版;《征贤内助》,《申报》1941年1月8日第十一版。
④ 《征侣》,《申报》1939年10月26日第十二版。

在这则征婚广告中,妻子详述丈夫的种种优秀,并表明因无子嗣,代夫征妾的意愿,但广告中并未说明对征求对象的要求与条件。有的妻子代夫征妾广告则明确说明欲征求贫苦女子,共襄夫君。此外,有女性征婚者也主动在广告中表态,说明自己"侧室亦愿"。①

由上述情况可以看出,征妾广告不仅公开、明确,并且存在一定的市场需求。虽然民国时期在知识分子的带动下,纳妾制在社会舆论上已遭到越来越多的批判,但社会中纳妾之风仍然大行其道。在婚姻自主、恋爱自由的观念倡导下,有人对原有的旧式婚姻不满意,但又出于种种原因不能离婚,于是纳妾以图弥补。② 潘光旦根据当时调查结果提出,虽然社会上有 70% 以上不赞成蓄妾,但"社会有强烈之多妻倾向,而欲推行严格之一夫一妻制,论理未尝不可通,论势则万万不可能",主张倡导一夫一妻而容忍一夫多妻。③ 民国社会一夫一妻制虽已被法律确定,但现实生活中旧式征妾与征求兼祧平妻的现象并不见少。如下面这则征婚广告就反映出当时社会中存在的兼祧并娶现象:

> 缘殿卿本身后嗣无出,故立胞侄俊杰为嗣。但本房迄今尚未为俊杰成婚,殊为虑切。况我方氏人丁希少,苟不急为婚娶,诚恐遗负不孝之名。为此,登报征求。谨将征求程序开列于后:(一)年龄在廿五岁以上。(二)身家清白。(三)粗知文字。(四)人品端正。以上四项为征求大略,如荷允合,即请通知上海西门外方斜路一百卅六号可也。方殿卿谨启。④

---

① 《征伴》,《申报》1939 年 11 月 7 日第十二版;《征婚》,《申报》1940 年 12 月 28 日第十一版;《征伴》,《申报》1940 年 8 月 14 日第十版;《征友》,《申报》1941 年 2 月 12 日第九版;《代征伴侣》,《申报》1942 年 3 月 22 日第五版。
② 采真:《妾之灭度说》,朱采真:《废妾号》,杭州:浙江书局 1922 年版,第 7 页。
③ 潘光旦:《中国之家庭问题》,《潘光旦文集》(第 1 卷),第 188 页。
④ 《为嗣子征婚》,《申报》1926 年 9 月 26 日第八版。

中国古代向有兼祧纳妾之风，兼祧也被称为"一子继两房"，指宗法制度下一个男子兼做两房的继承人。① 兼祧并娶即两家各为男子娶一妻子，繁衍子孙，以继承两家宗嗣，这是当时民间典型的多妻现象。但是两个妻子之间无尊卑之别，无妻妾之分，也俗称作"平妻"、"平处"或"两头大"。

民国时期，社会上仍然存在纳妾、兼祧并娶等旧式婚姻形态，在《申报》《世界日报》等报纸征婚广告中都不乏这类的征求。② 这类征婚广告反映的并不仅仅是一段特殊婚姻关系的征求，从中也可看到当时婚姻形态的过渡与社会认同。民国时期的婚姻已非对旧式婚姻观念的认知，但也未能彻底地实现新的婚姻观。新式结合与旧式固存之风并存，体现出一种新旧融合的过渡状态与婚姻实践。

三、新式择偶与旧式婚俗文化的观念认同

民国时期，征婚广告仿照欧美成例，虽然在形式上是较为新颖的男女择偶方式，但是从广告文本看，其中包含有许多旧式婚姻理念与婚姻习俗的文化认同。五四新文化运动时期，知识分子对父母包办婚姻进行了猛烈抨击，主张恋爱自由、婚姻自主，而征婚广告这种择偶方式正是青年男女将自身情况与征求对象期望条件等信息公开刊载于大众媒介，以期征求到合乎自己心意的配偶。这种方式异于旧式的"媒妁之言"，男女当事人可充分表达自身意见，但从征婚广告文本看，这种新的择偶方式却又并未完全与旧式媒妁脱离关系。

在《申报》征婚广告中，时常有征婚者提到，双方合意后即央媒说

---

① 彭立荣：《婚姻家庭大辞典》，上海：上海社会科学院出版社1988年版，第184页。
② 《征妾》，《世界日报（北平）》1934年9月5日第十二版。

合,或是郑重订婚、拟定契约、邀请要人证婚等。如一则征婚者为"沪读旧家闺女"的征婚广告,在交往办法中即表明"尽可先行通信,一俟女方调查满意,即当答复,并可交换照片,正式央媒说合"①。另外一位强调自身"健康天足,有旧家庭礼教美德"的女性征婚者,在广告中也提到,调查确实后,再央媒作伐,正式结婚。② 可以看出,征婚者只是希望刊登广告扩大征求范围,待遇到合适人选后,还是要采用传统央媒说亲的婚姻习俗。并且未提及任何男女相互了解、交往的过程,仍然是旧式婚姻思想的体现,背后隐藏着婚姻嫁娶的"买卖性"。正如一位男性征婚者所言:"如欲即行订婚,仍似买卖式者,希毋投函。"③还有征婚者表示须家长出面,先做二三月交往,感觉合适后再进谈婚事,如"合则先以双方父母来往,以半载一年为期,深知彼此底蕴而后订婚",仍然强调父母往来与家长主婚的传统婚姻办法。④

在抗日战争爆发前,征婚广告中征婚者强调郑重订婚、举行正式订婚仪式的较为常见。⑤ 尤其是在二三十年代,有为数不少的征婚广告强调须由名人或上海有地位人士证婚来缔结婚姻。⑥ 有的征婚广告更是强调须军、政界要人证婚,如"事成由两军长证婚"、"事成由国府两位上将军证婚"等。征婚者本身便是跻身政界、军界,有一定社会地

---

① 《征婚》,《申报(本埠增刊)》1925年10月10日第一版。
② 《征婚》,《申报》1934年5月3日第十八版。
③ 《征婚启事》,《申报(本埠增刊)》1934年11月28日第三版。
④ 《家长为儿女征婚》,《申报》1948年6月24日第七版;《征婚》,《申报》1922年12月25日第四版。
⑤ 《征婚》,《申报(本埠增刊)》1928年4月20日第一版;《征求配偶》,《申报(本埠增刊)》1928年3月6日第一版;《征婚》,《申报(本埠增刊)》1928年4月23日第一版;《征求女友》,《申报(本埠增刊)》1928年7月15日第一版;《征婚》,《申报(本埠增刊)》1932年10月28日第四版;《征求伴侣》,《申报(本埠增刊)》1933年6月27日第三版;《求偶》,《申报(本埠增刊)》1934年11月24日第四版。
⑥ 《征求女伴》,《申报(本埠增刊)》1936年7月25日第二版;《征婚》,《申报》1940年9月6日第九版。

位的人士,故有些人脉。① 到 30 年代中后期,蒋介石提倡新生活运动,上海市政府积极响应,由上海市社会局公布《上海市新生活集团结婚办法》,主张婚礼的"简单、经济、庄重"。受战争因素影响,社会动荡、经济萧条,进入 40 年代后,提及订婚仪式与名人证婚的情况才大为减少。

从上述征婚广告中提到的央媒说亲、郑重订婚、正式订婚礼,再到名人证婚等,可以看出征婚者虽然采用征婚广告这种新的择偶方式,但在婚礼仪式与缔结办法上还是多认同于传统婚姻习俗。依据中国传统婚姻习俗,娶妻一般都要有正式的程序、婚书、仪式,而纳妾则没有这些要求。瞿同祖认为妻和妾一个很明显的身份地位差异就是:"古人说聘则为妻,奔则为妾,妾是买来的,根本不能行婚姻之礼,不能具备婚姻的种种仪式。"②由此,"郑重订婚""婚礼仪式""名人证婚"等,这些都成为女性身份地位的符号象征,其意义是对中国传统女性家庭地位的认可,由此形成一种典型的仪式化符号崇拜。其符号所指的神圣性即传统婚姻习俗中的"明媒正娶",这些传统婚俗仪式崇拜的背后呈现出人们对于旧式婚俗文化的心理认同,传统婚俗文化结合征婚广告这种新的择偶方式,形成一种新旧交糅的复杂与过渡状态。

民国是中国社会的急遽转型期,有的人转变得很彻底,有的人转变得很慢,甚至保持不变;有的人彻底摆脱了传统观念,在思想与行为取向上完全接受新式思想,有的人则仍然受到传统的束缚。《申报》征婚广告中,既有旧式思想的流露,也有新式婚姻观念的呈现,更有既不完全认同旧价值观,也并非全盘接受新思潮的"新思旧德",映射出新旧融合的婚姻观以及民国时期极具特色的时代意识。

---

① 《征婚》,《申报(本埠增刊)》1937 年 3 月 1 日第二版;《征婚》,《申报(本埠增刊)》1936 年 3 月 20 日第三版。
② 瞿同祖:《中国法律与中国社会》,北京:中华书局 1981 年版,第 130—133 页。

第四节　民国上海都市文化的复杂与多元

近代上海人口多元、货币多元、教育多元、宗教多元,同时带来风俗多元、语言多元、报刊多元与娱乐方式多元。熊月之认为这种多元文化的存在,是因为近代上海处于中外两种权力控制的边缘地带,处于多种文化影响的复合区域。① 在这样多元复杂的都市场域中形成了传统与现代、中国与西方、精英与俗世相互交融的文化样态,《申报》征婚广告正体现出这种多元文化交融的社会实践。

一、上海的国际化环境与本土地域认同

民国时期,上海是一个充满异质与多元文化的国际化大都会,全世界不同民族文化、全中国不同地域文化都在这里相互交融,它就像一个"袖珍的地球"。这种开放的国际化环境使上海已纳入与世界各民族、中国各地的相互交流与依赖之中,近代上海外侨人口的增多也增加了上海与外国业务的联系,外国机构与外资企业的增多更是增加了人们的就业机会,这也促使近代上海兴起外语学习热潮,懂外语的人就业机会更多,工资待遇更好,社会地位也更高。在这种国际化的大都市环境中,掌握一门外语,特别是英语,不仅在就业上独具优势,更成为择偶时的一项诉求或自我推介的重要砝码。

民国时期《申报》征婚广告中,时常可以看到征婚者对征求对象的语言能力做出要求,有的要求征求对象略懂英文或能说英语;有的请应征者用英文写信,详述履历;有的则要求征求对象至少可以掌握两

---

① 熊月之:《异质文化交织下的上海都市生活》,第1—3页。

到三种语言。① 如"兹愿与曾受教育,能说英、法语或德语之年青女士为友"②。另有一则标题为《征法、俄语男友》的广告,更是把语言技能作为求友的重要条件,并提出应征者须利用闲暇义务教俄、法语的要求。③

相应的,征婚者在自我表述中也将语言能力作为推介自身的一个重要砝码,如"公余研习西文,已通英、法、俄、德四国语言","知数国文字","华英文写作均佳"。④ 从这些表述可以看出当时上海国际化程度之高,在这种国际化环境中,掌握多国语言技能成为人们参与社会交流的重要工具,语言能力也自然成为一些征婚者自我推介的一大优势,还有的人征友目的就是"以便交换语言智识,掉学语籍交友",这种情况在外侨刊载的广告中更是常见。⑤

那些需要与中国人打交道的外国雇员,汉语对他们来说也是一项必须要掌握的技能,一个在上海工作的挪威人曾回忆自己学汉语的情况:"北京官话,对于上海海关的外籍职员来说,是必修课。而且他们必须经过三级考试……如果在规定时间内拿不到相应的证书,那么就会停止晋升。如果始终拿不到 A 级证书,就永远不可能提升为一个港口城市的海关税务司。在学校里,每组八名学员,由大约同样多的国籍组成。在我那一组,有法国人、美国人、英国人、一个白俄罗斯人、一

---

① 《求婚》,《申报》1921 年 1 月 15 日第四版;《求友》,《申报(本埠增刊)》1928 年 7 月 23 日第一版;《求婚》,《申报》1924 年 11 月 13 日第八版;《征求女侣》,《申报(本埠增刊)》1931 年 2 月 25 日第一版。
② 《征求女友》,《申报(本埠增刊)》1935 年 9 月 20 日第三版。
③ 《征法、俄语男友》,《申报》1946 年 9 月 14 日第十二版。
④ 《征侣》,《申报》1939 年 10 月 26 日第十二版;《婚姻》,《申报》1939 年 2 月 15 日第十七版;《选婿告白》,《申报》1926 年 4 月 23 日第八版;《征求女伴》,《申报(本埠增刊)》1933 年 3 月 8 日第二版。
⑤ 《西人征女友》,《申报》1941 年 6 月 14 日第十一版;《征求伴侣》,《申报》1939 年 11 月 26 日第十四版;《征友》,《申报》1941 年 8 月 2 日第十一版。

个瑞典人和我这个挪威人。中国教员的人数和学员一样多。"①这种汉语学习的要求也成为一些外侨征求中国青年女性伴侣的重要原因之一。

在上海这种人口多元的国际化都市,人们对语言的掌握情况与需求更为丰富,《申报》征婚广告中呈现出的语言层面的表述也更为复杂,除上述征婚者自我表述以及征婚诉求中提及的外国语言技能外,有些征婚者还要求征求对象对本土语言以及区域方言的掌握,有征婚者特别强调"能说上海习话者为佳",或者"必须沪上口音为合格"。②同样的,征婚者也将掌握区域方言作为一个优势进行自我推介,有征婚者更是强调自身具备英语以及多种本土方言的运用能力。③

多元开放的国际化环境增加了上海人与外国人以及外地人发生互动、交流的机会,为了谋生求利,上海人必须与各种肤色、各种国籍的人发生接触与联系,也就增加了其对各国语言以及各地方言的学习动机,能够掌握多种语言能力的人往往可以赢得更多社会机会,这也体现出上海人对多元文化的适应性与包容意识。

但另一方面,在这种适应能力与包容意识的背后又包含着极深的地域认同感,"上海人的地域优越感之强在中国可谓第一",这种地域优越感是由现代都市与传统农村在社会发展上的差距而表现出的心理落差。④ 上海人会把所有外地人都称为"乡下人",在一些上海人看

---

① 石海山:《挪威人在上海150年》,上海:上海译文出版社2001年版,第36页。
② 《征友》,《申报》1942年1月1日第七版;《征求女友》,《申报》1941年2月22日第十一版;《征求女友》,《申报(本埠增刊)》1932年8月24日第三版;《择婚》,《申报》1926年9月13日第八版。
③ 《征求华籍女友》,《申报(本埠增刊)》1936年8月26日第二版;《聘女秘书》,《申报》1939年11月8日第十版;《征婚》,《申报》1934年1月1日第十七版;《征求女友》,《申报(本埠增刊)》1932年4月11日第一版;《代征伴侣》,《申报》1942年1月10日第七版;《征婚》,《申报》1923年1月9日第五版。
④ 忻平:《从上海发现历史:现代化进程中的上海人及其社会生活(1927—1937)》,第201页。

来,外来人不懂时尚,没见过世面,更缺乏文明,还处在未开化的阶段。① 外地人来到上海常因方言土音而感到窘迫或受到歧视,"遇到不认识路径的时候,向旁边店铺子里的伙计或路人问讯,十个之中,平均有五六个,都是板起一副脸爱理不理的神气,使问讯的人很是不好意思,能够诚诚恳恳指点你的,实占少数"②。徐国帧谈到一次他去影剧院看戏借火抽烟的经历:"见前排座位人正在擦火燃烟,便去借火:'谢谢你,借个火给我',也许是外地口音的缘故,那个人听了忽然旋转头来狠狠的盯了他两眼,粗声说道:'借火!几时还?'说罢,就把脑袋旋了过去。当时他觉得这人真是岂有此理之极!后来听说,上海有这样的习惯,火是不能'借'的,应该说'讨'。"③对外地人这种态度背后蕴藏的是上海人一种深刻的地域认同与优越感,外地移民要想尽快融入上海都市环境中,就要尽快习得这些语言习惯。《申报》征婚广告中无论是征婚者自我介绍,还是对征求对象的诉求条件,都时常可以看到其对纯上海方言技能的强调,如"谙熟沪语","能纯沪语","能会流利之上海语"等。④

对比同时期天津《大公报》与北平《世界日报》,可以发现这两份报纸的征婚广告中对语言的要求并不多见,而且诉求也较为单一,多是对英语或北平语掌握情况的要求。而《申报》征婚广告中对语言的提及则显得更为丰富,除强调英语技能外,还涉及德语、法语、俄语等多国语言;本土语言除纯上海语外,还涉及北平语、粤语、苏语等地域方言,体现出更为复杂的面向,这也从侧面映射出上海城市国际化环境与本土地域认同相交融的复杂图景。

---

① 许纪霖:《城市的记忆:上海文化的多元历史传统》,上海:上海书店出版社2011年版,第7页。
② 徐国帧:《上海生活》,上海:世界书局1933年版,第1—22页。
③ 同上,第32页。
④ 《征婚》,《申报》1939年9月6日第十二版;《诚意征友》,《申报》1941年3月24日第九版;《征男友》,《申报》1941年9月20日第十一版。

二、陌生人社会中的"交相利"关系

在传统向现代社会的转型过程中,必然引起社会关系的量变与质变。乐正指出,晚清上海人的社交已非传统社会那种情感互助式,而是一种功利色彩很浓的"交相利"关系。[①] 及至民国时期,这种功利价值观已成为上海社会人际关系中普遍认同与适用的基本原则,甚至覆盖了纯粹情感领域的婚姻家庭关系。《申报》征婚广告中处处可见这种"交相利"的烙印(见表5.1)。

表5.1 体现"交相利"关系的部分征婚广告

广告内容	出　处
某君大学毕业,地位崇高,征富孀、弃妇、大家闺秀,能以经济援助事业之进行者为限,先订友谊,嗣谈终身,如表同情,请将履历函《申报》信箱1834号,约期面晤。	征伴.申报,1940-11-4(10).
W君卅,上海人,名实业家,独资创有商行、工厂数处,雇员二百余人,均属自己管理,业务纷繁。现需永久女友一位,具有英文秘书资格,年十八至廿六,能讲流利英语,帮助业务处理,如经双方同意,愿供上等家庭生活,如有相当英文根底,无力升学,亦愿帮忙学费,应征者请函邮政信箱四八四号约谈。	征英文秘书女友.申报,1941-6-8(9).
某女士,年30,有专门技能,在中办有事业,已系二房东,因独身对事业难以发展,拟征有经济力者合作,如情志相投,愿为友谊或将终身付托,应征请函本埠邮政信箱593号,严守秘密。	友.申报,1940-11-2(11).
兹有某小姐,年廿三岁,貌美,中学毕业,现因家庭经济困难,故征求富商一位,能助经济二千元于事业上相助为条件。如合意者请详洽履历寄本报2048信箱,约期面洽。	征男友.申报,1941-8-30(11).

[①] 乐正:《近代上海人社会心态(1860—1910)》,第86页。

(续表)

广告内容	出处
某君,浙籍,年廿六,体健貌端,父母早亡,现在某洋行任职,因拟自己创业发展,现诚意征求品貌清秀之女子为终身伴侣,或入赘亦可,惟须其自己或其父母能稍资助创业,共同发展。诚意者请详书履历,投函霞飞路833弄18号马君收,不合奉还,并守秘密。	征婚.申报,1941-9-25(11).
某青年,浙籍,大学毕业,现办有高尚事业,现诚征年高德邵,能资助发展事业者为义父母,入赘亦可,愿立据前来侍奉终身,以叙天伦之乐。有诚意者请函本报第2347号洽。	征义父母.申报,1941-9-29(11).
某君,年卅余,嘉定籍,有正当职业,兹为发展事业起见,欲征一能经济上资助之女友,须识字温柔,身家清白,余不论,有意请投函本报信箱3123号。	征女友.申报,1941-12-7(9).
某小姐,年17,体健貌美,身家清白,征能辅助现款二万元之富商婚。诚意者请详履历附照片函霞飞路霞飞市场4号严转(无诚意者请勿尝试)。	征婚.申报,1941-11-18(9).
孤女浙籍,年廿七,历任学思要职,无家累,征年长代谋职业,或能负中等以上生活,合条件即可同居,永年路九十六号徐转。	征友.申报,1946-7-6(3).
某小姐,大学程度,年24岁,拟设进出口商,征中上等男友或欧美来去男友,年35至45,须能投资一千万至五千万合作,请函本报信箱507。	征求男友.申报,1946-12-14(10).
某君,苏籍,年32,专科毕业,薄有恒产,现办有实业,前途未可限量,今拟征一贤勤闺秀或富孀、弃妾为终身伴侣,年岁不论,须能资助资金,扩充范围,共谋事业之发展者为合格。诚意者请附照详函《申报》第1490号信箱,合则约晤,不合密还。	征婚.申报,1940-9-3(10).

这些征婚广告中,男女征婚者对异性的诉求更多是基于各种物质利益或精神利益的交换,感情很大程度上是在满足物质利益的基础上才可能存在。男性以对方能资助自身事业发展为条件,或者具备英文秘书资格,可以帮助业务处理,只要能资助事业发展,入赘女方也可以;女性则因家庭经济困难征求富商,以能辅助现款为条件,只要能帮助介绍工作,负担中等以上生活,马上就可以同居。还有的是为做进出口生意,征求可以来往欧美的男友。这些征婚者似乎把婚姻当作赤

裸裸的各种条件交换。此类征婚广告在《申报》上非常普遍,这与上海社会环境的变迁以及由此引发的社会交往方式的转变不无关系。

(一)陌生人社会传统首属关系的断裂

陌生人研究由齐美尔发轫,经历了从陌生人到陌生人社会的研究转向。① 齐美尔的陌生人是指"脱离既定地域空间的漫游者",而不是"今天来、明天走的流浪者",他或许会在一个特定地域空间固定下来,但他并非历来就属于这里。② 城市是陌生人较为可能相遇的地方。③ 如果说中国传统乡村是熟人社会,那么城市便是陌生人社会。1949年以前,上海是一个不折不扣的由陌生人组成的城市。④ 近代上海80%以上的人口自邻省移来,移动规模之大、速度之快,为国内城市所罕见。晚清,江南战乱,江浙人口始入租界。民国时期,上海又有三次较大的移民潮。⑤ 第一次是伴随1920年代的产业结构调整,工业人口大幅上升。第二次是抗战时期,难民涌入人口激增。第三次是战后上海人口大起大落。移民成为当时上海人口的主体,这些移民来自全国各省市以及全世界各大洲各主要国家,可谓一个典型的陌生人社会。

在传统熟人社会中,人们主要是基于首属群体,形成一种首属关系。查尔斯·霍·顿库利对首属群体作了精炼的归纳:"首属群体是指那些以密切的面对面联系与合作为基础的团体。"⑥这种关系主要

---

① 张杰:《"陌生人"视角下社会化媒体与网络社会"不确定性"研究》,《国际新闻界》,2012年第1期,第34—40页。
② [德]齐美尔:《社会是如何可能的——齐美尔社会学文选》,桂林:广西师范大学出版社2002年版,第342—342页。
③ [美]理查德·桑内特:《公共人的衰落》,上海:上海译文出版社2008年版,第58页。
④ 董倩:《消失的陌生人:〈新民晚报〉与上海日常生活空间中的社会交往(1949—1966)》,《新闻与传播研究》2015年第5期,第101—103页。
⑤ 罗苏文:《近代上海都市社会与生活》,北京:中华书局2006年版,第177—179页。
⑥ [美]R.E.帕克:《城市社会学》,北京:华夏出版社1987年版,第23—24页。

是围绕血缘和地缘而建立,是在互助而非互利基础上的一种较为稳定的情感型人际关系。而随着上海人口密度的增加,民国时期的上海早已突破狭隘的首属群体小圈子,随之也必然产生传统首属关系的断裂,上海城市聚居的陌生人群需要以新的交往方式互动。

(二)商业功利观的无限膨胀与洗礼

通商以后的上海,商业日渐繁盛,尤其是上海租界形成以商业活动为中心的新兴区域,商人成为其中最活跃、也最富有的社会阶层。这里特殊的社会环境使商人对于社会的作用与影响力远比传统社会大,其社会地位也随之上升,成为人们羡慕和向往的对象。商业成为近代上海最核心、最有人气的行业,三四十年代上海市中心的黄浦区与老闸区,从商人数已接近50%。[1] 在以商人为主角的商业都市中,身处上海的人们受到无处不在的商业气息熏染,也不可避免地受到商业功利观的洗礼,严酷的谋生竞争环境中,"交相利"的功利原则成为陌生人社会人际交往的主导型原则。

利益很大程度上取代了感情,成为陌生人社会人际关系的黏合剂。陌生人之间进行社会交往最关心的不是精神效应,而是利益所在。这种功利价值观无限膨胀也直接影响到人们的婚姻行为。20年代,张余我在《我的新婚》一文中讲述了一位青年知识分子的新婚梦为金钱打破的故事:"我们新婚的第十天,爱情的浓郁总算达到了极点了。但是十天以后,伊竟渐渐隐去了新嫁娘的习气,向我开始表示伊的希望与要求,我老实对伊说:'我是文丐,挣钱很不容易,所以我只能过清淡的生活。'伊大怒道:'你没有钱,为甚要娶妻呢?……我不能做穷措大的妻子,我要走了!'我当时大惊道:'什么?你要……?'

---

[1] 邹依仁:《旧上海人口变迁的研究》,第35页。

伊道：'同你离婚！'说着便头也不回地去了。"①这位新娘把与丈夫的关系看做是一种"交相利"关系，一旦没有获得等价交换，交易关系也就结束了，婚姻行为表现出明显的功利性。

上述《申报》征婚广告中男女征婚者以各种条件作为婚姻交换，亦是陌生人社会中"交相利"的关系体现，正如马克思所说的人成为商品，即使是最为神圣的爱情婚姻也不能免俗。

三、都市发展进程中的社会问题呈现

民国时期的上海是一个转型社会，社会在转型过程中常常会出现某种缺陷、混乱与失衡，《申报》征婚广告的社会两面性正从一个侧面映射出上海社会转型进程中的前进与代价、正面效应与负面效应交织的复杂图景。

（一）征婚广告的社会关注度与征婚意象

麦惠庭曾指出在报纸上刊登征婚广告这种方法的好处有三点："一是对于缺乏异性朋友的人，可用这种方法多得到些机会，然后从中选择和直接观察或考虑；二是这种方法最适合男女社交未公开时使用；三是可以补救自由恋爱婚姻中特种人的配偶，如性情嗜好怪僻的人。"②1930年代，征婚广告已逐渐普遍，有不少征婚者由此获得更多选择，迅速找到理想配偶。1932年11月2日，《世界日报》有一则《投九号信箱者鉴》的启事："前者征婚来函甚多，现婚事已妥，不能逐件裁覆，时此致歉。"③这

---

① 张余我：《我的新婚》，魏绍昌：《鸳鸯蝴蝶派研究资料（下）》，上海：上海文艺出版社1962年版，第1117页。
② 麦惠庭：《中国家庭改造问题》，上海：商务印书馆1934年版，第149页。
③ 《投九号信箱者鉴》，《世界日报（北平）》，1932年11月2日第十版。

则启事是 1932 年 10 月 20 日一位女士刊登征婚广告后又再次刊登的启事,该女士刊登广告半个月内即找到合适伴侣。1936 年,山东济南市一名女士刊登征婚广告,竟收到求爱信件高达二百余封,也属于刊登征婚广告成功的例子。① 1933 年 5 月 28 日,因妻子逝世,李秉嘉在《申报》上刊登了一则文情并茂的征婚广告,此后在短短两个月的时间内,即觅到合适伴侣,并与之订婚。1933 年 7 月,李秉嘉又在《申报》刊载声明:"(一)自秉嘉征婚以来,蒙各界女士、闺秀应征,秉非常感谢。但以职务之忙碌关系,不能一一晤面,不胜抱歉,今已与麦女士于月之十九号正式订婚,并即时举行结婚,特此奉闻。(二)所有应征信函除已奉赵外,尚留三十余件,以时隔二月,从前通讯地址大半已有变迁,不能如愿奉璧,秉嘉为尊重人格信用计,为感谢诸女士之诚意,已负责销毁,务请勿责为祷。(三)通函各女士有要求继续愿交文友者,秉嘉极诚欢迎,通讯处仍寄泰安里,待秉嘉杭州蜜月返舍,容将新舍奉告,并略设粗点以谢各位知己。李秉嘉。"② 从以上材料看,征婚广告在当时还是比较引人注目的一种择偶方式,有征婚者刊登广告后收到不少回信,也确实促成一些美满姻缘。

另外,当时还出现一些以征婚广告形式而刊载的商业广告,这些广告实为推销商品,但却把文案写成征婚广告的形式,且涉及电影、报纸、药品、生活用品等多种产品类别,如下面几则广告:

> 今有一新青年已八十五岁,曾服德国返老还童新药生殖灵,已由老还少,故登报征婚,欲知详细情形者请投函本埠四川路九十六号三德洋行索问。③

---

① 《望断行云唱残人面桃花 济市有凤求凰》,《世界日报(北平)》,1936 年 2 月 26 日第五版。
② 《李秉嘉二次声明》,《申报》1933 年 7 月 22 日第十九版。
③ 《征婚》,《申报》1925 年 10 月 24 日第四版。

赵静贞女士,秀外慧中,学贯中西,因感于生活寂寞,欲求终身良伴,其唯一条件,须要足部康健,因足部康健,万事有成功发达之希望,君如常穿上海闸北宝源路进步织造厂出品"人球牌,古瓶牌"电机袜(各埠洋广货店均有经售),定能达到目的,因该袜系由专门技师督造,除应有种种优点之外,独具常保足部康健之能力也。①(见图5.1)

这两则广告以《征婚》、《女士诚意征婚》的标题出现,乍一看标题让人以为是征婚广告,但阅读正文发现是借征婚广告形式刊载的商品软文广告。为吸引更多阅读者关注,有的广告还特别刊登有"征婚者"头像,图文并茂,以极好的征婚者条件吸引人们关注,如下面这则"德国罗伦女士"征婚的广告(见图5.2)。

图5.1 《女士诚意征婚》,《申报》1931年5月30日第三版。

图5.2 《征婚》,《申报》1935年1月1日第三十一版。

---

① 《女士诚意征婚》,《申报》1931年5月30日第三版。

· 第五章 《申报》征婚广告镜像中的上海都市文化透析 ·

这则广告标题表明是德国罗伦女士征婚,并配有"罗伦女士最新玉照",整个广告图文并茂,十分引人注目,正文分两部分,分别介绍罗伦女士履历以及应征者须知,从行文看,段落清晰,层次分明。从第一部分征婚者自身履历介绍以及第二部分应征者须知的前三条内容看,与其他征婚广告并无不同,只是在应征者须知中的第四条中提到:"因罗女士性喜旅行中国各省名胜之处,应征者须时常伴其游山玩水,故凡患心脏病及气喘症,以致旅行时发生气急病,而不克步行者,则在应征之前,罗女士先介绍一种专治心脏病而发生气喘之特效灵药。请应征者先行试服,此灵药名'忽苏尔'气喘药,英文名为(Felsol),全中国各大药局均有出售。应征者在服此药治愈之后,则新婚同罗女士度蜜月时,可尽量游山玩水,无气喘病之患。来函及相片等请寄上海九江路一百五十号华商履瀛西药行内转罗伦女士亲收可也。"[①]这则广告以条件较好女士征婚的形式,吸引读者注意,然后在择偶条件中巧妙推销商品,上述两则广告中均刊载了女士姓名,具有增强广告可信度的作用。

除上述药品、生活用品等商品类别外,还有电影、杂志等文化产品也在借用征婚广告的形式,如下面两则广告:

窃凤珠生自阀阅之家,幼秉椿萱之教,璇闺待字,玉镜虚悬。愿得体魄健全、精神活泼之男子,以与之偶。兹定于阳历八月十三日为长距离赛跑之举。如能健足跑得第一者,凤珠愿与之结为伉俪。但有三事为约:(一)须未有配偶者。(二)须为大学校学生。(三)须年在二十五岁以下者。凤珠为父母所钟爱,得分有奁赠五十万元。如有素讲体育之少年,愿来与赛者,请向北海路念

[①] 《征婚》,《申报》1935年1月1日第三十一版。

号报名可也。康凤珠敬启。①

　　昨报为康凤珠求婚启事,而来访景琳者甚多。殊不知乃康凤珠而非宣景琳,不得不特为声明。要知康凤珠是康凤珠,宣景琳是宣景琳。求婚时何等事,岂可以张冠李戴?但是从八月十三号至十七号止,在此时期内,康凤珠即是宣景琳,宣景琳即是康凤珠。诸君要知其中究竟,请各届时到中央大戏院一观,便知明白。②

这两则广告刊登在《申报》头版上,第一则广告还附有一张女士照片,相当引人注目,广告标题与形式都让读者以为是一则征婚广告,第二天又在头版上刊登启事,康凤珠其实是电影女星宣景琳扮演的一个角色,这是电影《富人之女》为配合故事情节中征婚的片段,使用征婚广告为噱头,吸引人们注意力,以达到电影宣传的目的。

良友图书公司也曾借用征婚广告的形式进行宣传(见图 5.3 和图 5.4)。1934 年 4 月 23 日,《申报》刊登一则《征

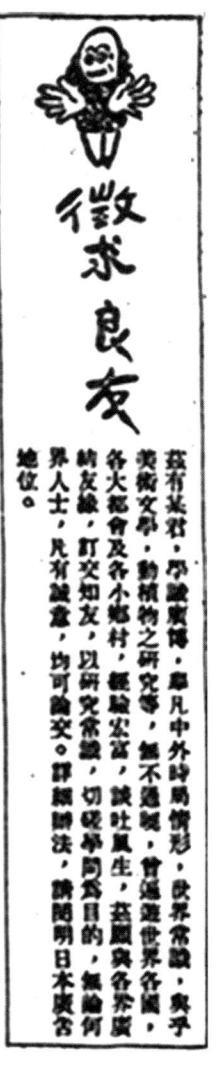

图 5.3 《征求良友》,《申报》1934 年 4 月 23 日第四版。

---

① 《康凤珠求婚启事》,《申报(本埠增刊)》1926 年 8 月 6 日第一版。
② 《宣景琳为康凤珠求婚启事之启事》,《申报(本埠增刊)》1926 年 8 月 7 日第一版。

· 第五章 《申报》征婚广告镜像中的上海都市文化透析 ·

求良友》广告,内容如下:"兹有某君,学识广博,举凡中外时局情形,世界常识,与乎美术文学,动植物之研究等,无不通晓。曾遍游世界各国,各大都会及各小乡村,经验宏富,谈吐风生,兹愿与各界广结友缘,订交知友,以研究常识,切磋学位为目的,无论何界人士,凡有诚意,均可论交。详细办法,请阅明日本广告地位。"①该广告以征求良友的形式先设置悬念,第二天再刊登广告《良友来时四座春》,说明:"连日登报征求良友之某君,按即系良友图书杂志",然后将《良友》杂志做了一番介绍并标明订阅信息。②

这些不同类别的产品都曾巧妙借助征婚广告的形式宣传商品,也从侧面说明征婚广告作为一种广告形态或是话题,在当时还是十分有吸引力的。如上述《富人之女》的电影宣传广告,不少青年见到广告后,以为"康凤珠"是真有其人,还跑到中央大戏院报名参加赛跑,该广告共接到四五十封报名信件,甚至还有远自青岛的信函。③ 显然以征

图 5.4 《良友来时四座春》,《申报》1934 年 4 月 24 日第四版。

---

① 《征求良友》,《申报》1934 年 4 月 23 日第四版。
② 《良友来时四座春》,《申报》1934 年 4 月 24 日第四版。
③ 《康凤珠的婚姻问题》,《民国日报(上海)》1926 年 8 月 13 日第三版。

婚广告这种形式的确吸引了不少目光。

除商品广告借用征婚广告的形式外，一些电影、戏剧、文学创作等艺术作品也曾以征婚、征婚广告为题材进行创作。1928年，电影《怪女郎》讲述一名女士为了解各种男人心理刊出一则征婚广告，以50万元征求未婚夫。广告刊出后银行行长、矮老头、苦力、茶房、胖军官、美术家等各类社会阶层的人纷纷前来应征，闹出许多笑话。① 这部影片想象或者定义了征婚广告广泛的阅读人群。1935年，朱石麟编导的有声黑白片《征婚》、1940年代文华影业公司推出的黑白有声片《假凤虚凰》等，都是围绕主人公刊登征婚广告后引发的一系列故事为题材创作的影片。还有陈白尘的《征婚》、烟桥的《求婚广告》、雪浓的《人约黄昏后》等，都是民国时期以征婚为主题的戏剧创作。此外，还有一些报纸副刊也常刊载以征婚广告为主题的小说创作。②

这些作品有的讽刺了征婚广告的虚假性等社会问题，有的暗喻女性的贪婪与男性的无奈，有的嘲弄社会上日益普遍的婚姻商业化现象，有的则是揭露征婚广告背后隐藏的人性与心理。这些艺术作品有的对征婚广告看法持中立态度，有的则带有价值批判色彩。艺术是现实生活的反映，创作者以征婚广告为题材的创作，也从一个侧面展现征婚广告在当时社会上的关注度，并呈现出当时的婚姻问题、社会风气与普遍人性的真实面。

（二）征婚广告所反映的社会负面效应

艺术作品揭示的这些社会问题也正是征婚广告的弊端。麦惠庭

---

① 中国电影艺术研究中心、中国电影资料馆编：《中国影片大典（故事片戏曲片）（1905—1930）》，北京：中国电影出版社1996年版，第162页。
② 汪恩愚：《征求女友》，《世界日报（北平）》1926年5月28日第五版；飞霞：《征求女友》，《大公报（天津）》1931年2月16日第九版。

· 第五章 《申报》征婚广告镜像中的上海都市文化透析 ·

指出报纸上刊登征婚广告的坏处有三点:"一是双方未经长时间的交游或相处,很难互相明了个性;二是没有经过长时间的恋爱而结合,结果很容易分离;三是双方不知底细,又未经长时间的相处,最易发生虚伪、诱骗等弊端。"①在《申报》征婚广告中也时常可以看到谨防受骗的担忧,有征婚者提到沪地人心险诈,合格者应先作友谊往来以便相互了解,"如患现今征求女友类广告多无诚意,则晤面时可与家长或保证人同来";还有征婚者提到"海上秘幕百出",如不以诚意相投,幸毋徒劳,免致多事;更多的征婚者要求符合资格应征者详述真实履历、家世,并说明会当即展开调查,注明"有心开玩笑者,幸自尊人格,勿来胡调";甚至有些征婚者特别强调倘若发现重婚诈欺等情,定由家长依法严究,体现出一定的法律自觉。②

这些表述反映出征婚者的矛盾心理,一方面希望刊登征婚广告找到合适的理想伴侣,另一方面又极度担心受到欺骗、招惹事端。这些担心并非凭空产生。1939年1月,《申报》刊载一则《登报征夫之女子近忽控夫诱奸》的新闻,讲述1937年9月6日某女士刊登一则征婚广告,然后有计划地骗婚,却又被应征者欺骗的真实案例。③这则新闻中征婚者与应征者双方同时以虚假信息欺骗对方,双方都陷入隐藏的种种危险之中。抗战期间,上海某报刊登一则某"名门闺媛"的征婚启事。其中提到该女士酷爱写作,应征伴侣需亲笔拟写情书一封。该女士将聘请名家评选情文并茂的佳文作者一位,约期面晤。而后应征稿件纷至沓来,却无一人得到回应。半年后,某书局出版《当代情书大全》,销售极好。知情人透露这些情书都是刊

---

① 麦惠庭:《中国家庭改造问题》,第149页。
② 《征求嗣亲或招婚》,《申报(本埠增刊)》1934年1月5日第三版;《征婚》,《申报(本埠增刊)》1936年4月1日第二版;《征求女伴》,《申报(本埠增刊)》1929年12月30日第一版;《淑女征婚》,《申报(本埠增刊)》1933-9-14日第四版;《征婚》,《申报》1934年1月1日第十七版。
③ 《登报征夫之女子近忽控夫诱奸》,《申报》1939年1月21日第十一版。

登征婚广告得来的稿件。① 这样不必出分文稿费,假借征婚广告向男士骗取求爱书信,也是征婚广告所隐藏的社会虚假性与欺骗性体现。

尤其是到三四十年代,随着征婚广告的普遍发展,随之而来的虚假诈骗信息也有所增加,但这并没有导致征婚广告的减少。进入40年代,征婚广告刊载数量更是迅速增长,只是人们已经多了一些辨识真假与信息调查的能力和意识,可以更全面地认识这种社会现象。如1944年《妇女杂志》上刊载的一篇文章,就谈到身边很多青年男女,他们并没有什么缺陷,也没有什么苛刻条件,但就是找不到合适伴侣,故到结婚年龄也无法结婚。并且提出:"在目前中国这个过渡时期下,虽则社交是公开的、自由的,然而我们不能否认有些人依然受了环境的限制而缺少社交的机会,例如没有姊妹的男性便不太容易得到认识女性的机会,同样的一个女性如果不会适宜的来利用机会、抓住机会,便也照样的感到困难。现在假定你已经需要结婚而又实在缺少途径来认识这些异性朋友的话,我劝你无妨登报来征婚!"②作者认为刊登征婚广告是一种能解决人们需要的方法,并且列举了一位女子登报征婚,并辨别广告真假的例子。这位女子刊登征婚广告后第三天即收到六封回信,十天之内共收到二十八封应征函件,其中有天津、唐山、济南等远地寄来的,应征者职业也颇不一致,有中学教员、大学教授、洋行职员、小科员、工厂技术员以及领事官员等。"他们态度的真诚与否,完全可以从来信的文字上看的出来",其中有一位应征者来信封面上写着寄自中南海,又自称为了尊重自身身份不能把相片先行寄奉,只是约定时间地点见面。该女士称:"这种滑头的行为早在我洞察之

---

① 吕振海:《旧上海出版商的诈奇骗术》,《珍闻集锦》,上海:汉语大词典出版社2001年版,第173页。
② 聿员:《征婚实话》,《妇女杂志(北京)》1944年第5卷第1期,第12—13页。

中",所以毫不吝惜地把信扔进废纸篓中。还有一位某领事,写明妻早丧,遗有子女,想请他做女秘书,该女士将信件原件退回。其他外埠应征者因无从调查,也就只能作罢。二十多人中,经过几次选择淘汰,结果剩了六七位。于是又委托一位在警察局做事的亲戚按照住址调查户口以及家庭情况,还都算"所供是实",并无虚伪。因此,分别约期而谈,并和其中一位经过长期交往而相互了解,便正式订婚,然后举办婚礼。从上述这位女士刊登征婚广告,并通过辨别真假与调查等方法最终找到如意伴侣,可以看到当时人们对征婚广告的两面性已经有相对清晰的认识,并知道该如何正确使用征婚广告,这也间接反映出征婚广告的社会普及与成熟发展。

上海在都市进程的快速发展与现代化急遽转型中,不可避免地产生一系列社会问题,都市中虚伪浮华的社会风气,三四十年代的经济萧条,以及广告本身的虚伪化转向,使征婚广告暗含虚假与欺诈,征婚广告发展也因此蒙上阴影。

如德塞托所言,文化既是日常生活实践的来源也是其产物。①《申报》征婚广告也可以看作是一种具有文本形态的文化实践,他形成于具体的时空场域。这个场域指《申报》传播及所覆盖的历史时空,民国时期上海进入都市快速发展的急遽转型期,转型期的种种张力与矛盾也促成一种异质文化的生成,《申报》征婚广告中所呈现的各种家庭"伪组织"现象不仅是民国时期婚姻异化形态的表现,更是都市场域中异质文化的重要表征。

民国时期,或许是因为西方个人主义与自由思潮的传入,人们更

---

① [法]米歇尔·德塞托:《日常生活实践》,南京:南京大学出版社2009年版。

勇于表达自己,无论是对公领域的关注,抑或私领域的自我展现,没有所谓"隐私"的矜持。① 江勇振研究胡适与吴宓的日记时,指出20世纪前半叶的中国,知识分子似乎对某种程度的自我或躯体的暴露是不甚禁忌的。② 征婚广告作为一种个体生产的广告文本,不仅再现了个体的媒介呈现与性别认同,更展现了民国那个特定的年代,大众媒介是如何巧妙地融合公众与私人的主体性,横跨在公共领域与私领域间的。

上海开埠后的现代化都市转型虽然急遽,但也并非一蹴而就、非此即彼,而是经历了中西杂糅、新旧交融与循环往复的漫长过渡期。《申报》征婚广告呈现了新旧婚姻价值观、国际化环境与极度的本土地域认同感、陌生人社会交往中的"交相利"关系以及由此形成的各种虚伪性与欺诈性等社会负面效应,这些复杂而多元的社会实践从侧面映射了五光十色、无奇不有的上海都市文化,交织成一幅幅上海地域独特的文化景观。

---

① 黄克武:《从追求正道到认同国族:明末至清末中国公私观念的重整》,黄克武、张哲嘉:《公与私:近代中国个体与群体的重建》,台北:"中央研究院"近代史研究所2000年版,第84—85页,第111页。
② 江勇振:《男性与自我的扮相:胡适的爱情、躯体与隐私观》,吕芳上、卢建荣:《欲演弥新:中国历史文化中的"私"与"情"——公义篇》,台北:汉学研究中心2003年版,第208—213页。

结　语

本书对1912年至1949年间《申报》上2624则征婚广告用定量与定性相结合的研究方法进行分析。总结《申报》征婚广告各阶段发展特征,进而纵向梳理其媒介呈现的嬗变与影响因素,并观照广告背后的生产者,通过征婚者自我表述与征婚诉求的内容分析,探究征婚者的自我形塑与择偶观念,最终对《申报》征婚广告镜像中的上海都市文化进行透析。

一、《申报》征婚广告发展呈现阶段性变化

研究发现民国时期《申报》征婚广告发展呈现阶段性变化,并且四个阶段有着各自鲜明的变化特征。

中国近代征婚广告于1902年出现,当时征婚广告作为一种新鲜事物,从形式到内容都受到社会的各种争议与质疑,《申报》征婚广告在这样的历史环境下诞生,故1912年至1918年《申报》征婚广告整体数量少,刊载时间间隔长,只有少数特定群体选择刊登征婚广告的形式择偶,这一阶段是《申报》征婚广告的发展初期。到1919年至1926年,伴随五四新文化运动的开展,各种婚姻变革思想深入人心,

《申报》征婚广告数量也快速增长,并且有了相对固定的刊载位置,广告表现也更加注重图形符号等视觉元素的运用,这一时期《申报》征婚广告得到快速发展。1927年至1937年,《申报》发展进入鼎盛时期,征婚广告也进入相对的稳定繁荣发展期,这一阶段广告数量持续稳定增长,广告信息具体丰富,广告形式、刊载与投放也更为灵活。随着抗日战争的打响,1938年至1949年,《申报》征婚广告进入动荡发展期,漫天的炮火硝烟下,征婚广告并未消失匿迹,反而呈现一种异常的繁荣,刊登数量创历史新高,但是随着《申报》分类广告版面锐减,此阶段征婚广告整体篇幅简短,刊登版位多居于次要位置,广告标题千篇一律,形式上亦普通寻常,少见新意。

整体来看,民国时期,《申报》征婚广告数量呈现阶段性增长,广告刊载分布愈发密集,广告识别度却是由高到低转变,广告标题与文本叙事由多样化渐趋程式化,叙事篇幅也渐趋凝练。

二、《申报》征婚广告演进受多种因素综合影响

《申报》征婚广告是历史环境的产物,对征婚广告的深刻理解需要将其置入历史语境中,并结合政治、经济、历史、文化与报业发展等多种社会因素综合考量。

《申报》征婚广告的阶段性变化及其媒介呈现的嬗变是多种社会因素共同作用的结果。早期《申报》征婚广告的缓慢发展一定程度上受限于当时社会对这种择偶方式饱含争议的舆论环境,中国近代早期征婚广告作为一种新的择偶方式以及政治革命话语表达,在当时吸引了人们关注与讨论,社会对这种广告形式的争议一定程度上束缚了早期征婚广告的发展。

之后,《申报》征婚广告发展又紧随经济兴衰而变动,"黄金十年"

间上海经济得到一定发展,1927年至1937年间,《申报》征婚广告数量整体较多。1932年,"一·二八"事变爆发,上海受战事影响,经济衰落并形成萧条局面,这一年征婚广告数量降到此阶段的较低点。1936年至1937年7月期间,在通货膨胀影响下,中国经济特别是上海经济开始有了复兴,抗战前夕上海经济在全国处于较为发达的水平,而1936年《申报》征婚广告也达到"黄金十年"间的相对较高点,这一年上海《申报》征婚广告数量要比北平《世界日报》以及天津《大公报》多出两到三倍。从1912年至1949年《申报》征婚广告的发展变化,可以看出其紧随当时经济兴衰而变动。

尤其是1940年至1941年征婚广告数量激增更是受到多种因素综合影响。《申报》对分类广告的大力推广与促销,战事导致的时局动荡,人们家庭破裂、生活困难、心理孤寂、避难来到上海寻求家庭庇护等现实状况与心理变化,以及短暂"孤岛繁华"下正式与非正式国际婚姻的普遍,民族危机环境下上海创办实业的热潮高涨等,这些因素都刺激了这两年《申报》征婚广告的激增。可以说《申报》征婚广告的历史演进是受到政治、经济、历史、文化、报业发展等多种因素影响的结果。

三、征婚广告生产对婚姻实践特征的现实呈现

征婚广告属于一种特殊的广告形态,征婚广告宣传的"商品"主要是人,其广告文本的生产者主要是征婚者。从征婚广告文本看,征婚者自我表述与征求对象诉求是广告信息的主要内容,对《申报》1391则不重复征婚广告样本进行统计分析,可以发现征婚者主要从职业、年龄、经济状况、品性、籍贯、相貌与爱好技能等方面进行自我表述,但是男性征婚者与女性征婚者会存在自我表述倾向,征婚者择偶时一般

会将自身优势条件呈现于报端,也是征婚者对于自我形象的一种媒介塑造。

通过征婚者自我表述多个变量的统计分析可以大致勾勒出征婚者身份特征群像,研究发现提及年龄征婚者以21岁至30岁间人群为主,提及自身职业、经济状况的征婚者多属当时社会中上层群体,提及学识征婚者在当时多处于中高等教育程度,提及籍贯征婚者主要集中在浙江、江苏、上海与广东四地。但是上述有些变量的提及率并不高,不能代表所有征婚者的现实状况,同时考察《申报》所有征婚广告文本,可以发现其中有经济、职业、收入等各方面条件较好的征婚者,也有寻求资助、解决生活困难的征婚者,整体上看征婚者自我条件呈现两极分化的复杂景况。

除自我表述外,征婚者重点阐述的内容就是征婚诉求,研究发现男性与女性征婚者对征求对象诉求存在较大差异,女性更注重对方职业与经济条件的诉求,男性征婚者则更注重对方的年龄、品性、学识、相貌与家世背景等自身条件,并且男性征婚者对配偶的诉求条件提及较多,男性在婚姻市场上占据主导地位。征婚者在"男大女小"的择偶年龄观下体现出更为多样的诉求,男性与女性征婚者的择偶均呈现出明显的传统家庭性别角色认同。

征婚者的自我表述与征婚诉求均伴随时代变迁发生了一定的微妙变化,透过征婚者自我表述与征求对象诉求可以看到其自我形塑及择偶观念,有助于我们更深刻理解征婚广告的生产与演进历程,并看到民国时期复杂的婚姻实践特征。

四、《申报》征婚广告是上海都市文化的时代投影

民国时期上海处于急遽变化的社会转型期,转型期意味着现代化

结　语

的发育并未成熟,社会化的渠道畅通仍受窒碍,新的社会机制与社会秩序尚不健全,复杂的社会及对象本身又带有较深的传统印痕,这种历史语境中形成的征婚广告也必然是复杂多元、参差不齐的。

民国时期虽然社交公开的口号从战前喊到战后,但当时的社交并未完全公开;五四新文化运动虽然大力倡导婚姻自主、恋爱自由,但现实社会的婚姻组建又并非完全自主,仍然有家长制安排存在;法律上虽然以一夫一妻为法理原则,但社会上娶妾、兼祧并娶、姘居与重婚等现象仍然常见。《申报》征婚广告夹杂在这种新旧文化交融之中,也映射出更为复杂多元的社会镜像,主要表现为征婚者的复杂多元、征婚动机的多样需求、广告叙事的差异体现以及新旧交融的价值观等多个方面。征婚者中涉及官家闺秀、富商之女、洋行总经理、留学归国知识分子、高级官员以及使女等多层次人群,其间既有公开征妾也有征求同居伴侣的,既有征求新思想女性也有征求旧式小脚女子的,征婚诉求中既有要求未婚处女的也有提出孀弃不拘的,广告表述中既呈现出上海的国际化环境又体现着浓郁的本土地域认同感,既有新观念倡导又有旧道德要求,既有家国政治的思想体现又有陌生人社会中的"交相利"关系。这种复杂多元正是近代上海城市复杂性的一个反映,熊月之认为近代上海城市的这种复杂达到了难以想象的地步,以至于对其作任何简单的概括、断语都是一种冒险,都可能失之偏颇。红与黑、美与丑、善与恶、进步与反动、世界性与地方性……几乎任何两极对立的判断,对上海来说都能成立,只有一种判断不会招致反驳,这就是:极其复杂。[①]《申报》征婚广告就如同一面镜子映射出民国时期上海都市场域复杂多元的历史文化。

[①] 熊月之:《异质文化交织下的上海都市生活》,序4。

"历史是现在跟过去的对话,是今天的社会跟过去的社会的对话。"①我们了解当下社会青年男女的婚姻价值观,大众媒介对社会婚姻价值观的影响与建构意义,以及当今私人话题又是如何通过大众媒介展开公开叙事等问题,不能不研究历史上婚姻价值观的变迁,因为在过去的基础上可以帮助我们更好的理解现在。

征婚广告是一种特殊的广告类别,也是中国近代社会关注的一个讨论话题,更是一种独特的社会历史现象,民国时期《申报》征婚广告就像一面包罗万象的多棱镜,可以映射出《申报》分类广告的兴衰演变、大众媒介连接私人与公众的中介角色、媒体的社会化功能与作用、个体的媒介呈现、自我形塑、异性想象、性别认同以及社会婚姻观念的嬗变,从中还可以看到民国时期社会教育的渐趋成熟,社会思潮、经济变动、战事发展对人们生活的现实影响,以及传统向现代转型过程中书写表达的过渡状态,并更深刻地映射了上海地域复杂、多元与异质的文化景观。不难发现,以个人为生产者的征婚广告是透视社会镜像的绝好广告类别,对于征婚广告可以进一步深入探讨的问题还有许多,比如中国征婚广告自1949年之后便消失匿迹,直到1981年1月8日,《市场报》上才再次出现征婚广告的身影。② 在1949年至1981年,征婚广告缘何间断?1981年之后至今的征婚广告又经历了怎样的形态演变?并映射出怎样的社会文化景观?将近代与中国当代的征婚广告形态对比我们可以从中发现什么?这些都成为未来可以进一步深入探讨的话题。

---

① 爱德华·霍列特·卡尔:《历史是什么》,北京:商务印书馆2008年版。
② 丁凯、任文杰:《近20年征婚广告的媒体梳理》,《社会》2001年第9期,第33页。

参考文献

英文文献

1. Andrea Bradley. *Wanted: Advertising in British Literature, 1700 – 1830*. Vanderbilt University, 2005.
2. Guy Cook. *The Discourse of Advertising*. London and NewYork: Routledge, 1992.
3. John Hartley. *Understanding News*. New York: Methuen&Co, 1982.
4. Fowler, Roger (ed.). *A Dictionary of Modern Critical Terms*. London and New York: Routledge & Kegan Paul, 1987.
5. Chaika, E. *Language: The Social Mirror*. Rowley. Newbury House, 1982.
6. Eakins, B. W. & Eakins, R. G. *Sex differences in Human Communication*. Boston, Houghton Mifflin, 1978.
7. Coates, J. Women, *Men and Language*. London: Longman Group UK Limited, 1986.
8. Key, M. R. *Male /Female Language*. the USA: The Scarecrow Press, 1996.
9. Tannen, D. *You Don't Understand: Men and Women in Conversation*. New York, William Morrow, 1990.
10. Park·R·E.. *The Yellow Press*. Sociology & Social ResearchXII, 1927.
11. Trudgill, P. *Sociolinguistics: An Introduction to Language and*

Society. England: Penguin Books, 1995.
12. Elizabeth Jagger. Marketing the Self, Buying an Other: Dating in a Postmodern Consumer Society. *Sociology*, 1998, 32(4).
13. Elizabeth Jagger. Marketing Molly and Melville: Dating in a Postmodern Consumer Society. *Sociology*, 2001, 35(1).
14. Rosemary Bolig, Pater J. Stein and Patrick C. McKenry. The Self-Advertisement Approach to Dating: Male-Female Differences. *Family Relations*, 1984, 33(4).
15. Simon Davis. Men as success objects and women as sex objects: A study of personal advertisements. *Sex Roles*, 1990, 23(1−2).
16. Phua V C, Hoppe J, Vazquez O. Men's concerns with sex and health in personal advertisement. *Culture, Health and Sexuality*, 2002, 4(3).
17. Davidson A G. Looking for love in the age of AIDS: The Language of Gay Personals, 1978−1988. *The Journal of Sex Research*, 1991, 28(1).
18. Hamers F F, Bueller H A, Peterman T A. Communication of HIV serostatus between potential sex partners in personal ads. *AIDS Education and Prevention*, 1997, 9(1).
19. Hatala, Mark Nicholas; Milewski, Katherine; Baack, Daniel W. Downloading Love: a content analysis of internet personal advertisements placed by college students. *College Student Journal*, 1999, 33(1).
20. Strassberg D. S.; Holty S. An Experimental Study of Women's Internet Personal Ads. *Archives of Sexual Behavior*, 2003, 32(3).
21. David M. BUSS. Sex-Differences In Human Mate Preferences-Evolutionary Hypotheses tested In 37 Cultures. *Behavioral and Brain Sciences*, 1991, 14(3).

22. Michael W. Wiederman. Evolved Gender Differences In Mate Preferences-Evidence From Personal Advertisements. *Ethllogy and Sociobiology*, 1993, 14(5).
23. Koestner R, Wheeler L. Self-presention in personal advertisement: The influence of implicit notions of attration and role expections. Journal of Social and Personal Relationships. *Journal of Social and Personal Relationships*, 1998, (5).
24. Greenlees I A, McGrew W C. Sex and age differences in preferences and tactics of mate attraction: Analysis of published advertisements. *Ethology and Sociobiology*, 1994, 15(2).
25. Thiessen D. Young R K. Burroughs R. Lonely hears advertisements reflect sexually dimorphic mating strategies. *Ethllogy and Sociobiology*, 1993, (14).
26. Cicerello A, Sheehan E P. Personal advertisements: a content analysis. *Journal of Social Behavior and Personality*, 1995, (10).
27. Lance L M. Gender differences in heterosexual dating: a content analysis of personal ads. *The Journal of Men's Studies*, 1998, 6(3).
28. Kristina Petrauskė. Every Agnieška Searches for a Husband in a Newspaper: Lithuanian Dating and Marriage Advertisements between World Wars. *Kaunas History Annals*, 2014, (14).
29. Jennifer M. Jones. Personals and Politics: Courting la "citoyenne" in "Le courier de l'hymen". *Yale French Studies*, 2001, (101).
30. Rochona Majumdar. Looking for Brides and Grooms: Ghataks, Matrimonials, and the Marriage Market in Colonial Calcutta, circa 1875 – 1940. *Journal of Asian Studies*, 2004, 63(4).
31. Stephen Lovell. Finding a Mate in Late Tsarist Russia: The Evidence

From Marriage Advertisements. *Cultural and Social History*, 2007, 4(1).

32. Holbrook, MB. Mirror Mirror, On The Wall, Whats Unfair In The Reflections On Advertising. *Journal of Marketing*, 1987, 51(3).

33. Richard W. Pollay. The Distorted Mirror: Reflections on the Unintended Consequences of Advertising. *Journal of Marketing*, 1986, 50(2).

中文文献

民国报刊及其他史料

34.《申报》
35.《大公报》
36.《世界日报》
37.《民国日报》
38.《新闻报》
39.《中央日报》
40.《时报》
41.《妇女杂志》
42.《新妇女》
43.《妇女评论》
44.《女子月刊》
45.《女子世界》
46.《新青年》
47.《东方杂志》

48. 《申报年鉴》(民国二十三年),上海:申报年鉴社 1934 年版。

49. 戈公振:《中国报学史》,商务印书馆 1926 年版。

50. 徐宝璜:《新闻学纲要》,上海:上海联合书店 1930 年版。

51. 赵君豪:《中国近代之报业》,上海:申报馆 1938 年版。

52. 胡道静:《新闻史上的新时代》,上海:世界书局 1946 年版。

53. 张静庐:《中国的新闻纸》,上海:光华书局 1929 年版。

54. 上海市政府社会局编:《上海市工人生活程度》,上海:中华书局 1934 年版。

55. 孙本文:《现代中国社会问题》(第 1 册),上海:商务印书馆 1946 年版。

56. 陈东原:《中国妇女生活史》,上海:商务印书馆 1937 年版。

57. 刘王立明:《中国妇女运动》,上海:商务印书馆 1934 年版。

58. 潘光旦:《中国之家庭问题》,上海:商务印书馆 1934 年版。

59. 郭箴一:《中国妇女问题》,上海:商务印书馆 1937 年版。

60. 麦惠庭:《中国家庭改造问题》,上海:商务印书馆 1934 年版。

61. 国民政府主计处统计局编:《中华民国统计提要》1940 年版。

62. 教育部编:《第一次中国教育年鉴》,上海:开明书店 1934 年版。

63. 教育部教育年鉴编纂委员会:《第二次中国教育年鉴》,上海:商务印书馆 1948 年版。

64. 上海市教育局:《上海市教育统计》,1934—1935 合刊。

65. 《上海市年鉴》(下),上海:中华书局 1937 年版。

中文专著

66. 黄升民、丁俊杰、刘英华:《中国广告图史》,广州:南方日报出版社 2006 年版。

67. 何辉:《广告学概论》,北京:中国人民大学出版社 2011 年版。

68. 刘英华:《镜像与流变:社会文化史视域下的当代中国广告与消费生活(1979—2009)》,北京:中国广播电视出版社 2011 年版。

69. 赵琛:《中国广告史》,北京:高等教育出版社 2008 年版。

70. [日]山本武利:《广告的社会史》,北京:北京大学出版社 2013 年版。

71. 祝帅:《中国广告学术史论》,北京:北京大学出版社 2013 年版。

72. 杜艳艳:《中国近代广告史研究》,厦门:厦门大学出版社 2013 年版。

73. 陈湘涵:《寻觅良伴——近代中国的征婚广告(1912—1949)》,台北"国史馆",2011 年。

74. 王儒年:《欲望的想象:1920—1930 年代〈申报〉广告的文化史研究》,上海:上海人民出版社 2007 年版。

75. 林升栋:《中国近现代经典广告创意评析:〈申报〉七十七年》,南京:东南大学出版社 2005 年版。

76. 陈雨、谷虹:《报纸分类广告经营管理》,广州:南方日报出版社 2006 年版。

77. 庞菊爱:《跨文化广告与市民文化的变迁——1910—1930 年〈申报〉跨文化广告研究》,上海:上海交通大学出版社 2011 年版。

78. 林升栋:《20 世纪上半叶:品牌在中国——〈申报〉广告史料(1908—1949)研究》,厦门:厦门大学出版社 2011 年版。

79. 孙会:《〈大公报〉广告与近代社会(1902—1936)》,北京:中国传媒大学出版社 2011 年版。

80. 汪前军:《〈大公报〉(1902—1916)与中国广告近代化》,北京:中国社会科学出版社 2014 年版。

81. 杨联宇:《〈新闻报〉广告与近代上海休闲生活(1927—1937)》,上海:复旦大学出版社 2011 年版。

82. 李彬:《符号透视:传播内容的本体诠释》,上海:复旦大学出版社 2003 年版。

83. 曾庆香:《新闻叙事学》,北京:中国广播电视出版社 2005 年版。

84. 胡太春:《中国报业经营管理史》,山西:山西教育出版社 1999 年版。

85. 马世瑞:《中国的征婚》,长春:北方妇女儿童出版社 1995 年版。

86. 宋军:《申报的兴衰》,上海:上海社会科学院出版社 1996 年版。

87. 上海图书馆编:《近代中文第一报〈申报〉》,上海:上海科学技术文献出版社 2013 年版。

88. 傅德华、庞荣棣、杨继光主编:《史量才与〈申报〉的发展》,上海:复旦大学出版社 2013 年版。

89. 庞荣棣:《申报魂:中国报业泰斗史量才图文珍集》,上海:上海远东出版社 2008 年版。

90. 张立勤:《1927—1937 年民营报业经营研究——以〈申报〉〈新闻报〉为考察中心》,杭州:浙江工商大学出版社 2014 年版。

91. 肖鸿波:《〈申报〉(1872—1949)体育报道研究》,上海:复旦大学出版社 2013 年版。

92. 吴廷俊:《新记〈大公报〉史稿》,武汉:武汉出版社 2002 年版。

93. 吴果中:《〈良友〉画报与上海都市文化》,长沙:湖南师范大学出版社 2007 年版。

94. [日]高桥孝助、古厩忠夫:《上海史》,日本东京东方书店 1995 年版。

95. 叶文心:《上海繁华——都市经济伦理与近代中国》,台北:时代出版公司 2010 年版。

96. 曹聚仁:《上海春秋》,上海:上海人民出版社 1996 年版。

97. 熊月之:《异质文化交织下的上海都市生活》,上海:上海辞书出版社 2008 年版。

98. 秦绍德:《上海近代报刊史论》,复旦大学出版社 1993 年版。

99. 李欧梵:《上海摩登——一种新都市文化在中国(1930—1945)》,北京:人民文学出版社 2010 年版。

100. 忻平:《从上海发现历史:现代化进程中的上海人及其社会生活(1927—1937)》,上海:上海人民出版社 1996 年版。

101. 张仲礼:《近代上海城市研究(1840—1949)》,上海:上海文艺出版社 2008 年版。

102. 楼嘉军:《上海城市娱乐研究(1930—1939)》,上海:文汇出版社 2008 年版。

103. 罗苏文:《近代上海都市社会与生活》,北京:中华书局 2006 年版。

104. 邹依仁:《旧上海人口变迁的研究》,上海:上海人民出版社 1980 年版。

105. [美]卢汉超:《霓虹灯外——20 世纪初日常生活中的上海》,上海:上海古籍出版社 2004 年版。

106. 乐正:《近代上海人社会心态(1860—1910)》,上海:上海人民出版社 1991 年版。

107. 许纪霖:《城市的记忆:上海文化的多元历史传统》,上海:上海书店出版社 2011 年版。

108. 吕新雨:《大众传媒与上海认同》,上海:上海书店出版社 2012 年版。

109. 江文君:《近代上海职员生活史》,上海:上海辞书出版社 2001 年版。

110. 吴健熙、田一平:《上海生活(1937—1941)》,上海:上海社会科学院出版社 2006 年版。

111. 李长莉:《晚清上海社会的变迁——生活与伦理的近代化》,天津:天津人民出版社 2002 年版。

112. 李今:《海派小说与现代都市文化》,合肥:安徽教育出版社 2000 年版。

113. 朱邦兴、胡林阁、徐声:《上海产业与上海职工》,上海:上海人民出版社 1984 年版。

114. 刘志琴:《近代中国社会文化变迁录》,杭州:浙江人民出版社 1998 年版。

115. [美]费正清:《剑桥中华民国史》(1912—1949 年 上卷),北京:中国社会科学出版社 1994 年版。

116. 蒋永敬:《第三编导言》,台湾"教育部"主编,《中华民国建国史》1989 年版。

117. 李文海:《民国时期社会调查丛编》,福州:福建教育出版社 2005 年版。

118. 葛剑雄:《中国移民史(第六卷)》,福州:福建人民出版社 1997 年版。

119. 闵杰:《近代中国文化变迁录》(二),杭州:浙江人民出版社 1998 年版。

120. 朱有瓛:《中国近代学制史料》(第一辑下册),上海:华东师范大学出版社 1986 年版。

121. 史全生:《中华民国经济史》,南京:江苏人民出版社 1989 年版。

122. 李明伟:《清末民初中国城市社会阶层研究(1897—1927)》,北京:社会科学文献出版社 2005 年版。

123. 上海市档案馆:《近代城市发展与社会转型》,上海:上海三联书店 2008 年版。

124. 罗久蓉、丘慧君、黄铭明、陈千惠、游鉴明:《烽火岁月下的中国妇女访问纪录》,"中央研究院"·近代史研究所 1993 年版。

125. 陶菊隐:《记者生活三十年——亲历民国重大事件》,北京:中华书局 2005 年版。

126. 夏晓虹:《晚清女性与近代中国》,北京:北京大学出版社 1998 年版。

127. 李长莉、闵杰、罗检秋等:《中国近代社会生活史(1840—1949)》,北京:中国社会科学出版社 2015 年版。

128. 严昌洪:《20 世纪中国社会生活变迁史》,北京:人民出版社 2007 年版。

129. 郑全红:《中国传统婚姻制度向近代的嬗变》,天津:南开大学出版社 2015 年版。

130. 王歌雅:《中国婚姻伦理嬗变研究》,北京:中国社会科学出版社 2008 年版。

131. 邓伟志:《近代中国家庭的变革》,上海:上海人民出版社 1994 年版。

132. 许慧琦:《固都新貌:迁都后到抗战前的北平城市消费(1928—1937)》,台北:台湾学生书局 2008 年版。

133. 张伯存:《文化症候与文学精神》,上海:上海三联书店 2007 年版。

134. 刘宁元:《中国女性史类编》,北京:北京师范大学出版社 1999 年版。

135. 罗家伦:《妇女解放》,梅生主编:《中国妇女问题讨论集》第一册,上海新文化书社 1923 年版。

136. 张玉法:《新文化运动时期对中国家庭问题的讨论,1915—1923》,台北:近世家族与政治比较历史论文集 1992 年版。

137. 陈素:《五四与妇女解放运动》,《五四运动回忆录(下册)》,北京:中国社会科学出版社 1973 年版。

138. 余华林:《女性的"重塑"——民国城市妇女婚姻问题研究》,北京:商务印书馆 2009 年版。
139. [美]戴卫·赫尔曼:《新叙事学》,马海良译,北京:北京大学出版社 2002 年版。
140. [美]华莱士·马丁:《当代叙事学》,伍晓明译,北京:北京大学出版社 2005 年版。

中文论文

141. 何辉:《"镜像"与现实——广告与中国社会消费文化的变迁以及有关现象与讨论》,《现代传播》2001 年第 3 期。
142. 赵琛:《民国报纸广告》,《中国广告》2005 年第 4 期。
143. 郭瑾:《民国时期的广告研究及其当代意义》,《广告大观(理论版)》2006 年第 6 期。
144. 陈刚:《报纸分类广告的机会》,《广告大观(综合版)》2006 年第 4 期。
145. 林升栋:《〈申报〉分类广告研究》,《新闻大学》1998 年第 3 期。
146. 屈慧君:《〈申报〉分类广告的启示》,《中国商界》2010 年第 7 期。
147. 陈靓:《2001—2010 年国内〈申报〉研究综述》,《新闻世界》2011 年第 8 期。
148. 吴宛青、陈靓.:《〈申报〉广告研究综述》,《新闻世界》2011 年第 10 期。
149. 郭瑾:《近二十年民国广告研究述评》,《广告大观(理论版)》2007 年第 2 期。
150. 蔡朝晖:《浅议广告的史料价值——以〈申报〉广告为例》,《新疆社会科学》2006 年第 2 期。

151. 范继忠:《早期〈申报〉与近代大众阅报风习浅说》,《新闻与传播研究》2004 年第 3 期。

152. 王轩、张小龙:《由〈申报〉广告透视 1945 年之上海——1945 年〈申报〉广告分析》,《安徽文学》2008 年第 7 期。

153. 孙会:《〈大公报〉的征婚广告与近代社会变迁》,《社会科学论坛(学术研究卷)》2008 年第 8 期。

154. 黄玉涛:《近代中国广告文化特征分析》,《当代传播》2010 年第 5 期。

155. 祝帅:《"广告史"研究在中国——基于史学史视角的一种反思》,《广告大观(理论版)》2010 年第 2 期。

156. 苏扬:《中国广告史叙事范式研究》,《安徽理工大学学报(社会科学版)》2013 年第 1 期。

157. 李文瑾、都凌霄:《五四时期报纸广告中的女性形象研究——以〈申报〉为例》,《新闻界》2010 年第 3 期。

158. 王楠:《从〈申报〉商业广告中的女性形象透视编辑的女性意识》,《编辑之友》2013 年第 10 期。

159. 文春英:《"广告"一词在近代中国的流变》,《当代传播》2011 年第 2 期。

160. 杨海军:《三十年中国广告史研究的学术视野与学科平台》,《中国地质大学学报(社会科学版)》2009 年第 4 期。

161. 亦鸣:《近代上海广告文化》,《上海大学学报》1992 年第 2 期。

162. 邓银华、范苗苗:《论〈良友〉画报广告的女性身份认同》,《新闻世界》2015 年第 1 期。

163. 刘晓静等:《征婚广告的语言特色与社会意义分析》,《长沙大学学报》2014 年第 4 期。

164. 高建香、丁凯、张丽萍:《大众传媒与征婚广告——以 80 年代以来国内征婚广告为例》,《台州学院学报》2003 年第 5 期。

165. 丁凯、任文杰:《近 20 年征婚广告的媒体梳理》,《社会》2001 年第 9 期。

166. 张伯存:《征婚广告:从私人话语到公共叙事》,《当代作家评论》2004 年第 4 期。

167. 杨先顺、谷虹:《广告话语分析:一种广告本体研究理论》,《暨南学报(哲学社会科学版)》2007 年第 5 期。

168. 陈娜娜:《见微知著:从征婚广告中发现历史——评〈寻觅良伴——近代中国的征婚广告(1912—1949)〉》,《科教导刊》2012 年第 7 期。

169. [日]高岛航:《1920 年代的征婚广告》,《近代中国社会与民间文化——首届中国近代社会史国际学术研讨会论文集》,北京:社会科学文献出版社 2005 年版。

170. 董倩:《消失的陌生人:〈新民晚报〉与上海日常生活空间中的社会交往(1949—1966)》,《新闻与传播研究》,2015 年第 5 期。

171. 潘忠党:《国际大都市的想象与诠释——作为符号的〈良友〉画报及其文本》,《开放时代》2011 年第 2 期。

172. 张杰:《"陌生人"视角下社会化媒体与网络社会"不确定性"研究》,《国际新闻界》2012 年第 1 期。

173. 孙藜:《从媒介与"私人性"的关系看公共领域之可能——当代中国语境下对哈贝马斯历史分析的再认识》,《国际新闻界》2013 年第 2 期。

174. 郝雨:《公共领域展开的私己空间——从纯个人问题求助类电视节目看"媒介功能的延伸"》,《上海大学学报(社会科学版)》2008 年第 1 期。

175. 刘士林:《都市与都市文化的界定及其人文研究路向》,《江海学刊》2007 年第 1 期。

176. 秦绍德:《上海资产阶级商业报纸的发展道路》,《新闻研究资料》1991 年第 2 期。

177. 章平:《历史背后:民国知识分子的报刊表达——自由的理解与实践:知识分子与民国报刊学术研讨会综述》,《新闻大学》2008 年第 1 期。

178. 乐国安、陈浩、张彦彦:《进化心理学择偶心理机制假设的跨文化检验——以天津、Boston 两地征婚启事的内容分析为例》,《心理学报》2005 年第 37 卷第 4 期。

179. 薛剑:《〈非诚勿扰〉中的征婚广告浅析》,《魅力中国》2010 年第 5 期。

180. 刘晟:《征婚广告中的性别语用分析与规范》,《科技信息(学术研究)》2008 年第 12 期。

181. 张宜民:《语用视角下的征婚广告》,《安徽农业大学学报(社会科学版)》2006 年第 2 期。

182. 零宏惠:《中英征婚广告语体特征对比分析》,《广西民族学院学报》2005 年第 1 期。

183. 李炳慧:《伯明翰文化研究视角下的〈非诚勿扰〉》,《甘肃社会科学》2012 年第 6 期。

184. 张艳霞:《"80 后"青年择偶中的条件匹配——对 620 则征婚广告的分析》,《中国青年研究》2013 年第 5 期。

185. 董金权、姚成等:《当代青年的择偶标准及其性别差异——对 1255 则征婚广告的内容分析》,《山西青年管理干部学院学报》2011 年第 2 期。

186. 董金权、姚成:《择偶标准:二十五年的嬗变(1986—2010)——对 6612 则征婚广告的内容分析》,《中国青年研究》2011 年第 2 期。

187. 许多湉:《十五年间征婚主体及其择偶标准的变迁——以征婚广告为分析切入点》,《长白学刊》2005 年第 5 期。

188. 舒秋劲:《从征婚广告看青年婚恋观的变化》,《青少年研究》1993 年第 3 期。

189. 杨宏源:《征婚广告视角下择偶标准性别分层研究》,《学理论》2013 年第 8 期。

190. 乐国安、张彦彦、陈浩:《西方有关择偶启事的研究和论争》,《心理科学进展》2005 年第 13 卷第 2 期。

191. 洪艳萍:《基于进化心理学视野从征婚启事的历史演变看中国人择偶观的变迁》,《校园心理》2013 年第 1 期。

192. 左日非:《"近代中国社会生活与观念变迁"学术研讨会综述》,《近代史研究》2002 年第 2 期。

193. 逸茗:《征婚广告 30 年变迁》,《跨世纪(时文博览)》2008 年第 21 期。

194. 林山:《征婚广告的历史变迁》,《北京日报》2013 年 3 月 6 日第 24 版。

195. 张文青:《中国最早的征婚广告》,《湖南文史》2003 年第 2 期。

196. 丁守伟:《章太炎"征婚"考》,《民国档案》2014 年第 3 期。

197. 陶英惠:《蔡元培年谱》,台北:"中央研究院"近代史研究所 1976 年版(上册)。

198. 计琦:《透视中美两国征婚广告中择偶标准的文化价值观念》,《长春师范学院学报(人文社会科学版)》2007 年第 2 期。

199. 行龙:《清末民初婚姻生活中的新潮》,《近代史研究》1991 年第 3 期。

200. 徐莉娜:《从征婚广告谈社会文化目标的变化》,《经济视角(下旬刊)》2013 年第 8 期。

201. 颜浩:《娱乐时代的文化乱象与价值本真——"〈非诚勿扰〉现象"解析》,《理论与创作》2010年第6期。

202. 李文健:《记忆与想象:近代媒体的都市叙事——以民国天津"四大报纸"副刊为中心(1928—1937)》,南开大学博士学位论文,2012年。

203. 汪英:《上海广播与社会生活互动机制研究(1927—1937)》,华东师范大学博士学位论文,2007年。

204. 蔡朝晖:《〈申报〉广告与民国都市婚礼》,中国社会科学院博士学位论文,2005年。

205. 陈昌文:《都市化进程中的上海出版业(1843—1949)》,苏州大学博士学位论文,2002年。

206. 陈文联:《五四时期妇女解放思潮研究》,湖南师范大学博士学位论文,2002年。

207. 陆汉文:《民国时期城市居民的生活与现代性(1928—1937)》,华中师范大学博士学位论文,2002年。

208. 齐蔚霞:《广告叙事研究》,陕西师范大学博士学位论文,2012年。

209. 朱媛媛:《媒介化相亲的传播学解读》,华南理工大学硕士学位论文,2011年。

210. 赵良坤:《近代中国征婚广告探析——以〈大公报〉为例(1900—1937)》,四川大学硕士学位论文,2006年。

211. 辛桂娟:《从征婚广告透视广告话语的社会建构功能》,暨南大学硕士学位论文,2008,第10—27页。

212. 何达:《二十世纪八十年代初期成都市征婚广告研究》,西南民族大学硕士学位论文,2013年。

213. 高伶俐:《〈中央日报〉婚事广告与南京城市婚姻文化的建构(1928—1937)》,南京师范大学硕士学位论文,2014年。

后　记

本书是在我的博士论文原稿基础上修改而成。记得2015年博士论文开题后，我开始全面投入《申报》的样本收集和整理工作，当面对38年间的291本《申报》影印本时，我才顿感之前大大低估了该选题的驾驭难度。由于自己有限的学术功力和浅薄的史学素养积累，使得前期样本查找工作进行得非常艰难与缓慢，在字迹模糊不清、排版密密麻麻的字里行间进行全样本的广告查找，难度可想而知。对《申报》样本的查找、拍照与录入工作就用去了整整五个月的时间，在埋首浩繁史料，对每个样本反复核准、校对与鉴定的日日夜夜，我深切感受到学术之路"要甘于寂寞，甘于枯坐冷板凳"，其间经历的种种苦恼与彷徨、欢欣与感悟、质疑与执着，真真如鱼饮水，甘苦自知，这也成为我学术生涯中一段弥足珍贵的体验。

在此要特别感谢我的博士生导师何辉教授。从论文的选题确定、整体框架、研究方法到实施撰写，每一步都离不开何老师的悉心指导。在史料收集过程中，何老师为我介绍了许多经验性方法，写作过程中何老师的点拨更是极大地拓展了我的思路和视野，使我在论文撰写中少走了许多弯路。何老师的治学严谨、学问精深于我而言既是压力，更是动力，并将成为我一生学习的楷模。

在我的博士论文写作过程中,还要感谢丁俊杰教授、黄升民教授、黄京华教授以及张宏教授、初广志教授在开题报告和中期考核时在各个层面提出的宝贵建议与指导。三年博士学习中我深刻感受到中国传媒大学广告学院老师们身上所折射出的务实、严谨与进取精神,让我饱受熏陶、受益良多。

还要感谢博士论文答辩委员会的评委老师陈刚、黄升民、黄京华、佘贤君、刘英华等诸位专家、教授,他们提出的中肯意见让我重新回顾与检视论文的不足,并给今后研究以深远启迪。

感谢河北大学新闻传播学院白贵教授对我从读研、留校任教到读博一直以来的谆谆教导与帮助。同样感谢河北大学新闻传播学院韩立新院长,在我刚刚考取博士时,就给予我许多学习建议和鼓励,并支持我将博士论文修订成书。还有我的同事商建辉教授,从选题确定到完稿,提出了许多富有价值的建议;河北大学宋史研究中心的王茂华副教授,她在得知我确立本选题后,毫无保留地将自己收藏多年的《申报》影印本、《中华民国地图》等中国近代史料的电子版赠送于我,并帮助我完成了一些史料的考证与辨认工作。我的同事赵树旺副教授,在美国进修期间还为我提供了一些宝贵资料及修正意见。另外河北大学新闻传播学院资料室的赵东岚老师,为我的读书借阅与资料查找提供极大的便利条件,学院领导和同事的关心与帮助让我倍感温暖并心生动力,在此一并感谢。

特别鸣谢我的学生白羽、佟艳、王颖、王爽、梁春雨、董莉莉、李娜、李影、剧凯晓……当我面对291本《申报》影印本的样本查找,顿感心力憔悴、力不从心时,是她们及时地帮助我做了一些样本查找与整理工作,她们的开朗、热情、细心与专注让我感动,陪我一起熬过了收集样本那段最艰难的日子,没有她们的帮助,我的博士论文难以如期完成。

感谢我的同门前辈孙梦诗,他对民国时期《良友画报》的广告与上海文化作了细致研究,并在毕业时慷慨赠予我许多宝贵资料。感谢我

后 记

的博士同学和舍友陈柏霖,难忘在博士学习中无数个激烈讨论与相互启发、慰藉的夜晚,有她相伴,三年的博士生活多了许多温馨的回忆和感动。还有我的博士同学张学伟、吴殿义、王春美、张建松、逯宝峰……感谢博士三年有你们的陪伴,曾经一起讨论、一起学习的日子都是值得回味的宝贵财富。

还要感谢我的家人。父母从我决定考博起,就一直支持与鼓励我,当我遇到挫折与困难时,他们总是我最坚强的后盾。为了让我有更多的时间完成论文写作,父母连续两年从家乡赶来陪我过春节,帮我照看孩子,让我可以腾出更多的时间专心于写作。还有我的婆婆,忍受着离乡之苦帮我照看孩子已有六年之久,没有她的帮助,从考博到论文撰写恐都难以进行。感谢我的爱人尹华岭,不管工作多忙都时常关注我的论文进展,并当我产生倦怠情绪时总是督促与鼓励我,"执子之手,与子偕老",若干年后蓦然回首,这一过程中的点点滴滴都会成为珍贵的美好回忆。回想博士期间的学习,没有全家人的支持与鼎力相助,我难以三年按期毕业。

这几年,最让我感到愧疚的就是我的孩子,三年博士学习使我减少了许多陪伴他的时光,而他在不经意间一点点长大。记得去年春节,他许下的愿望是:"希望妈妈早日写完论文!"他的心愿也是我咬紧牙关、攻坚克难的动力。今年春节,书稿终于修订完成,谨以此献给我的儿子,祝愿他健康快乐地成长!

还要特别感谢商务印书馆的编辑,没有他们的辛苦付出,就没有本书的面世。

受限于自身学力与智识,书中难免错漏之处,恳请方家多多批评指正。

张　艳
2017 年 1 月